# PLANO B

SHERYL SANDBERG
ADAM GRANT

# PLANO B

COMO ENCARAR ADVERSIDADES,
DESENVOLVER RESILIÊNCIA
E ENCONTRAR FELICIDADE

Tradução
ANDRÉ FONTENELLE
ROGÉRIO W. GALINDO

4ª reimpressão

Copyright © 2017 by OptionB.Org

O selo Fontanar foi licenciado pela Editora Schwarcz S.A.

*Grafia atualizada segundo o Acordo Ortográfico da Língua Portuguesa de 1990, que entrou em vigor no Brasil em 2009.*

TÍTULO ORIGINAL Option B: Facing Adversity, Building Resilience, and Finding Joy
CAPA Keith Hayes e equipe da MiresBall
PREPARAÇÃO Lígia Azevedo
ÍNDICE REMISSIVO Probo Poletti
REVISÃO Valquíria Della Pozza e Luciane Gomide

Dados Internacionais de Catalogação na Publicação (CIP)
(Câmara Brasileira do Livro, SP, Brasil)

Sandberg, Sheryl
   Plano B : como encarar adversidades, desenvolver resiliência e encontrar felicidade / Sheryl Sandberg, Adam Grant ; tradução André Fontenelle , Rogério W. Galindo. — 1ª ed. — São Paulo : Fontanar, 2017.

   Título original: Option B : Facing Adversity, Building Resilience, and Finding Joy.
   Bibliografia.
   ISBN 978-85-8439-077-9

   1. Luto – Aspectos psicológicos 2. Morte – Aspectos psicológicos 3. Perda – Aspectos psicológicos 4. Resiliência (Traço da personalidade) I. Grant, Adam. II. Título.

17-04295                                    CDD-155.937092

Índice para catálogo sistemático:
1. Perda por morte : Aspectos psicológicos : Biografia 155.937092

Todos os direitos desta edição reservados à
EDITORA SCHWARCZ S.A.
Praça Floriano, 19, sala 3001 — Cinelândia
20031-050 — Rio de Janeiro — RJ
Telefone: (21) 3993-7510
facebook.com/Fontanar.br
instagram.com/editorafontanar

*À memória de David Bruce Goldberg*
2 de outubro de 1967 – 1º de maio de 2015

*Sempre vou te amar, Dave*

# Sumário

*Introdução* .................................................. 9

  1. Respirar de novo ......................................... 19
  2. Tirar o elefante da sala ................................. 33
  3. A regra de platina da amizade ........................... 46
  4. Autocompaixão e autoconfiança ........................... 57
  5. Avançar ................................................. 74
  6. Recuperar a alegria ..................................... 89
  7. Criar filhos resilientes ................................ 100
  8. Encontrar forças juntos ................................. 120
  9. Errar e aprender no trabalho ............................ 133
10. Voltar a amar e a rir ..................................... 146

*Desenvolvendo a resiliência juntos* ........................... 165
*Agradecimentos* ............................................... 167
*Notas* ........................................................ 173
*Índice remissivo* ............................................. 205
*Créditos das imagens* ......................................... 215

# Introdução

A última coisa que eu disse a ele foi: "Estou quase dormindo".

Conheci Dave Goldberg no verão de 1996, quando mudei para Los Angeles e um amigo em comum nos convidou para jantar e assistir a um filme. Assim que o filme começou, caí no sono, repousando a cabeça em seu ombro. Dave gostava de dizer às pessoas que achou que aquilo queria dizer que eu estava a fim dele, até que um dia descobriu que — em suas palavras — "Sheryl cai no sono em qualquer lugar e apoiada em qualquer pessoa".

Dave virou meu melhor amigo e comecei a me sentir em casa em Los Angeles. Ele me apresentou a pessoas legais, me mostrou alternativas para fugir do trânsito e fez questão de garantir que eu tivesse o que fazer nos feriados e fins de semana. Me ajudou a ser um pouco mais descolada, me apresentando a internet e músicas que eu nunca ouvira. Quando terminei com meu namorado, Dave apareceu para me consolar, embora meu ex fosse um ex-militar que dormia com uma arma carregada embaixo da cama.

Dave costumava dizer que se apaixonou por mim à primeira vista, mas teve que esperar um tempão até que eu me "ligasse e dispensasse aquele bando de idiotas". Dave estava sempre alguns passos à minha frente. Até que um dia o alcancei. Seis anos e meio depois daquele filme, tensos, programamos uma viagem de uma semana juntos, sabendo que ou aquilo daria um novo rumo à nossa relação ou estragaria uma ótima amizade. Um ano depois, casamos.

Dave era meu porto seguro. Quando eu ficava nervosa, ele mantinha a calma. Quando eu ficava preocupada, ele me dizia que tudo ia dar certo. Quando eu não tinha certeza do que fazer, ele me ajudava a descobrir. Como qualquer casal, tínhamos nossos altos e baixos. Mesmo assim, Dave me permitiu vivenciar a experiência de ser compreendida profundamente, apoiada de verdade, amada total e absolutamente. Eu achava que ia passar o resto da minha vida repousando a cabeça em seu ombro.

Com onze anos de casados, fomos ao México, comemorar o aniversário de cinquenta anos de nosso amigo Phil Deutch. Meus pais ficaram na Califórnia, tomando conta de nossos filhos. A ideia de passar um fim de semana entre adultos era animadora. Na tarde de sexta-feira, estávamos à beira da piscina, jogando *Colonizadores de Catan* no iPad. Para minha surpresa, eu estava ganhando, ainda que desse umas pescadas. Quando me dei conta de que o cansaço talvez me levasse a perder, admiti: "Estou quase dormindo". Entreguei os pontos e me recostei. Às 15h41, alguém tirou uma foto de Dave segurando o iPad, sentado ao lado do irmão, Rob, e de Phil. Eu apareço na frente deles, dormindo no chão, em cima de uma almofada. Dave está sorrindo.

Quando acordei, mais de uma hora depois, ele não estava lá. Fui nadar com o pessoal, supondo que ele tivesse ido se exercitar, como pretendia. Quando voltei ao quarto para tomar banho e ele também não estava lá, fiquei surpresa, mas não preocupada. Me arrumei para o jantar, olhei os e-mails e liguei para as crianças. Nosso filho estava chateado, porque ele e um amigo tinham ignorado as regras do parquinho e tentado subir numa grade, rasgando os tênis no processo. Ele contou tudo chorando. Eu disse que admirava sua franqueza, mas que papai e eu íamos conversar para decidir quanto íamos descontar da mesada dele para comprar um novo par. Ele não suportava a espera e tentou me forçar a resolver aquilo na hora. Eu respondi que era o tipo de decisão que papai e eu tomávamos juntos. Por isso, só ia poder dar uma resposta no dia seguinte.

Saí do quarto e desci as escadas. Dave não estava lá. Fui para a praia me juntar ao restante do grupo. Quando vi que ele tampouco estava ali, fui tomada pelo pânico. Havia algo errado. Gritei para Rob e para a mulher dele, Leslye: "Dave não está aqui!". Leslye respondeu gritando: "Onde é a academia?". Apontei para uma escadaria próxima e saímos correndo. Ainda posso sentir minha respiração e a contração do meu corpo ao ouvir aquelas palavras. Sempre que alguém me diz "Onde é a academia?" meu coração acelera.

Encontramos Dave no chão, caído ao lado do elíptico, com o rosto ligeiramente azulado e virado para o lado esquerdo. Havia uma pequena poça de sangue sob sua cabeça. Gritamos. Comecei a tentar reanimação cardiorrespiratória. Rob me substituiu. Um médico apareceu e o substituiu.

A viagem de ambulância foram os trinta minutos mais longos da minha vida. Dave numa maca, com o médico tentando reanimá-lo. Eu no banco da frente, onde me obrigaram a sentar, chorando e implorando ao homem que me dissesse que meu marido ainda estava vivo. Mal podia acreditar como o hospital era longe. Quase nenhum carro dava passagem. Por fim, chegamos e o levaram por uma pesada porta de madeira, me impedindo de acompanhá-los. Sentei no chão, amparada por Marne Levine, mulher de Phil e uma de minhas melhores amigas.

Depois de um tempo que pareceu uma eternidade, fui conduzida a uma saleta. O médico entrou e sentou atrás da mesa. Eu sabia o que aquilo significava. Quando ele saiu, um amigo de Phil apareceu, me deu um beijo no rosto e disse: "Meus pêsames". Essas palavras e esse beijo protocolar me deram a sensação de um pulo no tempo. Eu sabia que acabara de viver algo que ia se repetir sem parar.

Alguém me perguntou se eu queria ver Dave, para me despedir. Eu queria — e não queria ir embora. Tinha a impressão de que, se ficasse naquela sala, agarrada a ele, se me recusasse a abandoná-lo, acordaria daquele pesadelo. Quando Rob, o irmão dele, também em estado de choque, me disse que precisávamos ir, dei alguns passos, então virei e corri para dentro de novo, dando em Dave o abraço mais apertado que pude. Por fim, Rob gentilmente me separou dele. Marne me amparou ao longo de um corredor comprido, com os braços enlaçando minha cintura, me impedindo de correr de volta para aquela sala.

E assim começou o restante da minha vida. Era — e ainda é — uma vida que eu jamais teria escolhido, uma vida para a qual estava totalmente despreparada. O inimaginável. Sentar com meus filhos e contar a eles que papai tinha morrido. Ouvir seus gritos, somados aos meus. O enterro. Gente falando de Dave no pretérito. Rostos conhecidos chegando um depois do outro e enchendo a casa, com o beijo obrigatório no rosto seguido sempre das mesmas palavras: "Meus pêsames".

Quando chegamos ao cemitério, meus filhos saíram do carro e se jogaram no chão, incapazes de dar um passo. Deitei no gramado, abraçando os dois enquanto choravam. Vieram os primos e se deitaram conosco, formando uma enorme pirâmide de lágrimas. Braços adultos tentavam, em vão, protegê-los da dor.

A poesia, a filosofia e a física nos ensinam que a sensação do tempo que passa varia. O tempo ficou muito, muito mais lento. Dia após dia, o choro e o lamento de meus filhos preenchiam o ar. Quando eles não estavam chorando, eu os observava tensa, à espera do momento em que iam precisar de consolo. O restante do espaço disponível era preenchido por meu próprio choro e lamento — a maior parte dentro da minha cabeça, mas às vezes em voz alta. Eu estava no limbo: um imenso vazio preenchia meu peito e meu coração, me impedindo de pensar e até de respirar.

A dor era uma companheira exigente. Nos primeiros dias, semanas e meses, estava presente o tempo todo, não apenas sob a superfície, mas também nela. Queimando, ferindo, atormentando. Aí, como uma onda, se erguia e me atingia em cheio, como se fosse arrancar meu coração do peito. Nessas horas, eu sentia como se não pudesse suportar a dor nem mais um minuto, que dirá uma hora.

Via Dave caído no chão da academia. Via seu rosto no céu. De noite, eu o invocava, gritando para o vazio: "Dave, sinto sua falta. Por que você me abandonou? Volte, por favor. Eu te amo". Todas as noites, eu chorava até dormir. Todas as manhãs, acordava e atravessava o dia automaticamente, muitas vezes sem acreditar que o mundo continuava a girar sem ele. Como as pessoas podiam seguir em frente, como se nada tivesse mudado? *Será que elas não sabiam?*

Acontecimentos banais viravam campos minados. Na reunião de pais, minha filha me mostrou o que havia escrito no caderno, oito meses antes, no primeiro dia de aula: "Estou no segundo ano. Queria saber o que vai acontecer no futuro". Para mim, foi como ser atropelada por um caminhão. Quando escreveu aquelas palavras, nem ela nem eu jamais poderíamos ter imaginado que ela perderia o pai antes do fim do ano letivo. *O segundo ano.* Baixei os olhos para as mãozinhas dela nas minhas, sua carinha fofa se erguendo para mim, para ver se eu tinha gostado da letra. Quase caí, e precisei fingir que tinha tropeçado. Enquanto caminhávamos pela sala, não ousei levantar os olhos, temendo encarar algum pai e simplesmente desmoronar.

As efemérides eram ainda mais arrasadoras. Dave dava a maior importância ao primeiro dia de aula. Tirava um monte de fotos antes de as crianças saírem. Tentei reunir ânimo para fazer o mesmo. No aniversário da minha filha, fiquei sentada no chão do meu quarto com minha mãe, minha irmã e Marne. Achei que não ia conseguir descer a escada e sobreviver à festa, muito menos com um sorriso no rosto. Eu sabia que precisava fazer aquilo, pela minha filha. E por Dave também. O problema é que eu queria fazer *com* Dave.

Havia momentos em que até eu achava alguma graça. Um dia, cortando o cabelo, comentei que estava tendo dificuldade para dormir. Minha cabeleireira baixou a tesoura e abriu com pompa a própria bolsa, de onde tirou calmantes de todos os tamanhos e formatos possíveis. Recusei, mas apreciei de verdade o gesto. Certa vez, estava ao telefone com meu pai, reclamando que todos os livros sobre luto tinham títulos horrorosos: *A importância vital da morte* ou *Aceite* (como se eu pudesse recusar). Enquanto conversávamos, chegou mais um: *Mude para o meio da cama*. Em outra ocasião, voltando para casa de carro liguei o rádio para me distrair. Cada música que tocava parecia pior que a outra. "Somebody That I Used to Know" [Alguém que eu conhecia]. Um horror. "Not the End" [Não é o fim]. Parece que é. "Forever Young" [Jovem para sempre]. Não é o caso. "Good Riddance: Time of Your Life" [Já vai tarde: o melhor momento da sua vida]. Não e não. Acabei parando em "Reindeer(s) Are Better than People" [Renas são melhores que gente], de *Frozen*.

Meu amigo Davis Guggenheim me disse que, com o trabalho de documentarista, aprendeu a deixar a história brotar sozinha. Quando ele inicia um projeto, não sabe para onde vai, porque a narrativa tem seu próprio jeito e seu próprio tempo para se revelar. Receando que eu tentasse controlar meu luto, ele me incentivou a prestar atenção nele, mantê-lo por perto e deixar que se mostrasse. Ele me conhece bem. Andei à procura de maneiras de acabar com a dor, guardá-la numa caixinha e jogá-la fora. Durante as primeiras semanas e meses, fracassei. A angústia sempre levava a melhor. Até quando por fora eu parecia calma e contida, a dor continuava presente. Meu corpo podia estar sentado numa reunião ou lendo para meus filhos, mas minha alma continuava no chão daquela academia.

"Ninguém nunca me contou", escreveu C. S. Lewis, "que o luto era tão parecido com o medo."[1] O medo era constante, e a sensação era de que o luto nunca iria embora. As ondas continuariam a se abater sobre mim até que eu não conseguisse mais ficar de pé, até que não fosse mais eu mesma. No pior momento do limbo, duas semanas depois da morte de Dave, recebi uma carta de uma conhecida de sessenta e poucos anos. Ela dizia que, por estar à minha frente na triste estrada da viuvez, gostaria de saber me dar bons conselhos, mas não tinha nenhum. Perdera o marido alguns anos antes, a melhor amiga perdera o dela uma década antes, e ambas tinham a impressão de que o tempo não reduzira a dor. "Por mais que eu tente, não consigo pensar em uma coisa sequer que eu saiba que pode ajudar você", ela escreveu. Aquela carta, certamente enviada com a melhor das intenções, destruiu minha esperança de que um dia a dor ia se esvair. Senti o limbo se fechando sobre mim, como se os anos se estendessem vazios e sem fim à minha frente.

Liguei para Adam Grant, psicólogo e professor da Wharton School da Universidade da Pensilvânia, e li para ele aquela carta demolidora. Dois anos antes, Dave havia lido um livro de Adam, *Dar e receber*, e o convidara a dar uma palestra na SurveyMonkey, empresa que presidia. Adam, que estuda como as pessoas encontram motivação e sentido para a vida, jantara na nossa casa naquela noite, quando conversamos a respeito dos desafios enfrentados pelas mulheres e como sua obra trazia subsídios para a discussão. Começamos a escrever juntos e ficamos amigos. Quando Dave morreu, Adam atravessou o país de avião para ir ao enterro. Na ligação, confidenciei a ele que meu maior medo era que meus filhos nunca mais fossem felizes. Outras pessoas tentaram me tranquilizar contando suas histórias pessoais, mas Adam me apresentou as estatísticas: depois da perda de um dos pais, muitas crianças demonstram uma resiliência surpreendente.[2] Elas conseguem ter uma infância feliz e se tornam adultos centrados.

Ao ouvir em minha voz o desespero que a carta provocara, Adam mais uma vez cruzou o país de avião para me convencer de que aquele poço que parecia sem fim tinha um fundo. Ele queria dizer na minha cara que, embora não houvesse como evitar a dor, algumas coisas podiam ser feitas para reduzir o sofrimento, tanto o meu quanto o das crianças. Ele disse que, depois de seis meses, mais da metade das pessoas que perdem o cônjuge supera aquilo que os psicólogos consideram o "luto agudo".[3] Adam me convenceu de que, embora eu tivesse que viver o luto até o fim, minhas ideias e meus atos podiam influenciar a rapidez com que passaria pelo limbo e aonde acabaria chegando.

Não conheço ninguém para quem a vida tenha sido um mar de rosas. Todos deparamos com momentos difíceis. Alguns, a gente sente chegar; outros nos surpreendem. Pode ser uma tragédia, como a morte súbita de um filho; algo arrasador, como um relacionamento que termina; ou uma decepção, como um sonho que não se realiza. A pergunta é: quando esse tipo de coisa acontece, o que se deve fazer?

Eu achava que resiliência era a capacidade de suportar a dor. Por isso, perguntei a Adam como poderia descobrir quanta resiliência eu tinha. Ele explicou que ela não vem numa quantidade fixa. Eu tinha que perguntar a mim mesma como *me tornar* resiliente. A resiliência é a força e a velocidade com que reagimos à adversidade, podendo, portanto, ser condicionada. Não é uma questão de ter ou não espinha dorsal — é uma questão de reforçar os músculos que a envolvem.

Desde o falecimento de Dave, muitas pessoas me disseram: "Não consigo imaginar". O que querem dizer é que não conseguem imaginar isso acontecendo com elas, não conseguem imaginar como estou ali de pé, falando com elas, em vez de ficar só deitada num canto em posição fetal. Eu me lembro de ter pensado o mesmo quando via uma colega voltar ao trabalho depois de perder um filho, ou um amigo tomando um cafezinho depois de um diagnóstico de câncer. Quando passei para o outro lado, minha resposta passou a ser: "Nem eu, mas não tenho alternativa".

Eu não tinha alternativa a não ser acordar todos os dias. Não tinha escolha a não ser passar pelo choque, pelo luto, pela culpa do sobrevivente. Nenhuma escolha, a não ser tentar seguir adiante e ser uma boa mãe. Nenhuma escolha, a não ser tentar manter o foco e ser uma boa colega no trabalho.

O luto, a perda e a decepção são profundamente pessoais. As circunstâncias são sempre únicas e nossas reações são sempre únicas. Mesmo assim, a gentileza e a coragem daqueles que compartilharam suas experiências me ajudaram a passar pelas minhas. Alguns dos que abriram seu coração são meus amigos mais próximos. Outros são completos estranhos, que ofereceram publicamente conselhos e ideias sensatas — às vezes, até, nos livros de títulos horrorosos. E Adam, com paciência, insistia que as trevas iam passar, mas que eu teria que dar uma ajuda. Que eu tinha como controlar em alguma medida o impacto daquela tragédia na minha vida.

Este livro é uma tentativa, minha e de Adam, de compartilhar aquilo que aprendemos sobre resiliência. Escrevemos a quatro mãos, mas, por uma questão de simplicidade e clareza, eu (Sheryl) escrevo em primeira pessoa, enquanto as referências a Adam são em terceira pessoa. Não fazemos de conta que a esperança prevalece sobre a dor todos os dias. Não prevalece. Não fingimos ter passado pessoalmente por todos os tipos de perda e de revés possíveis. Não passamos. Não existe uma maneira "certa" ou "apropriada" de viver o luto ou enfrentar desafios. Por isso, não temos respostas perfeitas. Elas não existem.

Também sabemos que nem toda história tem um final feliz. Para cada caso esperançoso que contamos aqui, existem outros com circunstâncias pesadas demais para superar. O caminho da superação não começa no mesmo ponto para todo mundo. Guerras, violência, racismo e machismo sistemáticos dizimam vidas e populações. Preconceito, doenças e pobreza causam e aprofundam tragédias. A triste verdade é que a adversidade não é distribuída por igual entre nós; a luta e a dor são maiores para os grupos marginalizados e desprovidos.

Por mais traumática que tenha sido minha experiência familiar, tenho plena consciência da sorte que temos de possuir a ampla rede de apoio de uma família grande, amigos e colegas, e acesso a recursos financeiros de que poucos dispõem. Também sei que falar da busca de forças diante das dificuldades não nos exime da responsabilidade de lutar, antes de tudo, para impedi-las. É aquilo que fazemos em nossa comunidade e onde trabalhamos — as políticas públicas que implementamos, as maneiras como prestamos auxílio ao próximo — que garante que menos pessoas sofram.

No entanto, por mais que tentemos combater as adversidades, as desigualdades e os traumas, eles continuam a existir e temos que lidar com eles. Para lutar por transformações amanhã, precisamos adquirir resiliência hoje.[4] Os psicólogos estudaram como dar a volta por cima e se recuperar de um leque amplo de adversidades — de uma perda, de uma rejeição e de um divórcio até um ferimento e uma doença, do fracasso profissional à decepção pessoal. Além de repassar as pesquisas existentes, Adam e eu fomos à procura de indivíduos e grupos que superaram dificuldades banais e extraordinárias. Suas histórias mudaram nossa maneira de pensar a respeito da resiliência.

Este livro trata da capacidade humana de perseverar. Examinamos os passos que as pessoas podem dar tanto para ajudar a si mesmas quanto aos outros. Exploramos a psicologia da volta por cima e as dificuldades para recuperar a confiança e redescobrir a alegria. Abordamos as maneiras de falar sobre tragédias e consolar os amigos que estão sofrendo. E discutimos o que é preciso para criar comunidades e laços resilientes, criar filhos fortes e voltar a amar.

Hoje sei que é possível vivenciar uma evolução pós-traumática. Na esteira dos golpes mais arrasadores, as pessoas são capazes de encontrar uma força maior e um sentido mais profundo. Também creio ser possível vivenciar uma evolução pré-traumática — ou seja, não é preciso passar por uma tragédia para aumentar sua resiliência em relação ao que quer que esteja por vir.

Completei apenas uma parte da minha própria caminhada. A névoa do luto agudo se desfez, mas a tristeza e a saudade de Dave permanecem. Ainda estou tentando encontrar meu caminho e aprendendo muitas das lições destas páginas. Assim como tantos que passaram por tragédias, tenho a esperança de poder encontrar sentido e até alegria — e de ajudar outros a conseguir o mesmo.

Hoje, olhando para trás, para os momentos mais sombrios, consigo enxergar que até naquelas horas havia sinais de esperança. Um amigo me lembrou de que, quando meus filhos desabaram no cemitério, eu disse a eles: "Este é o segundo pior momento da vida de vocês. Superamos o primeiro e vamos superar este. Daqui para a frente, só pode ficar melhor". Comecei, então, a entoar uma música que aprendi na infância: "Oseh Shalom", uma prece pela paz. Não me lembro do momento em que decidi cantar nem do motivo de ter escolhido essa música. Tempos depois fiquei sabendo que é o último verso do kadish, a oração judia para os mortos, o que talvez explique por que brotou em mim naquela hora. Em pouco tempo todos os adultos começaram a cantar junto, seguidos pelas crianças, e o choro parou. No aniversário da minha filha, consegui me levantar do chão do quarto e sorrir durante toda a festa, na qual, para meu total espanto, vi que ela estava se divertindo à beça.

Poucas semanas depois de perder Dave, tive uma conversa com Phil a respeito de uma atividade de pais e filhos. Bolamos um plano para que alguém substituísse Dave. Eu me queixei: "Mas eu quero Dave". Ele me envolveu com o braço e disse: "O Plano A não está disponível. Então vamos botar pra quebrar com o Plano B".

A vida nunca é perfeita. Todos vivemos com algum tipo de Plano B. Este livro é para nos ajudar a botar pra quebrar com ela.

# 1. Respirar de novo

*É preciso continuar,*
*Não consigo continuar,*
*É preciso continuar,*
*Então vou continuar.*
Samuel Beckett [1]

Mais ou menos um ano depois da morte de David, eu estava trabalhando quando meu celular vibrou. Era uma amiga. Como hoje ninguém liga mais para ninguém, supus que fosse algo importante. E era. Ela recebera uma notícia terrível a respeito de uma jovem da qual era mentora. Poucos dias antes, a garota tinha ido a uma festa de aniversário e na hora de ir embora percebera que um colega de trabalho precisava de uma carona para casa. Como ela morava perto dele, se ofereceu para levá-lo. Quando chegaram, ele sacou uma arma, obrigou-a a entrar e a estuprou.

A jovem foi para o hospital fazer os exames para provar o estupro e depois foi à polícia registrar a ocorrência. Minha amiga estava procurando maneiras de consolá-la. Sabia que eu conhecia a garota também, por isso perguntou se eu podia conversar com ela e oferecer apoio. Fiquei nervosa ao ligar, pensando se seria capaz de ajudar alguém a se recuperar de algo tão violento. Mas, à medida que a ouvia, me dei conta de que ela poderia se identificar com parte daquilo que eu aprendera em relação a superar a dor.

A semente da resiliência é plantada na maneira como processamos acontecimentos negativos. Depois de passar décadas estudando como as pessoas lidam com reveses, o psicólogo Martin Seligman concluiu que três Ps podem prejudicar a volta por cima:[2] (1) a personalização, que é a impressão de que temos culpa; (2) a permeabilidade, que é a impressão de que um acontecimento vai afetar todos os setores de nossa vida; e (3) a permanência, que é a impressão de que os desdobramentos desse acontecimento vão durar para sempre. Esses três Ps funcionam de maneira muito negativa. É como um círculo eterno em sua cabeça: "Se é horrível, a culpa é minha. Tudo na minha vida é horrível. E vai ser horrível sempre".

Centenas de estudos demonstraram que tanto crianças quanto adultos se recuperam mais rapidamente quando se dão conta de que as dificuldades não são totalmente culpa deles, não afetam todo e qualquer aspecto da vida nem vão acompanhá-los por toda parte para sempre. Reconhecer que os acontecimentos negativos não são pessoais, permeáveis nem permanentes torna as pessoas menos propensas a cair em depressão e mais capazes de suportar as adversidades.[3] Evitar cair na armadilha dos três Ps ajuda professores tanto em escolas urbanas quanto nas rurais:[4] eles aumentaram a eficiência na sala de aula e os alunos tiveram melhor desempenho acadêmico. Ajuda nadadores de equipes universitárias que tiveram um resultado ruim:[5] o batimento cardíaco sobe menos e eles conseguem melhorar seus tempos. E ajuda corretores de seguro em vendas difíceis:[6] quando deixam de levar a recusa para o lado pessoal e se lembram de que no dia seguinte podem abordar novos clientes, as vendas mais que duplicam e eles ficam no emprego duas vezes mais que os outros colegas.

No começo do telefonema para a jovem, só fiquei escutando ela descrever como se sentiu violentada, traída, furiosa e assustada. Em seguida, passou a culpar a si mesma por ter oferecido ao colega uma carona. Eu a incentivei a parar de personalizar a agressão. O estupro nunca é culpa da vítima, e propor uma carona a um colega de trabalho era mais que razoável. Ressaltei que nem tudo o que acontece *conosco* acontece *por nossa causa*. Então, recorri aos outros dois Ps: permeabilidade e permanência. Conversamos sobre tudo o que havia de bom nos outros aspectos de sua vida e a incentivei a pensar em como a sensação de desesperança ficaria menos aguda com o passar do tempo.

Recuperar-se de um estupro é um processo incrivelmente delicado e difícil, diferente para cada pessoa. Há evidências de que é comum as vítimas de estupro se culparem e se sentirem desesperançadas.[7] As que conseguem romper esse padrão correm menos risco de depressão e estresse pós-traumático. Algumas semanas depois, a jovem me ligou para dizer que, graças à cooperação dela, a Justiça estava tomando medidas para processar o estuprador. Ela disse que todos os dias pensava nos três Ps e que nossa conversa a fizera se sentir melhor. O mesmo acontecera comigo.

Eu também havia caído nas três armadilhas, a começar pela personalização. Culpei a mim mesma, de imediato, pela morte de Dave. A primeira avaliação médica afirmava que ele morrera de traumatismo craniano, causado pela queda do aparelho. Por isso, eu pensava sem parar que poderia tê-lo salvado se o tivesse encontrado antes. Meu irmão David, que é neurocirurgião, insistia que não era verdade: cair da altura de um aparelho de academia poderia quebrar o braço de Dave, mas não o matar. A necropsia provou que meu irmão tinha razão: ele morreu em questão de segundos, de uma arritmia cardíaca provocada por uma doença coronariana.

Mesmo depois de saber que Dave não tinha morrido por falta de socorro, encontrei outros motivos para me culpar. O problema coronariano de Dave nunca havia sido diagnosticado. Passei semanas com seus médicos e os médicos da minha família, esquadrinhando a necropsia e todos os registros. Pensava, inquieta, que ele havia se queixado de dores no peito, mas que não tínhamos dado o devido valor. Pensava o tempo todo em sua alimentação, e se eu devia ter insistido para que ele a controlasse mais. Os médicos me disseram que nenhuma mudança nos hábitos cotidianos teria salvo sua vida com certeza. E foi bom quando a família de Dave me lembrou de que sua alimentação era muito mais saudável quando ele estava comigo.

Também fiquei me culpando pela ruptura que sua morte provocou na vida de todos à minha volta. Antes da tragédia, eu era a irmã mais velha, a executora, a planejadora, aquela sempre pronta para escutar. Quando Dave morreu, me tornei incapaz de fazer qualquer coisa. As pessoas tiveram que vir ao meu socorro. O velório foi organizado por meu chefe, Mark Zuckerberg, meu cunhado, Marc, e Marne. Meu pai e minha cunhada, Amy, cuidaram do enterro. Quando as pessoas chegaram em casa para dar os pêsames, Amy teve que me cutucar para que eu levantasse e agradecesse. Meu pai precisou me lembrar de comer e sentou ao meu lado para se certificar de que eu realmente o fizesse.

Durante os meses seguintes, o que eu mais me ouvia dizer era "Desculpe".[8] Eu me desculpava o tempo todo, com todo mundo. Com minha mãe, que deu um tempo na própria vida para passar o primeiro mês a meu lado. Com meus amigos, que largaram tudo para ir ao velório. Com meus clientes, pelas reuniões desmarcadas. Com meus colegas de trabalho, por perder o foco quando a emoção tomava conta. Ao começar uma reunião, eu pensava que conseguiria, então meus olhos marejavam, forçando uma saída à francesa e um "Sinto muito". Não é exatamente isso que o Vale do Silício está procurando.

Por fim, Adam me convenceu de que eu precisava abolir a palavra "desculpe" do meu vocabulário. Ele também vetou "Sinto muito", "Lamento" ou qualquer outra tentativa de driblar a proibição. Adam explicou que, ao culpar a mim mesma, eu estava retardando minha recuperação, o que também significava retardar a recuperação de meus filhos. Foi o estalo que me fez acordar. Eu me dei conta de que, se os médicos não tinham conseguido evitar a morte de Dave, era irracional acreditar que eu teria. Não era eu que tinha interrompido sua vida, e sim a tragédia. Ninguém mais achava que eu devia pedir desculpas por chorar. Eu me peguei várias vezes mordendo a língua para não dizer "desculpe", e comecei a me livrar da personalização.

Quando passei a me culpar menos, comecei a perceber que nem *tudo* era tão terrível. Meus filhos agora estavam dormindo a noite inteira, choravam menos e brincavam mais. Tínhamos acesso a aconselhamento e terapia para o luto. Eu podia bancar babás para as crianças e gente para ajudar em casa. Tinha parentes, amigos e colegas carinhosos e fiquei admirada com a forma como tomaram a mim e a meus filhos em seus braços — às vezes até literalmente. Me senti mais próxima deles do que jamais imaginei possível.

Voltar a trabalhar ajudou a resolver o problema da permeabilidade. Na tradição judaica, existe um período de sete dias de luto fechado, conhecido como shivá, depois do qual se espera que se retomem as atividades mais rotineiras. Psicólogos infantis e especialistas em luto me aconselharam a fazer com que meus filhos voltassem o mais rapidamente possível à rotina. Por isso, dez dias depois do falecimento de Dave, eles retornaram à escola e comecei a trabalhar enquanto estavam fora.

Os primeiros dias de volta ao trabalho foram de absoluta névoa. Já fazia mais de sete anos que eu trabalhava como coo do Facebook, mas de repente tudo me pareceu estranho. Na primeira reunião, a única coisa em que eu conseguia pensar era: "Do que eles estão falando e que importância isso tem?". Então, em certo momento, eu me envolvi com o debate e durante um segundo — talvez meio segundo — esqueci. Esqueci a morte. Esqueci a imagem de Dave deitado no chão da academia. Esqueci o caixão descendo. Na terceira reunião do dia, cheguei a cochilar por alguns minutos. Por mais envergonhada que eu tenha ficado, também senti certo alívio — e não apenas por não ter roncado. Era a primeira vez que eu tinha relaxado. À medida que os dias se transformaram em semanas, depois em meses, fui conseguindo me concentrar por períodos maiores. O trabalho me proporcionou um lugar onde eu podia me sentir mais como era, e a cortesia de meus colegas me mostrou que nem todos os aspectos da vida eram ruins.

Por muito tempo, acreditei que as pessoas precisavam se sentir apoiadas e compreendidas no trabalho. Hoje sei que isso é ainda mais importante depois de uma tragédia. E, infelizmente, é bem menos frequente do que deveria ser. Depois da morte de uma pessoa amada, apenas 60% dos empregados no setor privado tiram folga[9] — e, quando o fazem, é por poucos dias. Quando voltam ao trabalho, o sofrimento pode interferir no desempenho.[10] O estresse econômico que muitas vezes acompanha o luto é como uma sequência de diretos no rosto. Só nos Estados Unidos, estima-se que a perda de produtividade relacionada ao luto custe às empresas algo como 75 bilhões de dólares por ano.[11] Esse prejuízo poderia ser minimizado e o fardo para as pessoas em luto diminuído se os empregadores permitissem mais tempo de licença, horários reduzidos ou flexíveis e ajuda financeira. Empresas que oferecem benefícios abrangentes, como assistência de saúde, aposentadoria e licenças por motivos familiares e de saúde constatam que esse investimento dá retorno no longo prazo,[12] sob a forma de uma força de trabalho mais leal e produtiva. Proporcionar apoio é, ao mesmo tempo, o que há de mais solidário *e* sensato a fazer. Sou grata pela generosa licença que o Facebook me ofereceu. Depois da morte de Dave, atuei com minha equipe no sentido de ampliar ainda mais nossas políticas a esse respeito.

Para mim, o mais difícil dos três Ps foi a permanência. Durante meses, tive a impressão de que aquela angústia debilitante jamais iria embora, independentemente do que eu fizesse. A maioria das pessoas que eu conhecia que passaram por tragédias dizia que, com o tempo, a tristeza fenecia. Garantiam que um dia eu pensaria em Dave e sorriria. Eu não acreditava nelas. Quando meus filhos choravam, eu imaginava o restante da vida deles sem o pai. Dave não ia perder apenas uma partida de futebol. Mas *todas*. *Todos* os debates na escola. *Todas* as férias. *Todas* as formaturas. Ele não ia levar nossa filha pelo braço ao altar no dia do casamento dela. O medo da eternidade sem Dave era paralisante.

Minhas previsões pessimistas me punham em boa companhia. Quando sofremos, temos tendência a projetar indefinidamente o sofrimento. Pesquisas sobre a "previsão afetiva"[13] — nosso prognóstico em relação a como vamos nos sentir no futuro — revelam que temos tendência a superestimar a duração do impacto de acontecimentos negativos sobre nós.[14] Foi pedido a um grupo de estudantes que imaginassem o término de seus relacionamentos afetivos e que previssem quanto estariam infelizes dois meses depois. A outro grupo de estudantes, pediu-se que avaliassem a própria felicidade dois meses depois de um rompimento *real*. Aqueles que tinham passado por um rompimento de verdade estavam muito mais felizes do que o esperado. As pessoas também superestimam o impacto negativo de outros acontecimentos estressantes. Professores assistentes achavam que a recusa de uma cadeira na universidade iria deixá-los frustrados durante cinco anos.[15] Não deixou. Estudantes universitários acreditavam que ficariam deprimidos se fossem colocados num alojamento não muito bom.[16] Não ficaram. Tendo ficado no pior alojamento da minha faculdade — duas vezes —, este último estudo me parece particularmente autêntico.

Assim como em sua fisiologia o corpo possui um sistema imunológico, o cérebro tem um sistema parecido em sua psicologia. Quando alguma coisa não vai bem, por instinto recorremos a mecanismos de defesa. Nas piores situações, enxergamos o lado bom. Diluímos e edulcoramos a bebida amarga. Começamos a nos agarrar aos chavões. Mas, depois de perder Dave, não consegui fazer nada disso. Toda vez que tentava dizer a mim mesma que as coisas iriam melhorar, uma voz mais alta dentro da minha cabeça insistia que não. Parecia evidente que meus filhos e eu jamais voltaríamos a ter outro momento de alegria. *Jamais.*

Seligman descobriu que palavras como "sempre" e "nunca" são indícios da permanência. Da mesma forma que eu tinha que abolir "desculpe" do meu vocabulário, tentei substituir "sempre" e "nunca" por "às vezes" e "de vez em quando". "*Sempre* vou achar isso ruim" passou a ser "*Às vezes* vou achar isso ruim". Não é um pensamento dos mais animadores, mas não deixa de ser um progresso. Percebi que em alguns momentos a dor dava uma trégua temporária, como uma dor de cabeça forte que por instantes regride. Quanto mais tréguas eu tinha, mais era capaz de recordá-las nos momentos em que mergulhava mais profundamente na dor. Comecei a aprender que, por mais triste que me sentisse, em alguma hora haveria uma pausa. Isso me ajudou a readquirir certa sensação de controle.

Também experimentei uma técnica da terapia cognitivo-comportamental,[17] em que se põe no papel um pensamento que lhe causa angústia e, logo em seguida, se prova que ele é falso. Comecei pelo maior de meus medos: "Meus filhos jamais terão uma infância feliz". Encarar a frase no papel revirou meu estômago, mas também me fez lembrar de que eu conversara com muitas pessoas que tinham perdido os pais bem jovens e contrariavam a previsão. Em outra ocasião escrevi: "Nunca mais vou me sentir bem de novo". Ver essas palavras me obrigou a admitir que, naquela mesma manhã, alguém havia contado uma piada e eu dera risada. Mesmo que só por um minuto eu havia desmentido aquela frase.

Uma amiga psiquiatra me explicou que os seres humanos são programados evolutivamente tanto para sentir dor quanto para se relacionar: de forma natural, dispomos das ferramentas para nos recuperar de perdas e traumas. Isso me ajudou a acreditar que era possível superar. Se evoluímos para lidar com o sofrimento, a dor profunda não ia me matar. Pensei no quanto o ser humano, ao longo dos séculos, vivenciou o amor e a perda, e senti uma conexão com algo muito maior que eu mesma — com uma experiência humana universal. Procurei um de meus mestres favoritos, o reverendo Scotty McLennan, que quando eu tinha vinte e poucos anos me orientou com muita gentileza no divórcio de meu primeiro marido. Desta vez, Scotty explicou que, em quarenta anos ajudando pessoas a superar perdas, ele notou que "se voltar para Deus dá a sensação de estar envolvido em braços carinhosos, eternos e indubitavelmente fortes. É preciso saber que não se está sozinho".

Pensar nessas conexões foi de grande valia, mas mesmo assim eu não conseguia me livrar da sensação esmagadora de terror. Havia lembranças e imagens de Dave em toda parte. Naqueles primeiros meses, acordava todas as manhãs e vivenciava a constatação nauseante de que ele não estava lá. À noite, entrava na cozinha na esperança de vê-lo e a dor batia forte com a decepção. Mark Zuckerberg e a mulher, Priscilla Chan, acharam que poderiam ajudar levando as crianças e eu a um lugar onde não tivéssemos nenhuma memória de Dave. Por isso, eles nos levaram para uma praia que não conhecíamos. Mesmo assim, quando sentei num banco de frente para o mar, vislumbrei a imensidão do céu e vi o rosto dele, nas nuvens, olhando para mim. Eu estava sentada entre Mark e Priscilla, sentindo seus braços em torno de mim, mas, de alguma forma, Dave estava ali também.

Não havia escapatória. A dor parecia uma espécie de névoa espessa e profunda. Minha amiga Kim Jabal, que perdeu o irmão, a descreve como um cobertor de chumbo por cima do corpo e do rosto. Rob, irmão de Dave, diz que a sensação é de uma bota esmagando o peito, tornando quase impossível encher os pulmões, pior até do que a morte do pai, dezesseis anos antes. Eu também sentia dificuldade para puxar o ar. Minha mãe me ensinou a respirar durante crises de ansiedade: inspirar contando até seis, prender a respiração contando até seis e por fim soltar o ar contando até seis. Minha afilhada Elise, numa comovente inversão de papéis, segurava minha mão e contava em voz alta comigo até o pânico passar.

O rabino Nat Ezray, que presidiu o funeral de Dave, me disse para me preparar para o horror do que viria, mas para fazer aquilo acontecer.

Não sei se estava fazendo referência ao meu livro, mas acabou sendo um bom conselho. Anos atrás, eu havia percebido que, nos meus momentos de tristeza e ansiedade, desses próprios sentimentos derivava outro, que duplicava o incômodo. Quando eu me sentia mal, também me sentia mal por me sentir mal. Quando me sentia ansiosa, a ansiedade me deixava ansiosa. "Uma parte de todo sofrimento", escreveu C. S. Lewis, "é a sombra do sofrimento [...] o fato de que não apenas você está sofrendo, mas não consegue deixar de pensar no fato de que está sofrendo."[18]

Depois da morte de David, eu me afundei em negatividade. Não era apenas a dor do luto: era a dor por sentir a dor do luto. Não era apenas a ansiedade: era a ansiedade da ansiedade. Coisinhas que antes não me preocupavam, como a possibilidade de meus filhos se machucarem indo de bicicleta para a escola, passaram a me inquietar. Eu me preocupava por me preocupar demais. Acatar o conselho de meu rabino e aceitar o horror me ajudou bastante. Em vez de me surpreender com os sentimentos negativos, passei a esperá-los.

Uma amiga me contou que havia acabado de aprender uma coisa que os budistas sabem desde o século v: o sofrimento faz parte da vida. A velhice, a doença e a perda são inevitáveis. E, embora a vida inclua alguns momentos de alegria, apesar de nossa tentativa de fazê-los durar, eles hão de se esvair. Pema Chödrön, mestre budista que quebrou o "telhado de vidro zen" ao se tornar a primeira mulher americana plenamente ordenada na tradição tibetana, escreveu que, quando aceitamos essa verdade nobre, nossa dor diminui de fato, porque acabamos "fazendo amizade com nossos próprios demônios".[19] Não cheguei a abraçar o diabo, mas, ao aceitá-lo, ele passou a me assombrar menos.

Alguns dias depois do enterro de Dave, meus filhos e eu elaboramos uma lista de novas "regras familiares" e as penduramos nos nichos onde eles guardam as mochilas, de maneira a vê-las todos os dias. A regra número um era: "Respeitar nossos sentimentos". Conversamos sobre como a tristeza parecia dominá-los em horas imprevistas, como durante a aula, e, quando isso acontecesse, eles podiam parar o que quer que estivessem fazendo. Os intervalos para chorar eram frequentes, e os professores davam um jeito para que pudessem sair com um colega ou um orientador, de modo a poder extravasar as emoções.

Esse foi um conselho que dei a meus filhos, mas que eu mesma adotei. Fazer acontecer nesse caso significava admitir que não tinha como controlar quando a tristeza aparecia. Eu também precisava de intervalos para chorar. Parava o carro no acostamento, saía no meio do trabalho, das reuniões da diretoria. Às vezes ia soluçar no banheiro, às vezes simplesmente chorava na minha mesa. Quando parei de lutar contra esses momentos, eles começaram a passar mais rápido.

Depois de alguns meses, comecei a notar que de vez em quando a névoa da dor intensa se dissipava e, quando voltava a se formar, eu me recuperava mais depressa. Percebi que lidar com a dor é como adquirir força física: quanto mais exercícios você faz, mais rapidamente seus batimentos cardíacos se recuperam depois de um esforço. E, às vezes, durante uma atividade física particularmente vigorosa, você descobre uma força que não sabia que tinha.

Espantosamente, uma das coisas que mais me ajudaram foi focar nas piores hipóteses possíveis. Prever uma situação negativa sempre foi fácil para mim; para um judeu, é uma boa e velha tradição, assim como recusar a primeira mesa que se oferece num restaurante. Só que, durante os primeiros dias de desespero, meu instinto foi recorrer a pensamentos positivos. Adam me disse o contrário: era uma boa ideia pensar em como as coisas poderiam ser piores.[20] "Piores?", perguntei a ele. "Você está de brincadeira? Como poderia ser pior?" A resposta dele foi como um soco: "Dave poderia ter tido a mesma arritmia cardíaca no carro com as crianças". *Caramba.* A ideia de que eu poderia ter perdido os três nunca havia me ocorrido. No mesmo instante, senti uma gratidão avassaladora pelo fato de meus filhos estarem vivos e saudáveis — e ela abrandou parte da dor.

Na hora do jantar, Dave e eu tínhamos um ritual com nossos filhos, em que repassávamos os melhores e piores momentos do dia, um por vez. Quando passamos a ser apenas três, criamos uma terceira categoria. Começamos a compartilhar algo por que éramos gratos. Também acrescentamos uma oração antes de comer. Dar as mãos e agradecer a Deus pela comida nos ajuda a lembrar de nossas bênçãos diárias.

Reconhecer bênçãos pode ser uma bênção em si e por si. Psicólogos pediram a um grupo de pessoas que fizessem uma lista semanal de quatro coisas pelas quais eram agradecidas.[21] Um segundo grupo escreveu a respeito de incômodos, enquanto um terceiro listava acontecimentos banais. Nove semanas depois, o grupo da gratidão se sentia significativamente mais feliz e relatou menos problemas de saúde. Pessoas que conseguem emprego em períodos de recessão acabam por se sentir mais satisfeitas com ele, décadas depois, por ter um senso mais preciso de como pode ser difícil conseguir trabalho.[22] Reconhecer bênçãos pode melhorar de verdade a felicidade e a saúde, por nos lembrar daquilo de bom que acontece na vida. Todas as noites, por mais triste que me sentisse, sempre busquei encontrar algo ou alguém que me inspirasse gratidão.

Também dei imenso valor à nossa tranquilidade financeira. Meus filhos me perguntaram se iríamos ter que mudar de casa, e eu tinha ciência de quão afortunados éramos por poder responder que não. Para muitas pessoas, acontecimentos inesperados, como uma única internação hospitalar ou o conserto de um carro, podem destruir a estabilidade financeira da noite para o dia. No Brasil, uma a cada nove pessoas vive na pobreza — e essa estatística é maior para mulheres e pais solteiros.[23] Sessenta por cento dos americanos já depararam com acontecimentos que puseram em risco sua capacidade de pagar as contas no fim do mês, e um terço não tem dinheiro na poupança, o que os deixa numa situação de constante vulnerabilidade.[24] Muitas vezes, a morte do companheiro acarreta graves consequências financeiras[25] — principalmente para as mulheres, que em geral ganham menos que os homens e têm menos acesso a benefícios na aposentadoria. Além do abalo arrasador causado pela perda do parceiro amado, a viúva muitas vezes fica sem dinheiro para as necessidades básicas.[26] Dos 258 milhões de viúvas existentes ao redor do mundo, mais de 115 milhões vivem na pobreza. Essa é uma das várias razões pelas quais é preciso acabar com a disparidade salarial entre homens e mulheres.

Precisamos amparar todas as famílias e prover a assistência de que necessitam para superar as dificuldades. Casais não oficialmente casados ou do mesmo sexo, em geral, não têm a mesma proteção legal nem os mesmos benefícios trabalhistas. São necessárias políticas de seguridade social mais potentes e práticas empregatícias mais amigáveis para as famílias, que impeçam que tragédias levem a ainda mais penúria. Pais e mães solo e viúvos merecem mais apoio, e os políticos, colegas, parentes e vizinhos deveriam se comprometer com isso.

Mesmo ciente de todas as minhas bênçãos, a dor ainda me corroía. Quatro meses depois de encontrar Dave caído no chão, fui à festa de volta às aulas da escola dos meus filhos. Pela primeira vez, dirigi sozinha. Os pais se reuniram no ginásio e de lá seguiram para as salas de aula específicas dos filhos. Dave e eu, nessa hora, nos dividíamos, já que temos dois filhos, e trocávamos experiências. Marcação homem a homem. Aquilo nunca mais aconteceria.

Passei a semana aterrorizada por ter que escolher uma das classes e, quando chegou a hora, fui invadida por uma onda de tristeza. Estava caminhando de mãos dadas com minha amiga Kim, ainda tentando decidir, quando meu telefone tocou. Era meu médico. Ele disse que a mamografia de rotina havia revelado uma mancha suspeita. Meu coração disparou. Ele disse que eu devia ficar tranquila — *grande consolo* —, mas que precisava ir até lá no dia seguinte para um ultrassom.

Minha tristeza se transformou em pânico. Acabei não indo a nenhuma das salas de aula: entrei no carro e fui correndo para casa. Depois de perder o pai, meus filhos ficaram, compreensivelmente, obcecados pela morte. Algumas semanas antes, na hora do jantar, minha filha precisou de um intervalo para chorar e fui com ela até o quarto. Ficamos deitadas de conchinha na cama, e ela tateou à procura do meu colar, do qual pendiam amuletos com nossas quatro iniciais. Ela disse, num tom de voz decidido: "Vou sortear um". Perguntei a ela por quê. Ela disse que não ia contar, porque eu ia ficar chateada. Eu disse que podia me contar qualquer coisa. Sussurrando, ela explicou: "Vai ser o próximo a morrer". Senti o ar fugir dos meus pulmões. Não sei como, reuni forças para dizer: "Então me deixe sortear". Peguei o "S" e disse: "A próxima vou ser eu, mas acho que vai ser daqui a quarenta anos, quando eu tiver mais de noventa". Não sei se era a coisa certa a dizer (e minha conta estava errada), mas queria consolá-la.

Enquanto ia de carro para casa, voltando da festa de volta às aulas, senti como se a mão dela estivesse puxando meu colar. "Se eu tiver câncer, como vou contar aos meus filhos?" E se — *e se* — eles também me perdessem? E como era possível que poucos minutos antes eu estivesse tão estressada só por ter que escolher uma sala de aula?

Naquela noite, eu tremia e soluçava demais para pôr meus filhos na cama. Não queria deixá-los tristes também, por isso foi minha mãe que os pôs para dormir. Minha irmã veio e nós três demos as mãos e rezamos. Não havia mais nada que eu conseguisse pensar em fazer. Minha mãe disse algumas preces e eu pedi que as repetisse sem parar.

As dezessete horas seguintes se arrastaram. Eu não conseguia dormir, comer ou sustentar uma conversa com começo, meio e fim. Só podia olhar para o relógio, esperando pela consulta à uma da tarde.

O ultrassom mostrou que o resultado da mamografia havia sido um falso positivo. O alívio que invadiu meu corpo inteiro foi tão avassalador quanto a dor que sentira nos quatro intermináveis meses anteriores. De uma só tacada, passei a valorizar minha saúde e as coisas boas da vida mais do que nunca.

Quando olho para trás, gostaria de ter conhecido antes os três Ps. Foram tantas as ocasiões em que eles teriam ajudado — até mesmo com os problemas do cotidiano. No primeiro dia de meu primeiro emprego quando saí da faculdade, meu chefe me pediu para alimentar uma planilha de Lotus 1-2-3 — um programa popular nos anos 1990. Eu tive que admitir que não sabia. Seu queixo caiu, e ele disse: "Não acredito que você conseguiu esse emprego sem saber isso". Então ele saiu da sala. Fui para casa convicta de que ia ser demitida. Minha impressão era de que eu era péssima em tudo, mas a verdade era que só era péssima com planilhas. Compreender a permeabilidade teria poupado muito nervosismo naquela semana. E eu gostaria que alguém tivesse me contado a respeito da permanência quando terminei com alguns namorados. Eu poderia ter evitado muita angústia se soubesse que o sofrimento deles não ia durar para sempre — e, se eu fosse realmente honesta comigo mesma, tampouco aqueles relacionamentos, de qualquer maneira. Também gostaria de ter sabido mais a respeito da personalização quando alguns namorados terminaram comigo (às vezes de fato não é você, mas eles).

Todos os três Ps se uniram contra mim quando eu tinha vinte e poucos anos, depois que meu primeiro casamento acabou. Na época, pensei que, independentemente do que realizasse na vida, sempre seria um fracasso. Em retrospectiva, foi o fim do casamento que me levou a sair de Washington e mudar para Los Angeles, do outro lado do país, onde não conhecia quase ninguém. Felizmente, um dos meus amigos me convidou para jantar e assistir a um filme com ele e outro amigo. Naquela noite, comemos, assistimos a *Coragem sob fogo* e adormeci pela primeira vez no ombro de Dave.

Todos temos que lidar com perdas: perda do emprego, perda do amor, perda da vida. A questão não é se essas coisas vão acontecer. Elas vão, e precisamos encará-las.

A resiliência vem do âmago, de dentro, e do apoio que recebemos, de fora. Vem da gratidão por aquilo que há de bom em nossa vida e vem da aceitação. Vem da análise de como processamos o luto e da simples vivência desse luto. Às vezes, estamos menos no controle do que imaginamos. Outras vezes, mais.

Aprendi que, quando a vida te põe para baixo, você pode quicar no fundo do poço, voltar à superfície e respirar de novo.

# 2. Tirar o elefante da sala

"Não, aqui é o elefante."

Na faculdade, a maioria das pessoas tem um ou dois colegas de quarto. Há quem tenha três ou quatro. Dave tinha dez. Depois da formatura, eles se espalharam pelo país e só se reviam em ocasiões especiais. Na primavera de 2014, todos nós nos reunimos para o 25º encontro de formandos. As famílias se divertiram tanto que resolvemos que no ano seguinte passaríamos juntas o feriado de Quatro de Julho.

Dave morreu dois meses antes da viagem.

Pensei em desistir. A ideia de passar o fim de semana com os colegas dele *sem ele* parecia insuportavelmente dura. Mas eu estava tentando me agarrar à vida que tínhamos juntos, e cancelar ia dar a impressão de ter desistido de outro pedacinho de Dave. Por isso, acabei indo, na esperança de que serviria de consolo estar junto de seus amigos, que também estavam de luto.

A maior parte da viagem nada teve de marcante, mas, no último dia, sentei para tomar café com o pessoal, incluindo Jeff King, que anos antes fora diagnosticado com esclerose múltipla. Eu e Dave conversamos várias vezes sobre a doença de Jeff, mas, naquela manhã, eu me dei conta de que nunca havia falado com o próprio Jeff a esse respeito.

*Bom dia, elefante.*

"Jeff", eu disse, "como você está? Quer dizer, de verdade, como você está? Como se sente? Está assustado?"

Surpreso, Jeff ergueu os olhos e fez uma longa pausa. Com lágrimas nos olhos, ele disse: "Obrigado. Obrigado por perguntar". E então começou a falar. Do diagnóstico e da raiva que sentia por ter que deixar a medicina. De como sua piora progressiva era penosa para seus filhos. De como estava preocupado com o futuro. Do alívio que sentia por poder falar a respeito comigo e com os outros naquele momento. Quando o café da manhã acabou, ele me deu um abraço bem apertado.

Nas primeiras semanas após a morte de Dave, fiquei espantada ao ver que alguns amigos não me perguntavam como eu estava. Primeiro, achei que estava lidando com um desses Amigos Que Nada Perguntam.[1] Todos temos amigos assim. Na descrição do blogueiro Tim Urban: "Você pede demissão. Você se apaixona. Você pega seu novo amor traindo você e mata os dois. Mas tanto faz, nada disso será abordado pelo Amigo Que Nada Pergunta, que nunca, jamais, em momento algum fará qualquer pergunta sobre a sua vida". Algumas dessas pessoas são autocentradas demais. Outras simplesmente se sentem pouco à vontade com conversas íntimas.

De qualquer forma, não conseguia entender quando não me perguntavam como eu estava. Eu me sentia invisível. Quando alguém aparece engessado, a primeira coisa que perguntamos é: "O que aconteceu?". Quando você machuca o tornozelo, as pessoas querem saber o que o houve. Quando sua vida é destruída, não.

O assunto era evitado o tempo todo. Fui jantar na casa de uma amiga próxima, e ela e o marido ficaram o tempo todo falando abobrinhas. Fiquei escutando, estupefata, guardando para mim mesma o que estava pensando. "Você tem razão, os Warriors estão jogando demais! E sabe quem era louco por eles? O Dave." Eu recebia e-mails de amigos me chamando para ir de avião visitá-los ou dar palestras em eventos sem reconhecer que agora viagens assim eram mais difíceis para mim. "Ah, é só uma noite? Claro, vou ver se Dave pode voltar a viver e pôr as crianças para dormir." Eu me encontrava com amigos por acaso e eles só falavam do clima. "Sim, o tempo anda esquisito. Tem chovido e morrido tanto."

Foi só naquele café da manhã com Jeff que me dei conta de que às vezes o amigo que evitava as conversas desagradáveis era eu. Eu tinha parado de perguntar diretamente sobre sua saúde não porque não me importasse, mas porque não queria incomodar. A perda de Dave me mostrou o absurdo daquilo. Eu não corria o risco de lembrar Jeff de que ele sofria de esclerose múltipla. Ele tinha consciência daquilo todos os minutos de todos os dias.

Até mesmo as pessoas que passaram pelos piores sofrimentos querem, muitas vezes, falar a respeito. Merle Saferstein é uma das amigas mais próximas de minha mãe, e ex-diretora do Centro de Educação e Documentação do Holocausto no sul da Flórida. Ela trabalhou com mais de quinhentos sobreviventes e só um, segundo ela, se recusou a abrir o coração. "Pela minha experiência, o sobrevivente quer ter a oportunidade de ensinar, em vez de ser descartado por ter passado por algo inconcebível", diz Merle. Mesmo assim, as pessoas relutam em fazer perguntas, por receio de reacender um trauma. Para incentivar conversas, Merle criou projetos de encontros entre sobreviventes e estudantes dos ensinos médio e superior. Segundo ela, pipocam perguntas dos alunos. "Já os ouvi indagar: 'O que você comia no campo de concentração? Você continuava a acreditar em Deus?'. As jovens costumam perguntar: 'Você menstruava? O que fazia?'. Essas não são questões íntimas. São questões humanas", disse Merle.

Evitar as emoções não é o mesmo que as proteger. Merle conta que foi com uma prima visitar um casal idoso. Na parede, havia dois blocos de argila com as impressões das mãos de duas crianças, mas o casal só fazia menção a uma filha. Haviam dito à prima de Merle para não tocar no assunto, porque aquilo entristeceria o casal, mas Merle não tinha sido advertida. Por isso, perguntou a respeito dos blocos. Embora a prima parecesse incomodada, o casal falou longa e animadamente a respeito da filha que tinha morrido. "Eles queriam que se lembrassem dela", diz Merle.

É um sentimento partilhado pelos pais que sofreram a pior perda imaginável. Depois de perder a filha Kelly, de nove anos, devido a um tumor no cérebro, o escritor Mitch Carmody disse: "Nossa filha morre pela segunda vez quando ninguém pronuncia seu nome".[2] É por esse motivo que a Compassionate Friends, uma das maiores organizações de assistência ao luto nos Estados Unidos, incentiva as famílias a falar aberta e frequentemente sobre os filhos que perderam.

Fugir de assuntos incômodos é tão comum que essa prática tem até um nome. Décadas atrás, os psicólogos cunharam o termo "efeito mudo"[3] para quando as pessoas evitam dar notícias ruins. Médicos omitem dos pacientes prognósticos sombrios.[4] Chefes demoram demais na hora de demitir subordinados. Minha colega Maxine Williams, diretora de diversidade do Facebook, acha que o efeito mudo também opera em questões raciais. "Mesmo quando um negro desarmado é morto por um policial ao pôr a mão no bolso para mostrar a carteira de motorista, os brancos que veem a notícia, vivem na mesma comunidade e sentam na mesa ao lado no trabalho em geral nada dizem", afirma Maxine. "Para a vítima de racismo, assim como para a vítima da perda, o silêncio é paralisante. As duas coisas que queremos saber quando estamos sofrendo são que se sentir assim não é enlouquecer e que alguém nos apoia. Agir como se nada de relevante estivesse acontecendo com gente como a gente é negar tudo isso."

O silêncio muitas vezes isola parentes, amigos e colegas. Mesmo em circunstâncias normais, ficar sozinho com os próprios pensamentos pode ser ruim. Numa experiência, um grupo composto de um quarto de mulheres e três quartos de homens preferiu levar choques elétricos dolorosos a ficar sentado sozinho durante quinze minutos.[5] O silêncio pode aumentar o sofrimento. Eu só me sentia à vontade para falar de Dave com um reduzido grupo de parentes e amigos. Alguns dos meus demais amigos e colegas facilitavam a tarefa de me abrir; os psicólogos chamam essas pessoas, literalmente, de "abridoras".[6] Ao contrário dos Amigos Que Nada Perguntam, os abridores fazem um monte de perguntas e ouvem sem julgar. Eles gostam de saber mais sobre os outros e se sentir conectados a eles. Em épocas de crise, podem fazer uma grande diferença, sobretudo para aqueles mais reticentes.

Eu não esperava ter dificuldade de compartilhar. Quando estou com meus amigos mais próximos, sou sempre aquela que quer conversar sobre tudo. *Você gosta dele? Ele beija bem?* (Não necessariamente nessa ordem). No trabalho, fico o tempo todo pedindo feedback — a ponto de receber o feedback de que peço feedback além da conta. Mas, em meio ao luto, não quis descarregar meus problemas nos outros, e não conseguia tocar no nome de Dave a menos que insistissem muito.

Os abridores nem sempre são nossos amigos mais próximos. Gente que enfrentou adversidades tende a expressar mais solidariedade em relação àqueles que estão sofrendo.[7] A escritora Anna Quindlen observou que o sofrimento é discutido por "aqueles entre nós que reconhecem no outro uma afinidade em relação ao abismo no âmago de quem somos".[8] Veteranos das Forças Armadas, vítimas de estupro e pais que perderam os filhos relatam que o apoio mais valioso costuma vir daqueles que sofreram perdas análogas.[9] Merle me disse que, quando sobreviventes do Holocausto emigraram para os Estados Unidos, "se sentiram muito isolados. Por isso, começaram a se relacionar uns com os outros. Foi assim que se formaram os clubes de sobreviventes. As únicas pessoas que os compreendiam de verdade eram aquelas que tinham passado pelas mesmas experiências".

Constatei que isso é verdade. Colin Summers, um amigo de Los Angeles, me procurou no velório de Dave. Em vez de "Meus pêsames", a primeira coisa que saiu de sua boca foi: "Meu pai morreu quando eu tinha quatro anos". "Ah, que bom", soltei, para acrescentar logo em seguida: "Quer dizer, não foi bom. Mas o fato de você ter ficado bem me deixa esperançosa em relação a meus filhos". Fiquei constrangida, mas ele me deu um abraço e disse: "Eu sei o que você quis dizer e garanto que seus filhos são muito mais fortes do que imagina". Não foi um contato dos mais perfeitos, mas foi um dos poucos momentos naquele dia terrível que me fizeram sentir um pouquinho melhor.

Fiquei sócia de um clube ao qual ninguém quer pertencer — um clube que eu nem sabia que existia antes de aderir a ele involuntariamente. Nove dias depois da morte de Dave, levei minha filha para jogar futebol e notei, sentada perto de uma cadeira vazia, Jo Shepherd, a avó de setenta anos de uma amiga. Décadas antes, Jo também teve que criar sozinha duas crianças pequenas quando o marido morreu. Eu soube instintivamente que aquela cadeira estava ali para mim. Mal trocamos meia dúzia de palavras e eu já me sentia totalmente compreendida. Em um café da manhã com colegas do Facebook, um cliente que eu nem conhecia veio me dizer que acabara de perder o irmão. Acabamos indo para um canto e choramos juntos.

Muitas pessoas que nunca vivenciaram uma perda, até mesmo alguns amigos bastante próximos, ficaram sem saber o que nos dizer. Era palpável o constrangimento que sentiam ao nosso lado, sobretudo em razão do contraste com nosso bom humor anterior. Como não se reconhecia a presença do elefante na sala, ele começou a incomodar, esmagando meus relacionamentos. O fato de meus amigos não perguntarem como eu estava significava que não se importavam? Será que não viam as pegadas gigantes cheias de lama nem os montes de estrume?

Adam tinha certeza de que as pessoas queriam falar, mas não sabiam como. Eu não estava tão certa daquilo. Os amigos perguntavam "Tudo bem?", mas eu encarava mais como um cumprimento do que como uma pergunta genuína. Eu queria responder gritando: "Meu marido acaba de morrer, você acha que está tudo bem?". Não sabia como reagir a brincadeiras. "Fora isso, o que achou da peça, sra. Lincoln?"

Mundo afora, existe uma pressão cultural para esconder emoções negativas. Na China e no Japão, o estado de espírito considerado ideal envolve calma e compostura.[10] Nos Estados Unidos, prezamos a empolgação e o entusiasmo. Como afirma o psicólogo David Caruso, "a cultura americana exige que a resposta à pergunta 'Tudo bem?' seja não apenas 'Tudo' [...] Precisamos dizer 'Tudo ótimo!'".[11] Caruso acrescenta: "Há um estímulo incessante ao mascaramento da expressão de nossos verdadeiros sentimentos subjacentes". Admitir que se está passando por uma fase ruim é "quase falta de educação".

Anna Quindlen tem uma maneira mais poética de formular essa ideia. "O sofrimento", escreve ela, é "um cochicho por fora e uma gritaria por dentro. Mais que o sexo, mais que a fé, mais até que a dor que o desencadeia, é o não dito, é o que se ignora em público, à exceção dos brevíssimos instantes de um velório."[12]

O elefante passou a me acompanhar no trabalho. Sempre fui simpática com os colegas, sobretudo no Facebook, uma empresa cuja missão é tornar o mundo mais aberto e conectado. Isso se reflete em nossa cultura: todos ficamos em salas abertas, onde todo mundo pode se levantar e ir falar com qualquer um. As conversas, mesmo as particulares, são constantes e públicas.

No início, voltar a trabalhar me proporcionou uma diminuta sensação de normalidade. Mas me dei conta rapidamente de que as coisas não eram as mesmas. Sempre incentivei as pessoas a levar para o trabalho toda a personalidade, mas agora "toda a minha personalidade" era, simplesmente, triste. Se tocar no nome de Dave já era difícil com os amigos, no trabalho parecia ainda mais inadequado. Por isso, eu não tocava. E ninguém tocava. Minhas interações eram frias, distantes, travadas. Ao caminhar pelo escritório, comecei a me sentir como um fantasma, invisível e aterrorizante ao mesmo tempo. Nos momentos em que não suportava mais, ia buscar refúgio com Mark na sala de reuniões. Disse a ele que receava acabar perdendo todos os meus colegas. Mark compreendeu meu receio, mas insistiu que eu estava fazendo uma leitura errada da reação das pessoas. Elas queriam se aproximar, mas não sabiam o que dizer.

O distanciamento crescente nas interações diárias só fez aumentar minha solidão profunda, de modo que eu me sentia cada vez pior. Pensei em andar com um elefante de pelúcia, mas não sabia ao certo se as pessoas iam entender a dica. Eu sabia que todos estavam dando o melhor de si; os que não diziam nada não queriam me causar ainda mais dor; os que diziam coisas indevidas estavam tentando me consolar. Eu me reconhecia em muitos desses esforços — era exatamente o que eu fazia quando estava do outro lado. Com a melhor das intenções, quando um amigo sofria, eu tentava tranquilizá-lo e ser otimista, para minimizar seus receios. "Sim, tem um bicho cinza na sala, mas não é um elefante. Parece mais um rato." Hoje, percebo que era apenas uma atitude Poliana da minha parte, que pode até ter feito as pessoas se sentirem incompreendidas.

Na tradição judaica, o período de luto por um cônjuge dura trinta dias. Eu estava me aproximando do fim quando pensei em expressar no Facebook como me sentia. Derramei num post minhas emoções, mas sem achar que ia de fato compartilhá-lo — era cru demais, pessoal demais, entregava demais.[13] Por fim, decidi que dificilmente as coisas poderiam piorar. Na manhã seguinte bem cedo, antes que eu pudesse mudar de ideia, cliquei em "publicar".

Minha mensagem começava descrevendo o vazio e como era fácil se deixar sugar por ele. Dizia que, pela primeira vez na vida, eu entendia a prece "Não me deixe morrer enquanto eu estiver vivo". Buscando me agarrar a alguma coisa, escrevi o quanto queria encontrar sentido diante desse vazio. Eu agradecia a minha família e meus amigos, que tinham me ajudado a atravessar aquelas primeiras semanas inconcebíveis. Em seguida, fazia aquilo que se mostrara tão difícil cara a cara com amigos e colegas: descrevia como um cumprimento casual como "Tudo bem?" doía por não reconhecer que algo fora do comum havia acontecido. Observava que, se em vez disso as pessoas perguntassem "Como você está?", isso mostraria que estavam cientes da minha dificuldade para chegar ao fim de cada dia.

O impacto do meu post foi imediato. Amigos, vizinhos e colegas começaram a tocar no assunto. Choveram e-mails com mensagens do tipo "Sei que não deve estar sendo fácil. Tenho pensado em você e nos seus filhos".

As reações de desconhecidos do mundo inteiro também reduziram meu isolamento. Uma mãe escreveu de uma unidade de terapia intensiva neonatal para dizer que perdera um de seus filhos gêmeos e que estava em busca de forças para dar ao sobrevivente uma boa vida. Um jovem compartilhou a foto do próprio casamento na véspera do dia em que estaria completando três anos. Sua falecida esposa havia mudado sua vida, e ele havia prometido, em memória dela, ajudar as mulheres a vencer em seu ramo de trabalho, dominado por homens. Estranhos consolavam uns aos outros. Uma mulher que passara pela mesma experiência ofereceu consolo à mãe que perdera o filho recém-nascido. Dezenas de pessoas enviaram mensagens de apoio ao jovem viúvo. E, em muitos casos, amigos comentaram que não tinham ficado sabendo das perdas e que queriam ter podido apoiá-los. Uns ofereciam solidariedade, outros compartilhavam histórias pessoais, mas a mensagem de todos era clara, como uma pessoa escreveu: embora para muitos de nós o Plano A não fosse mais possível, não estávamos sozinhos.

Nem todos se sentem à vontade para falar abertamente de tragédias pessoais. Tomamos nossas próprias decisões quanto a querer ou não expressar nossos sentimentos e quando. Mesmo assim, existem fortes evidências de que se abrir em relação a acontecimentos traumáticos pode melhorar a saúde física e mental.[14] Conversar com um amigo ou um parente muitas vezes ajuda a compreender as próprias emoções e a se sentir compreendido.

Depois do meu post, uma mudança bem-vinda foi que as pessoas começaram a perguntar "Como você está", que se tornou uma maneira resumida de demonstrar solidariedade. Essa pergunta também me ajudou a me dar conta de que meu sofrimento, que abrangia tudo, poderia não ser permanente. Adam observou que muitas vezes eu respondia a "Tudo bem?" com "Tudo", o que não estimulava mais perguntas. Ele disse que, se eu quisesse que fossem mais abertos comigo, eu tinha que ser mais aberta com os outros. Então comecei a responder com mais sinceridade: "Não estou legal, e é bom poder ser franca em relação a isso". Aprendi que até coisas pequenas indicavam às pessoas que eu precisava de ajuda; quando alguém me cumprimentava com um abraço, se eu apertasse um pouco mais aquilo queria dizer que eu não estava bem.

Com alguns de meus Amigos Que Nunca Perguntam, eu tocava no assunto diretamente. Reunia coragem e dizia a eles, em geral em meio às lágrimas, que eu tinha a impressão de que não se importavam. Eles reagiram com gentileza, dizendo que tinham gostado por eu me abrir, e passaram a me perguntar mais coisas. Da mesma forma que eu fazia com Jeff, o colega de Dave na faculdade, eles perguntavam "Tudo bem?" com um desejo genuíno de se relacionar, mas minha resposta não era sincera, então não se sentiam à vontade para insistir.

Por fim, concluí que, já que o elefante ia me acompanhar por toda parte, eu mesma poderia dar o primeiro passo para reconhecer sua existência. No trabalho, disse aos colegas mais chegados que eles podiam me fazer perguntas — quaisquer que fossem — e contar como estavam se sentindo. Um colega disse que travava quando eu estava por perto, com medo de dizer algo errado. Uma mulher admitiu que passou muitas vezes de carro em frente à minha casa, mas não teve coragem de bater à porta. Quando eu disse a ela que gostaria de conversar, ela finalmente tocou a campainha e entrou. Fiquei feliz de vê-la, e não apenas por ter chegado com café da Starbucks.

Em certos momentos, quis mesmo evitar conversas profundas. Na frente dos meus filhos. Ou logo antes de reuniões. O ideal, para mim, era quando me diziam: "Estou por aqui, se você quiser falar. Tipo agora. Ou depois. Ou no meio da noite. O que for melhor para você". Em vez de tentar adivinhar se alguém quer falar ou não, é melhor oferecer uma oportunidade e esperar que a agarrem.

A morte não é o único tipo de adversidade que invoca o elefante. Qualquer coisa que nos lembre da possibilidade de perda pode nos deixar sem palavras. Dificuldades financeiras. Divórcio. Desemprego. Estupro. Vício. Prisão. Doença. Adam me disse que, dez anos atrás, um dia antes de se mudar com a mulher para a Inglaterra por causa de uma bolsa de estudos, ela sofreu um aborto. Eles pensaram em cancelar os planos, mas decidiram que uma mudança de cenário poderia ser uma boa maneira de se recuperar. Por conta da distância e do temor de incomodar os outros, não mencionaram o aborto com amigos e parentes — nem esse nem o que ocorreu depois. Foi aí que Allison, que tem formação em psiquiatria, ensinou a Adam que, quando algo terrível acontece, pode ser importante pensar em como poderia ser ainda pior. Eles se lembraram de que uma amiga próxima tivera sete abortos espontâneos antes de conseguir ter filhos. Refletiram sobre como perder uma gravidez em estágio mais adiantado poderia ser ainda mais arrasador. Quando voltaram para casa, a dor havia ficado menos forte e mais fácil de abordar. Allison começou a compartilhar a experiência do casal com os amigos e descobriu que vários tinham sofrido perdas semelhantes, só não tinham falado a respeito também.

Abrir-se pode fortalecer elos sociais, mas pode ser arriscado em alguns casos. Sendo um dos poucos filipinos no campus da faculdade,

Anthony Ocampo nos contou como ele sentia "a pressão do sonho americano — de ser o representante do povo em nossa comunidade". Ele também guardava para si um fardo adicional: "Para meus pais, imigrantes filipinos e católicos fervorosos, ter um filho gay não estava nos planos". Anthony se tornou professor de sociologia e estudou a dificuldade para sair do armário em famílias de imigrantes.[15] Realizou entrevistas e descobriu a história de um adolescente filipino que, certo dia, viu a mãe jogar no lixo sua caneca "porque achava que ela estava suja". Quando outro filho de imigrantes contou para os pais que era gay, foi levado para o México, onde "o deixaram sem passaporte até ele aprender a ser homem".

Anthony enxergou o paradoxo de pais imigrantes que conheceram a dor da exclusão e mesmo assim a infligiram aos filhos LGBT. Quando, por fim, contou aos pais que era gay, Anthony também compartilhou com eles a pesquisa que fizera sobre o mal que famílias causam quando renegam seus próprios entes. "Os filhos vão buscar aceitação nas drogas, na bebida e no sexo inseguro", ele disse aos pais. "Ficam se lembrando disso durante anos, o que afeta quase todos os aspectos da sua vida." Graças ao trabalho paciente e cuidadoso de Anthony, ele conseguiu que os pais o aceitassem. Hoje, seu companheiro participa das festas de família. Romper o silêncio os aproximou.

O câncer é outro tema proibido ou velado. Li a respeito de uma escritora, chamada Emily McDowell, para quem a pior parte de ter sido diagnosticada com um linfoma não foram os enjoos da químio ou a queda de cabelo. "Foram a solidão e o isolamento que senti quando muitos parentes e amigos próximos sumiram porque não sabiam o que dizer, ou que sem perceber diziam as coisas mais indevidas."[16] Reagindo a isso, Emily criou "cartões de solidariedade".[17] Adoro todos, mas os dois a seguir são meus favoritos. Me dão vontade de rir e de chorar ao mesmo tempo.

Da primeira vez que li os cartões de Emily, meu pensamento foi para um amigo com câncer em estágio terminal que comentou comigo que a pior coisa que alguém podia lhe dizer era que tudo ia ficar bem. Uma voz aterrorizada, dentro dele, repetia: "Como você sabe que vai ficar tudo bem? Você não entendeu que posso morrer?". Lembrei

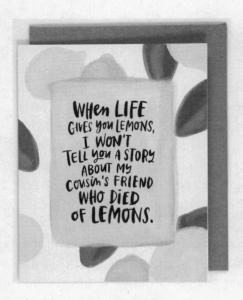 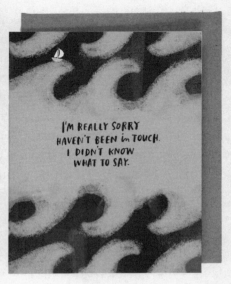

"Quando a vida te der limões, prometo não te contar a história do amigo do meu primo que morreu por causa disso."

"Mil desculpas por ter sumido. Eu não sabia o que dizer."

que, no ano da morte de David, uma amiga foi diagnosticada com câncer. Na época, achei que a melhor forma de lhe oferecer consolo era dizer: "Você vai ficar bem. Tenho certeza". Depois, fiquei semanas sem tocar no assunto, achando que ela ia mencioná-lo se quisesse.

Minhas intenções eram boas na época, mas hoje compreendo melhor a situação. Recentemente, uma colega de trabalho recebeu o diagnóstico de câncer e tratei o assunto de outra forma. Disse a ela: "Sei que você ainda não sabe o que vai acontecer, e eu também não. Mas você não vai passar sozinha por essa. Vou estar a seu lado por todo o caminho". Ao dizer isso, reconheci que ela estava passando por uma situação estressante e amedrontadora. Comecei, a partir daí, a me informar regularmente sobre a situação dela.

Às vezes, mesmo com a melhor das intenções, erramos. Diane Sawyer, âncora do canal de notícias ABC News, havia acabado de voltar ao trabalho depois da morte do marido, Mike Nichols, e estava subindo uma escada rolante quando um colega que estava descendo gritou: "Meus pêsames!". O lado bom foi que ela nem teve que responder.

"Em geral, quando você encara uma tragédia, descobre que não está mais cercado de gente — está cercado de chavões. O que oferecer, então, em vez de 'tudo tem uma explicação'?", pergunta o escritor Tim Lawrence. Ele sugere que "a coisa mais poderosa que você pode fazer é reconhecer. Pronunciar, literalmente, as palavras: 'Reconheço sua dor. Estou aqui ao seu lado'".[18]

Enquanto não o reconhecermos, o elefante vai continuar na sala. Se o ignorarmos, a pessoa que está sofrendo se isola, e aqueles que poderiam oferecer reconforto acabam se distanciando. Os dois lados precisam fazer um gesto. Uma boa atitude é falar, com empatia e franqueza. Não se pode simplesmente fazer o elefante ir embora, mas dá para dizer: "Eu estou vendo. Enxergo seu sofrimento. E me importo com você". De preferência sem gritar isso da escada rolante.

"Estou bem ali na sala e ninguém nem reconhece minha presença."

# 3. A regra de platina da amizade

Certa manhã de agosto, durante uma aula de Adam para uma turma de primeiro ano na Filadélfia, um aluno impressionou a todos ao entrar na sala. Owen Thomas tinha 1,90 metro, pesava 110 quilos e fora convocado para jogar na defesa do time de futebol americano da Universidade da Pensilvânia. Mas o tamanho não era a única coisa que chamava a atenção nele. Seu cabelo tinha um tom tão alaranjado que, de longe, parecia que a cabeça estava pegando fogo. Adam teria percebido Owen mesmo que se sentasse na última fila, mas ele ficava bem na primeira, chegava antes da hora e fazia perguntas perspicazes.

Owen era simpático com todos os colegas, mantendo sempre um sorriso amistoso. Durante uma aula sobre negociação, os alunos foram divididos em duplas, para comprar ou vender empresas fictícias. Owen teve o pior desempenho da turma. Ele não tinha disposição para arrecadar nem um centavo sequer de dinheiro hipotético de que não ia necessitar. Por isso, vendeu sua empresa praticamente de graça. Em dezembro, quando a classe elegeu o negociador mais cooperativo, ele venceu por uma diferença esmagadora.

Em abril, Owen cometeu suicídio.

Apenas dois meses antes, ele havia passado na sala de Adam para pedir ajuda. Owen estava sempre de bom humor, mas naquele dia parecia preocupado. Disse que estava à procura de estágio, e Adam se colocou à disposição para apresentá-lo a algumas pessoas. O garoto nunca mais tocou no assunto. Foi a última vez que se falaram. À luz do ocorrido, Adam ficou com a impressão de ter errado na hora mais importante. Depois do enterro, foi para casa e perguntou à mulher, Allison, se deveria parar de dar aula.

A necropsia revelou que o cérebro de Owen apresentava sinais de encefalopatia traumática crônica (ETC), uma doença que é em parte causada por pancadas repetidas na cabeça. A ETC foi relacionada a depressão grave, e o suicídio de diversos jogadores de futebol americano foi atribuído a ela. Na época de sua morte, Owen era o mais jovem jogador diagnosticado com a doença e o primeiro que não tinha histórico de concussões. Depois de ficar sabendo disso, Adam se sentiu menos culpado por não ter percebido os sinais de alerta de doença mental e começou a refletir a respeito de maneiras de dar maior apoio aos alunos com problemas. Acolhendo centenas de novos garotos a cada ano letivo, ele precisava de um método para travar contato pessoal com várias pessoas de uma vez só e foi buscar inspiração.

Em estudos tradicionais sobre estresse,[1] voluntários realizaram tarefas que exigiam concentração, como resolver charadas enquanto eram obrigados a suportar sons desconfortavelmente altos a intervalos aleatórios. Eles começavam a transpirar e o batimento cardíaco e a pressão sanguínea se elevavam. Sentiam dificuldade para se concentrar e cometiam erros. Muitos ficavam tão incomodados que desistiam. Na busca de uma maneira de reduzir a ansiedade, os pesquisadores propiciaram uma escapatória: quando o ruído ficava desagradável demais, os voluntários podiam apertar um botão para fazê-lo parar. Como seria de esperar, o botão fazia com que se sentissem mais tranquilos, cometessem menos erros e demonstrassem menos irritação. Até aí, nenhuma surpresa. A surpresa foi: *nenhum dos participantes apertou o botão*. Interromper o barulho não era o que fazia a diferença, e sim saber que *podiam* interromper. O botão lhes proporcionava uma sensação de controle e permitia que suportassem o estresse.

Quando uma pessoa sente dor, ela precisa de um botão.[2] Depois do suicídio de Owen, Adam começou a anotar o número de seu celular no quadro no primeiro dia de aula. Ele comunica aos alunos que, caso precisem, podem ligar a qualquer hora. É pouco comum que façam uso do número, mas isso lhes dá um botão a mais, além da assistência à saúde mental disponível no campus.

Quando alguém próximo a nós encara uma adversidade, como podemos lhe dar um botão? Pode parecer óbvio que, numa situação de crise, amigos queiram se ajudar, mas existem barreiras que nos separam. As reações emocionais ao sofrimento alheio são de dois tipos:[3] a empatia, que nos incentiva a ajudar, e o incômodo, que nos incentiva a nos afastar. Allen Rucker observou essas duas reações depois que um transtorno raro provocou nele uma paralisia repentina. "Enquanto alguns amigos vinham me ver todos os dias, trazendo sanduíches, a coleção de filmes do Hitchcock ou simplesmente um pouco de carinho, outros curiosamente sumiram",[4] ele escreveu. "Foi a primeira indicação que tive de que minha condição podia inspirar medo em outras pessoas, além de mim mesmo." Sua paralisia física desencadeava em algumas pessoas uma paralisia emocional.

Quando ficamos sabendo que uma pessoa de quem gostamos perdeu o emprego, iniciou uma quimioterapia ou está se divorciando, nosso primeiro impulso, em geral, é pensar: "Preciso entrar em contato com ela". Logo depois, muitas vezes, somos assaltados por dúvidas. "E se eu disser algo inconveniente?" "E se tocar no assunto for incômodo para ela?" "E se eu estiver sendo enxerido demais?" Depois que surgem, essas dúvidas vêm acompanhadas por desculpas como "Ela tem um monte de amigos e nem somos *tão* próximos", ou "Ela deve estar muito ocupada, melhor não incomodar". Adiamos o telefonema ou a oferta de auxílio até que nos sentimos culpados por não termos feito nada antes, e aí passamos a achar que é tarde demais.

Uma conhecida minha perdeu o marido devido a um câncer depois dos cinquenta anos. Antes da tragédia, ela falava toda semana com uma amiga; então, subitamente, as ligações pararam. Quase um ano depois, a viúva resolveu telefonar. "Por que você não dá mais notícias?", perguntou. "Ah", explicou a amiga. "Eu ia esperar até você se sentir melhor." A amiga não compreendeu que negar carinho, na verdade, piorava a situação.

Alycia Bennett também sofreu com isso na hora em que mais precisava de apoio. Durante o ensino médio, dirigiu o escritório regional de uma ONG que combatia a pobreza na África. Quando entrou na universidade, quis prosseguir em sua missão, então contactou um funcionário do campus encarregado das ONGs que foi ao alojamento dela falar a respeito do programa. Lá, ele a estuprou.

Na esteira desse acontecimento doloroso, Alycia teve que lutar contra a depressão e foi falar com a melhor amiga. "Antes, éramos inseparáveis", contou Alycia. "Mas, quando ela soube do estupro, disse: 'Não consigo conversar com você'." Alycia foi em busca do apoio de outros amigos e recebeu respostas semelhantes. Uma delas admitiu: "Sei que está sendo muito difícil para você, mas está sendo muito difícil para *mim* também". A amiga se sentia culpada por não ter impedido o ataque e estava personalizando a tragédia. Alycia garantiu que a culpa não era dela, mas a amiga se afastou, preferindo a fuga à solidariedade.

"O estupro, é claro, foi um choque para mim", diz Alycia. "Quando decidi fazer a denúncia, a tensão foi enorme. Era uma comunidade muito rica, majoritariamente branca. Por ser negra, eu me senti intimidada. Mas a reação dos meus amigos foi igualmente chocante. Eu me senti impotente." Por sorte, ela pôde contar com alguns amigos de sua antiga escola, conseguiu transferência para outra faculdade e seus novos colegas de quarto auxiliaram na recuperação. Alycia compartilhou sua história no site da comunidade Lean In na esperança de ajudar outros sobreviventes de estupro a falar. Ela escreveu que estava determinada a perseguir seus objetivos originais: formou-se e conseguiu um emprego relacionado a assuntos do Oriente Médio e segurança.

Um instinto de autopreservação pode fazer com que algumas pessoas se distanciem da dor emocional. Elas veem alguém se afogando em mágoa e se preocupam, talvez inconscientemente, que possam ser arrastadas para isso também. Outras pessoas são tomadas por um sentimento de que não há nada que possa ser feito; sentem que não há nada a dizer ou fazer para as coisas melhorarem, então escolhem não dizer nem fazer nada. Mas o que aprendemos com o experimento do estresse é que o barulho não precisa cessar para aliviar a pressão. O fato de o botão estar lá já faz uma enorme diferença.

Tive a sorte de estar cercada por pessoas amadas que não apenas deram as caras, mas em muitos casos adivinharam o que eu precisava antes que eu mesma soubesse. No primeiro mês, minha mãe ficou comigo, ajudando a tomar conta dos meus filhos e de mim. Ao fim de cada dia interminável, ela se deitava a meu lado e ficava abraçada comigo até que eu caísse no sono em meio às lágrimas. Nunca pedi que fizesse isso; ela simplesmente fazia. No dia em que foi embora, minha irmã Michelle a substituiu. Durante os quatro meses seguintes, Michelle foi me ver várias noites por semana; quando não podia, dava um jeito para que uma amiga fosse em seu lugar.

Precisar de tanta ajuda fazia com que eu me sentisse péssima, mas o simples fato de entrar no quarto que eu antes dividia com Dave me dava a sensação de que alguém tinha sugado minhas energias. A hora de dormir se tornou um símbolo de tudo o que havia mudado. O sofrimento e a ansiedade iam crescendo durante o dia, à medida que se aproximava o momento em que eu sabia que ia ter que rastejar — e a palavra é essa mesmo — sozinha até a cama. Ao aparecer noite após noite, deixando claro que sempre estariam lá quando eu precisasse, meus parentes e amigos foram meu botão.

Essas pessoas me convenceram de que queriam genuinamente ajudar, o que fez com que não me sentisse um fardo. Toda vez que eu mandava Michelle ir para casa, ela insistia que não conseguiria descansar sem saber que eu já estava dormindo. Meu irmão David me telefonou de Houston todo santo dia durante mais de seis meses. Quando agradeci, David disse que fazia aquilo por ele mesmo, porque a única hora em que se sentia bem era quando falava comigo. Aprendi que, às vezes, se importar significa que, quando alguém está sofrendo, você não consegue se imaginar em nenhum outro lugar.

Esse apoio constante foi vital para mim, mas não é necessariamente assim para todo mundo. Uma mulher que também perdeu o marido confessou que, no início, tinha medo de ficar sozinha à noite. A mãe ficou com ela durante duas semanas, depois ela foi para a casa do irmão. Ficou profundamente grata por todo o apoio, mas reconheceu: "Depois de um mês, eu estava *mais* do que pronta para ficar sozinha".

É difícil compreender — ou mesmo imaginar — a dor de outra pessoa. Quando não estamos num estado de espírito física ou emocionalmente intenso, subestimamos seu impacto. Em uma experiência[5] foi pedido a voluntários que pusessem o braço em um balde de água e tentassem adivinhar quanto doeria ficar sentado durante cinco horas em uma sala a uma temperatura congelante. Quando encheram o balde com água gelada, as pessoas previram que seria 14% mais sofrido do que quando o encheram com água quente. Mas, quando as pessoas fizeram previsões dez minutos depois de tirar o braço da água gelada, suas estimativas foram iguais às do grupo da água quente. Uma vez para trás a água gelada, mesmo que tenha acabado de passar, elas já tinham esquecido a sensação de estar com frio (o lado bom é que há pouquíssimas situações na vida real em que você precisa enfiar o braço em um balde de água gelada).

Não existe uma maneira única de sofrer e não existe uma maneira única de consolar. O que é bom para uma pessoa não é para outra, e o que é bom um dia pode não ajudar no dia seguinte. Quando eu era criança, me ensinaram a obedecer à regra de ouro: trate os outros como gostaria de ser tratado. Mas, quando alguém está sofrendo, precisamos obedecer à regra de platina:[6] trate os outros como *eles* gostariam de ser tratados. Preste atenção às deixas da pessoa que está sofrendo e responda de acordo — ou, melhor ainda, aja.

Enquanto eu lutava para me reerguer em casa e no trabalho, meus amigos e colegas perguntavam: "Tem algo que eu possa fazer?". Estavam sendo sinceros, mas normalmente eu não sabia o que responder. Havia coisas que poderiam ter tido valia, mas era difícil dizer. E alguns dos pedidos que vieram à minha mente eram impositivos demais ("Você pode dar um jeito de que eu e meus filhos não passemos os feriados sozinhos?") ou simplesmente impossíveis ("Você pode inventar uma máquina do tempo para que eu possa voltar e dizer adeus a Dave, ou pelo menos pular o Dia dos Pais?").

O escritor Bruce Feiler acredita que o problema reside na proposta de "fazer qualquer coisa". Ele escreveu que "embora bem-intencionado, esse gesto, sem querer, transfere a obrigação para o atingido. Em vez de oferecer 'qualquer coisa', simplesmente faça alguma coisa".[7] Bruce cita o caso de amigos que enviaram caixas de papelão para uma pessoa que estava mudando depois de um divórcio e outros que organizaram um "chá de cozinha" para uma amiga que havia perdido a casa num incêndio. Meu colega Dan Levy me contou que, quando o filho adoeceu e ele ficou no hospital com ele, um amigo enviou uma mensagem dizendo: "Você quer seu hambúrguer *sem o quê*?". Dan reconheceu o esforço. "Em vez de perguntar se eu queria comida, ele tomou a decisão por mim, mas me proporcionou a dignidade da sensação de controle." Outra amiga enviou uma mensagem a Dan dizendo que estava disponível para um abraço, se ele precisasse, e que ia passar os sessenta minutos seguintes no saguão do hospital quer ele descesse ou não.

Determinadas atitudes ajudam, porque, em vez de tentar eliminar o problema, atacam o estrago causado por ele. "Na vida existem coisas que não há como consertar. Só resta prosseguir com elas",[8] comenta a terapeuta Megan Devine. Até mesmo o diminuto ato de pegar na mão de alguém pode ajudar. Psicólogos experimentaram colocar adolescentes sob estresse para falar em público de improviso.[9] Quando elas seguraram na mão das mães, com quem tinham proximidade, esse contato físico tirou parte da ansiedade. Elas transpiraram menos e o estresse psicológico acaba transferido para as mães.

É um efeito com o qual me identifico. Quatro dias depois de encontrar Dave caído na academia, fiz seu elogio fúnebre. Achei que não ia conseguir chegar ao final, mas meus filhos queriam dizer algo e senti que precisava mostrar a eles que também era capaz. Minha irmã Michelle ficou ao meu lado, segurando firme minha mão. Eu não tinha ouvido falar do estudo com mães e filhas, mas aquilo me deu coragem.

Dave era uma fonte constante de força — um botão não apenas para mim, mas para muitas pessoas. Agora, onde seus filhos e parentes poderiam encontrar apoio? A psicóloga Susan Silk bolou uma ideia útil, a "teoria do círculo".[10] Ela propõe colocar num papel o nome das pessoas no centro da tragédia e traçar um círculo em volta. Em seguida, desenhar um círculo ainda maior em torno do primeiro, e escrever os nomes das pessoas mais afetadas pelo acontecimento. Então continuar traçando círculos cada vez maiores, para as pessoas que se avizinham da crise. Como escreveu Silk com o mediador Barry Goldman: "ao final, você terá uma fila de choro".

Adam desenhou assim os quatro primeiros círculos no meu caso:

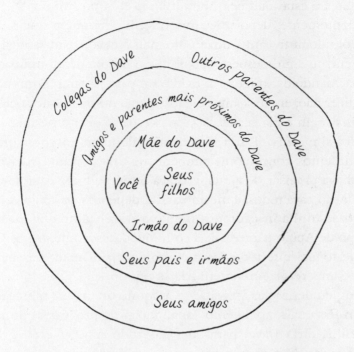

Qualquer que seja sua posição no círculo, ofereça consolo aos que estão mais para dentro e busque conforto nos que estão mais para fora. Isso significa consolar as pessoas que estão mais próximas da tragédia que você e se apoiar naquelas que estão mais afastadas.

Em alguns momentos procurei esse auxílio, mas em outras ocasiões tive receio de aceitá-lo. Uma semana depois do enterro, fui a um jogo do meu filho, ainda em meio àquela névoa espessa inicial, em que é até difícil conceber que seu filho tenha um jogo. Procurando um lugar para sentar, vi um monte de pais acompanhando os filhos. *Dave nunca mais vai vir a um jogo*. Bem na hora em que eu estava enterrando o boné na cabeça para esconder as lágrimas, reparei que Katie e Scott Mitic, um casal de amigos, estava acenando para que eu me sentasse num cobertor que tinham estendido no gramado. Eles haviam se oferecido para ir ao jogo comigo, mas, como tinham os próprios filhos de quem cuidar, eu disse que não precisava. Fiquei tão feliz por não terem me dado ouvidos. Sentaram comigo, um de cada lado, segurando minhas mãos. Eu estava ali pelo meu filho; e eles, por mim.

Evidentemente, depois de uma tragédia, há quem queira apenas ficar encolhido num canto, no círculo mais fechado. Uma amiga de Los Angeles entrou em desespero depois que o filho morreu num acidente de carro. Quando os amigos a convidavam para jantar, seu impulso inicial era dizer não, embora antes ela fosse uma pessoa muito sociável. Os amigos insistiam e ela aceitava. Aí, na véspera, queria desmarcar, mas lembrava a si mesma: "É só uma tentativa de fugir. Você tem que ir".

Sentimentos conflitantes também me dilaceraram. Odiava pedir ajuda, odiava precisar de ajuda, receava o tempo todo estar sendo um enorme fardo para todos, e mesmo assim dependia do apoio constante das pessoas. Minha insegurança me fazia sofrer tanto que quase criei um Grupo de Apoio para Pessoas com Medo de Incomodar os Outros. Então me toquei que todos os membros teriam medo de obrigar os outros a comparecer e ninguém iria às reuniões.

Antes, eu definia as amizades por aquilo que podia oferecer: conselhos profissionais, apoio emocional, ideias de programas de TV antigos (e ruins, diria Dave) para ver. Mas tudo mudou e eu precisava muito de ajuda. Não apenas me sentia um fardo: eu era, de fato, um fardo. Aprendi que amizade não é só o que você pode dar: é o que você é capaz de receber.

Mesmo assim, como todas as pessoas que conheço que passaram por tragédias reconhecem com tristeza, alguns amigos não se comportam da maneira esperada. Uma experiência constante é ter amigos que decidem que é dever deles informar à pessoa que sofre o que ela deve fazer — e, pior que isso, como ela deve se sentir. Conheci uma mulher que resolveu ir trabalhar no dia seguinte à morte do marido porque não suportaria ficar em casa. Até hoje, ela sente a reprovação dos colegas que lhe disseram: "Pensei que você ia estar abalada demais para vir". *Você pode ter pensado, mas simplesmente não tem como saber.*

A dor não tem hora marcada; cada um de nós sofre de maneira diferente e no seu próprio tempo. "Já faz três meses. Quando você vai deixar isso para trás?", perguntou uma mulher a uma amiga que sofreu um aborto. Depois de um ano, um amigo comentou comigo: "Já está na hora de parar com essa coisa do luto". *É mesmo? Certo, então vou ali colocar essa "coisa do luto" na gaveta, já que é tão inconveniente.* Também não é útil dizer a alguém que está sofrendo: "Você anda tão irritada e pra baixo. É difícil ficar perto de você assim". Disseram isso bem na minha cara, despertando o maior dos meus medos — a possibilidade de que fosse verdade.

A raiva é um dos cinco estágios do luto, na célebre definição da psiquiatra Elisabeth Kübler-Ross.[11] Diante de uma perda, o normal é começar pela negação, passar para a raiva e então para a barganha e a depressão. Só depois desses quatro estágios vem a aceitação. Mas hoje os especialistas se deram conta de que não são cinco estágios.[12] São cinco estados, que não progridem de maneira linear, mas vão e vêm. A dor e a raiva não são como chamas que podem ser apagadas com água. Elas podem se apagar num momento e voltar a queimar com força em outro.

A raiva foi complicada para mim. Se um amigo dizia uma coisa errada, eu reagia exageradamente, atacando a pessoa ("Isso não ajuda nem um pouco") ou me debulhando em lágrimas. Às vezes me dava conta disso e pedia desculpas de imediato. Outras vezes só ia perceber o que tinha feito bem depois, isso quando percebia. Ser meu amigo não significava apenas me consolar em minha dor, mas lidar com um nível de raiva que eu nunca sentira antes e que eu tinha dificuldade de controlar. Era uma raiva que assustava a mim mesma — e me fazia necessitar ainda mais do carinho dos meus amigos. Assim como os voluntários na experiência de estresse, para quem a simples presença de um botão servia de consolo, eu precisava de amigos que me dissessem que, mesmo sendo difícil conviver comigo, não iam me abandonar.

Muitos tentaram, delicadamente, me tranquilizar. "Você vai sair dessa", diziam, mas era difícil acreditar. O que mais me ajudava era quando as pessoas se colocavam do meu lado. Phil Deutch fez isso várias vezes, dizendo: "Vamos sair dessa". Quando ele viajava, mandava e-mails com apenas uma frase: "Você não está sozinha". Uma das minhas amigas de infância me mandou um cartão no qual estava escrito: "Um dia ela acordou e compreendeu que estamos todos no mesmo barco". Até hoje ele fica na minha mesa de trabalho.

Comecei a passar mais tempo com meus parentes e amigos mais próximos, que me ensinaram através de seu exemplo a seguir a regra de platina. No início, era uma questão de sobrevivência: com eles, podia ser eu mesma; eles conseguiam me suportar e me ajudavam a seguir em frente com a angústia e a raiva. Depois, passou a ser por escolha minha. Esse tipo de evolução acontece naturalmente num relacionamento, com o passar do tempo, para a maioria de nós. À medida que as pessoas amadurecem,[13] concentram seu foco num conjunto menor de ligações significativas, e para ser feliz a qualidade das amizades[14] se torna um fator mais importante que a quantidade.

Quando o pior da dor começou a passar, tive que reequilibrar minhas amizades, para que elas não se tornassem unilaterais. Mais ou menos um ano depois da morte de Dave, uma amiga me pareceu mais silenciosa e dispersiva. Perguntei o que estava acontecendo, e ela relutou em me contar. Insisti e minha amiga admitiu que as coisas não estavam indo muito bem com o marido, mas que ela sabia que não podia se queixar, porque minha situação era muito pior. Brinquei que, se meus amigos não pudessem reclamar dos parceiros, eu ia acabar sem amigos. Queria que os mais chegados soubessem que eu estava ali para ajudar a carregar seus próprios fardos.

Com o passar do tempo, fiquei especialmente grata pelos parentes e amigos que continuaram entrando em contato e indo me visitar. Quando fez seis meses que Dave tinha morrido, enviei um poema para eles, "Pegadas na areia".[15] Era uma parábola religiosa, mas para mim também expressava algo profundo a respeito da amizade. Trata de uma pessoa que sonhou estar caminhando na praia com Deus. O narrador comenta que há dois pares de pegadas na areia, exceto nos períodos da vida repletos de "sofrimento, dor ou fracasso". Nesses trechos, só há um. Sentindo-se abandonado, ele desafia Deus: "Por que, nas horas em que mais necessitava, você me deixou?". E Ele responde: "Nos anos em que você só viu um par de pegadas, meu filho, era porque eu o carregava nos braços".

Antes, eu achava que só havia um par de pegadas porque meus amigos estavam me carregando nos piores dias da minha vida. Mas hoje isso tem um significado diferente para mim. Quando só via um par de pegadas, era porque estavam logo atrás de mim, prontos para me amparar se eu caísse.

# 4. Autocompaixão e autoconfiança
## *Enfrentando a nós mesmos*

Quando Catherine Hoke tinha 25 anos, ela e o marido foram à Romênia, numa viagem da igreja, para cuidar de órfãos com HIV. Ela voltou para casa, em Nova York, disposta a fazer mais pelos necessitados. Foi então que uma amiga a convidou para participar de uma visita de um grupo cristão a um presídio do Texas. Na época, Catherine estava trabalhando com capital de risco, e percebeu que muitos dos presidiários possuíam os mesmos talentos e inclinações que grandes empreendedores. Ela começou a viajar todo fim de semana para o Texas, para dar aulas de administração na prisão. Descobriu que quase um em cada quatro americanos tem ficha criminal, e que um em cada vinte passaria algum tempo na prisão.[1] Embora a maioria ansiasse pela oportunidade de trabalhar depois de recuperar a liberdade, a ficha criminal dificultava a obtenção de emprego.[2] Catherine tinha a forte impressão de que aquelas pessoas mereciam uma segunda chance.

Ela pediu demissão e investiu todas as economias na criação da ONG Prison Entrepreneurship Program, que qualifica ex-presidiários para a procura de emprego e a abertura de um negócio próprio. Em cinco anos, tinha se transformado numa entidade de alcance estadual, que formou seiscentos alunos e abriu sessenta startups. O governador do Texas recompensou seu trabalho com um prêmio.[3]

Foi então que a vida pessoal de Catherine desmoronou. Depois de nove anos de casamento, o marido, inesperadamente, pediu o divórcio e foi embora sem dizer nada. "Foi a fase mais negra da minha vida", ela disse. "No meu círculo, o divórcio era visto como pecado. As pessoas diziam: 'Deus não gosta disso'." Ela ficou com medo de falar da própria situação. Mas havia um grupo de pessoas que Catherine sabia que não ia julgá-la: os formandos de sua instituição. Por saber que tinham sentido o doloroso ferrão do preconceito, ela foi em busca de apoio. Eles a ajudaram a mudar de casa e se tornaram seus confidentes mais próximos. Durante esse período muito emotivo, ela perdeu a noção dos limites e acabou vindo a ter relacionamentos íntimos com mais de um deles. Eram homens que já estavam soltos, portanto Catherine não havia cometido nenhuma ilegalidade, mas o Departamento de Justiça Criminal do Texas decidiu que seu comportamento era impróprio. Catherine foi proibida de entrar em penitenciárias texanas e informada de que seu programa seria suspenso se ela continuasse participando dele. Então ela se desligou e virou manchete nacional, como "escândalo sexual na prisão".

Catherine havia passado vários anos instando empregadores e doadores a abrir a mente, pedindo que imaginassem como se sentiriam se ficassem rotulados em razão do maior erro pessoal. De repente, aquele passara a ser seu caso. "Eu tinha desrespeitado meus valores espirituais. Minha sensação era de ter sido emparedada num muro da vergonha", ela disse. "Perdi minha identidade como líder. Fui à falência. Eu não queria mais viver. Tinha a impressão de haver arruinado o propósito divino para mim." Ela chegou de fato a tentar o suicídio.

Catherine se devotara a ajudar as pessoas a ter uma segunda chance. Ela havia estimulado a compaixão para com ex-detentos. Agora, precisava encontrar compaixão para com ela mesma.

Não se fala tanto quanto se deveria a respeito da autocompaixão, talvez porque muitas vezes ela seja associada a seus primos problemáticos: a autopiedade e a autocomplacência. A psicóloga Kristin Neff descreve a autocompaixão como a oferta, a nós mesmos, daquilo que daríamos a um amigo. Ela nos permite reagir aos próprios erros com compreensão e seriedade, em vez de crítica e vergonha.

Todos cometem erros. Alguns são pequenos, mas podem ter consequências graves. Deixamos de prestar atenção no filho por uma fração de segundo no parquinho e ele sofre uma queda. Mudamos de faixa na estrada e batemos no carro que estava no ponto cego. Mas também cometemos erros grandes — erros de julgamento, incapacidade de respeitar compromissos que assumimos, lapsos de integridade. Nenhum de nós consegue mudar o que está consumado.

A autocompaixão nasce do reconhecimento de que nossas imperfeições fazem parte de nossa humanidade.[4] Aqueles que conseguem recorrer a ela conseguem se recuperar mais rapidamente em momentos difíceis. Em um estudo feito com casais que se separaram,[5] a resiliência não se mostrou ligada à autoestima, ao otimismo ou à depressão após o divórcio, ou à duração do relacionamento ou da separação. O que ajudou as pessoas a lidar com a tristeza e seguir em frente foi a autocompaixão. Entre soldados que voltaram das guerras no Afeganistão e no Iraque,[6] aqueles que eram gentis consigo mesmos apresentaram declínios significativos nos sintomas de transtorno de estresse pós-traumático (TEPT). A autocompaixão está associada a mais felicidade e satisfação,[7] menos problemas emocionais e menos ansiedade. Tanto mulheres quanto homens podem colher seus benefícios,[8] mas, como as mulheres tendem a ser mais exigentes consigo mesmas, eles são maiores para elas. Como observou o psicólogo Mark Leary, a autocompaixão "pode ser um antídoto à crueldade que às vezes infligimos a nós mesmos".[9]

A autocompaixão coexiste, muitas vezes, com o remorso. Isso não quer dizer fugir da responsabilidade. É uma questão de garantir que não nos autoflagelemos a ponto de prejudicar nosso futuro. Isso nos ajuda a entender que uma atitude ruim não faz de nós pessoas ruins. Em vez de pensar "se eu não fosse assim",[10] se pode pensar "se eu não tivesse agido assim". É por esse motivo que, no catolicismo, a confissão começa com "Perdão, Pai, porque pequei", e não "Perdão, Pai, porque sou um pecador".

Culpar nossos atos, em vez de nosso caráter, nos permite sentir culpa em vez de vergonha.[11] A comediante Erma Bombeck brincou certa vez que a culpa é "uma bênção que não paramos de receber".[12] Embora seja difícil se livrar dela, é o que nos mantém na busca da perfeição.[13] As pessoas se sentem motivadas a corrigir os equívocos do passado e tomar decisões melhores no futuro.

A vergonha tem o efeito oposto: faz as pessoas se sentirem pequenas e sem valor, o que as leva a reagir ofensivamente, com raiva, ou a se fechar na autopiedade. Entre estudantes universitários,[14] aqueles propensos à vergonha tinham maior probabilidade de desenvolver problemas com drogas e álcool do que aqueles propensos à culpa. Prisioneiros que sentiam vergonha tinham 30% mais probabilidade de reincidir no crime do que aqueles que sentiam culpa.[15] Crianças dos ensinos fundamental e médio que sentem vergonha ficaram mais hostis e agressivas,[16] enquanto crianças propensas à culpa tinham maior probabilidade de minimizar conflitos.

Bryan Stevenson, ativista da área jurídica que chefia a ONG Equal Justice Initiative, argumenta que "todos nós temos algum ponto fraco. Todos já magoamos alguém".[17] Ele diz ter a crença profunda de que "cada um de nós é melhor que a pior coisa que já fez". Catherine Hoke acabou por entender isso. A primeira pessoa que ela procurou foi o pastor de sua igreja, que a incentivou a se perdoar e fazer as pazes consigo mesma. "O caminho para que eu alcançasse a compaixão por mim mesma foi assumir meus erros", ela disse. Catherine escreveu uma carta sincera e arrependida a todos os 7500 voluntários e apoiadores de sua entidade, reconhecendo o que havia feito. Chegaram mais de mil mensagens de pessoas agradecendo a Catherine pela franqueza e dizendo que acreditavam nela. Muitas perguntavam o que faria depois. Embora ela mesma não fosse capaz de enxergar um futuro para si, outras pessoas enxergavam. "Foi o amor dessas pessoas que me fez reviver", lembra Catherine, que começou a exercer a autocompaixão.

Escrever para outras pessoas — e para si mesma — se revelou a chave para dar a volta por cima. Desde que se entende por gente, Catherine tem um diário. "Não é exatamente como meditar, mas me ajuda a me acalmar e a refletir", ela nos disse. "Pude pôr em palavras meus sentimentos e extravasá-los."

Escrever também pode ser uma poderosa ferramenta de aprendizado da autocompaixão.[18] Numa experiência, pediu-se a um grupo de pessoas que lembrassem um fracasso ou humilhação que as tivesse feito se sentir mal em relação a si mesmas, o que abrangia desde não passar numa prova importante a perder um campeonato ou esquecer as falas numa peça de teatro. Elas escreveram uma carta para si mesmas, dizendo o que diriam a um amigo na mesma situação. Em comparação com um grupo de controle que escreveu apenas os próprios atributos positivos, aqueles que foram gentis consigo mesmos se mostraram 40% mais contentes e 24% menos irritados.

Transformar sentimentos em palavras pode nos ajudar a processar e superar adversidades.[19] Décadas atrás, a psicóloga da área da saúde Jamie Pennebaker fez dois grupos de estudantes universitários escreverem em um diário por quinze minutos durante quatro dias — alguns, sobre assuntos não emocionais; outros sobre as experiências mais traumatizantes da vida deles, que incluíam estupros, tentativas de suicídio e abuso na infância. Depois do primeiro dia, o segundo grupo estava menos feliz e com pressão sanguínea mais elevada. Quando Pennebaker voltou a examiná-los, seis meses depois, os efeitos se inverteram, e aqueles que escreveram sobre os próprios traumas estavam significativamente melhores, tanto emocional quanto fisicamente.

Desde então, mais de cem experiências registraram o efeito terapêutico de manter um diário. Isso ajudou estudantes de medicina, pacientes com dores crônicas, vítimas de crimes, detentos em prisões de segurança máxima e mulheres no pós-parto, e foi verificado em culturas e países tão diferentes quanto Bélgica, México e Nova Zelândia. Escrever sobre acontecimentos traumáticos pode diminuir a ansiedade e a irritação, melhorar as notas, reduzir as faltas no trabalho e arrefecer o impacto emocional da perda do emprego. Os benefícios à saúde incluem um aumento do número de linfócitos T, melhoria na função hepática e reações imunes mais fortes. Até mesmo uns poucos minutos escrevendo num diário podem fazer a diferença. "Não é preciso escrever pelo resto da vida", disse Pennebaker. "Você pode começar e parar quando bem entender."

Rotular as emoções negativas também ajuda a lidar com elas.[20] Quanto mais específico for o rótulo, melhor. "Eu me sinto sozinha" ajuda a processar o sentimento melhor que o vago "Eu me sinto mal". Ao colocar o que experimentamos em palavras, concedemos mais poder aos sentimentos. Em uma experiência, pessoas com aracnofobia foram informadas de que iam interagir com uma aranha. Antes, porém, elas foram orientadas a se distrair com outra coisa, a pensar nela como inofensiva, a não fazer nada ou a rotular os próprios sentimentos em relação ao animal. Quando a aranha apareceu, aqueles que rotularam o próprio medo demonstraram uma excitação fisiológica significativamente menor e se mostraram mais dispostos a se aproximar dela.[21]

Há alguns poréns. Na esteira imediata de uma tragédia ou crise, manter um diário pode ser contraproducente:[22] para algumas pessoas, o acontecimento ainda está vivo demais para ser digerido. Depois de uma perda, escrever parece reduzir a solidão e melhorar o humor, mas não ajuda necessariamente a reduzir o sofrimento ou os sintomas de depressão.[23] Mesmo assim, para muitos, a construção de uma narrativa pode despertar ideias. Aqueles que não gostam de escrever podem falar para um gravador — funciona da mesma maneira.[24] Parece haver menos benefícios na expressão do trauma sem o uso da linguagem, por meio de arte, música ou dança (mas, pelo menos, se sua raivosa pintura abstrata cair em mãos erradas, ninguém ficará ofendido).

Manter um diário ajudou Catherine a identificar pensamentos que a impediam de seguir em frente, como "Só vão gostar de mim quando eu tiver algo a oferecer" e "Me apoiar nos outros me torna fraca e necessitada". Os psicólogos dão a isso o nome de "crenças limitantes". Catherine decidiu substituí-las por aquilo que chama de "crenças libertadoras". Ela escreveu: "Meu valor não está relacionado a minhas atitudes" e "Posso deixar os outros cuidarem de mim — e preciso cuidar de mim mesma".

Depois de um ano de terapia, ela estava pronta para retomar seu comprometimento com ajudar a pessoas que desafiam as probabilidades e o próprio passado. Começando do zero em Nova York, Catherine criou a Defy Ventures, entidade que proporciona mentoria e formação a ex e atuais detentos para abrir negócios. Em um de seus cursos, os alunos aprendem a identificar as próprias crenças limitantes e reformulá-las como libertadoras. Recentemente, tive a oportunidade de visitar uma prisão com ela. Pude vê-la ajudando os detentos, ou empreendedores em formação, como ela os chama, a definir a si mesmos através de suas metas futuras, e não de seus traumas e equívocos. Em seis anos de atividade, relata Catherine, a Defy Ventures ajudou a mais de 1700 pessoas e incubou e financiou 160 startups, alcançando uma taxa de emprego de 95%, com apenas 3% de reincidência.

Catherine recuperou a autoconfiança, não apenas profissional, mas também pessoal. Em 2013, casou com Charles Hoke, que acreditava tão firmemente na missão da Defy que, um ano depois, saiu do setor financeiro para trabalhar com ela. "Estou tendo minha segunda chance como esposa. Estou tendo minha segunda chance na vida", diz Catherine. "Estou tendo minha segunda chance de dar uma segunda chance a outras pessoas."

A autoconfiança é crucial para a felicidade e o sucesso.[25] Quando ela nos falta, chafurdamos nos próprios defeitos. Não conseguimos abraçar novos desafios e aprender novas habilidades. Hesitamos até em correr pequenos riscos que podem levar a grandes oportunidades. Decidimos não nos candidatar a um emprego novo, não conseguimos uma promoção, e então nossa carreira trava. Não reunimos a coragem para sair pela primeira vez com alguém, e o amor de nossa vida se torna essa pessoa que deixamos escapar.

Como muitos outros, tive que enfrentar dúvidas pessoais ao longo de toda a vida. Na faculdade, toda vez que fazia uma prova, tinha medo de não passar. Mesmo que não passasse vergonha e até quando me saía bem, ficava com a impressão de ter enganado os professores. Vim a saber muito depois que esse fenômeno é chamado de síndrome do impostor,[26] e que, embora tanto mulheres quanto homens possam sofrer com ela, as mulheres tendem a senti-la de forma mais intensa. Quase duas décadas depois, tendo visto essas mesmas dúvidas pessoais atrapalharem a carreira de tantas mulheres, dei uma palestra no TED[27] incentivando as mulheres a "se sentar à mesa". Ela se tornou a base do meu livro *Faça acontecer*. Pesquisar e falar abertamente sobre como lidei com a insegurança me ajudou a descobrir formas de aumentar minha autoconfiança. Ao mesmo tempo que incitava outras mulheres a acreditar em si mesmas e agir como se não tivessem medo, eu mesma aprendia essas lições.

Foi então que perdi Dave. Quando uma pessoa amada morre, espera-se que fiquemos tristes. Espera-se que tenhamos raiva. O que não imaginamos que aconteça — ou eu, pelo menos, não imaginava — é que o trauma leve a dúvidas pessoais em *todos* os aspectos da vida.[28] A perda de confiança é outro sintoma da permeabilidade: nossas dificuldades em uma área subitamente nos fazem parar de acreditar em nossa capacidade em outras. Uma perda inicial desencadeia perdas secundárias. No meu caso, minha confiança desmoronou da noite para o dia. Pareceu o dia em que vi uma casa no meu bairro, que tinha levado anos para erguer, ser implodida em questão de minutos. Buuum. Tudo no chão.

No meu primeiro dia de trabalho depois da morte de Dave, Mark e eu estávamos numa reunião com a equipe de publicidade. Para ilustrar um argumento, eu me virei para Boz, nosso chefe de produto e engenharia, e disse: "Você se lembra de quando trabalhamos com isso no Google". Não haveria problema, se Boz tivesse trabalhado comigo no Google. Mas ele iniciou a carreira na Microsoft.

Na reunião seguinte, eu queria ter certeza de que daria alguma contribuição. *Qualquer uma*. Então, quando alguém fez uma pergunta a um colega, me antecipei para responder e não parei de falar. Em algum momento, me dei conta de que estava sendo prolixa, mas fui em frente, sem conseguir fazer outra coisa. Naquela noite, liguei para Mark para dizer que sabia que tinha feito um papelão. Duas vezes. *Até onde eu sabia*. "Não se preocupe", ele disse. "Dizer que Boz trabalhou no Google é o tipo de erro que você teria cometido antes." *Grande consolo*.

Na verdade, *serviu* de consolo. Mas, mesmo que eu tivesse de fato cometido antes aquele tipo de erro, o problema era que eu não estava conseguindo me concentrar em nada além disso. Mark apontou algumas coisas que eu dissera em reuniões e que na opinião dele acertaram o alvo — nenhuma das quais eu conseguia recordar. Ele foi adiante, dizendo que nem ele nem ninguém esperava de mim que eu segurasse a onda o tempo todo. Foi um comentário que me ajudou a estabelecer uma expectativa mais razoável e parar de ser tão rigorosa comigo mesma. Sua compaixão me colocou no caminho do aprendizado da compaixão por mim mesma. Senti enorme gratidão por ter um chefe que me dá tanto apoio. Sei que nem todos têm essa sorte. Em muitos locais de trabalho não se dá aos empregados nem sequer uma licença para chorar pelos parentes ou cuidar deles. A compaixão no trabalho não deveria ser um luxo; é importante implantar políticas que concedam folga e apoio às pessoas que precisam, para que não se tenha que depender da gentileza do chefe.

Estimulada por Mark e por uma conversa motivacional com meu pai naquela noite, voltei a trabalhar no dia seguinte. E no outro. E nos que vieram depois. Mas em muitos desses dias minha dor me impediu de pensar com clareza. A imagem do corpo de Dave no chão da academia surgia diante dos meus olhos no meio de uma reunião. Era como uma realidade aumentada — sabia que estava numa sala no Facebook, mas tinha a impressão de que o corpo dele estava ali também. E, mesmo quando não o via, eu chorava o tempo todo. "Faça acontecer?" Eu mal conseguia parar em pé.

Escrever um diário se tornou um ponto-chave da minha recuperação. Comecei na manhã do enterro de Dave, quatro dias após sua morte. "Hoje vou enterrar meu marido" foi a primeira frase que escrevi. "É impensável. Não sei direito por que quero escrever tudo isso — como se eu fosse capaz de esquecer algum detalhe."

Desde a infância quis manter um diário. Ano sim, ano não, eu começava um novo, apenas para desistir poucos dias depois. Mas nos cinco meses seguintes ao enterro de Dave, 106 338 palavras brotaram de mim. Minha sensação era de que eu não conseguiria respirar enquanto não pusesse tudo no papel — do menor detalhe da manhã até questões existenciais sem resposta. Se eu ficasse nem que fosse por alguns dias sem escrever, as emoções iam se acumulando dentro de mim até me sentir como uma represa prestes a arrebentar. Na época, não entendia por que escrever em um computador inanimado era tão importante. Não deveria estar conversando com parentes e amigos, que podiam de fato dar uma resposta? Não seria melhor tentar me afastar da raiva e da dor, em vez de gastar meu tempo limitado sozinha diariamente remoendo tudo?

Hoje, tenho claro que minha compulsão de escrever estava me levando na direção certa. Manter um diário me ajudou a processar emoções demolidoras e arrependimentos. Pensava com frequência que, se soubesse que Dave e eu teríamos apenas onze anos juntos, teria dado um jeito de passar mais tempo um com o outro. Desejei que, nos momentos difíceis do nosso casamento, tivéssemos brigado menos e sido mais compreensivos. Desejei que, naquele que veio a ser nosso último aniversário, eu tivesse ficado em casa em vez de viajar com as crianças para um bar mitzvah. E desejei que, quando fomos dar uma caminhada naquela última manhã no México, tivesse andado ao lado dele, segurando sua mão, em vez de caminhar com Marne enquanto ele caminhava com Phil. Ao colocar no papel esses momentos, minha raiva e meu arrependimento começaram a diminuir.

O filósofo Søren Kierkegaard disse que a vida só pode ser compreendida olhando para trás, mas só pode ser vivida olhando para a frente.[29] Escrever um diário me ajudou a compreender o passado e recuperar minha autoconfiança para navegar o presente e o futuro. Foi então que Adam sugeriu que eu também escrevesse três coisas que havia feito direito durante o dia. No começo, reagi com ceticismo. Mal estava conseguindo viver; que momentos de sucesso poderia achar? "Me vesti sozinha hoje. Cadê meu troféu?" Mas existem evidências de que concentrar o foco naquilo que os psicólogos chamam de "pequenas vitórias" ajuda.[30] Em uma experiência, pediu-se a voluntários que escrevessem três coisas que tinham dado certo e o motivo, diariamente, durante uma semana.[31] Ao final de seis meses, eles estavam mais felizes que os voluntários do outro grupo, que escreveram a respeito de memórias de infância. Em um estudo mais recente,[32] pessoas passaram de cinco a dez minutos diariamente escrevendo sobre coisas que tinham dado "realmente certo" e os motivos; ao cabo de três semanas, o nível de estresse tinha diminuído, bem como as queixas em relação à saúde física e mental.

Durante seis meses, quase todas as noites elaborei minha lista antes de ir para a cama. Como até mesmo as tarefas mais básicas eram complicadas, comecei por elas. "Fiz chá. Li todos os meus e-mails. Fui trabalhar e fiquei concentrada em mais de uma reunião." Não era nenhum feito heroico, mas aquele caderninho ao lado da cama desempenhou um papel importante. Fez com que eu notasse que, minha vida inteira, eu fora para a cama pensando no que tinha feito de errado no dia, em como estragara as coisas e naquilo que não estava dando certo. O simples ato de lembrar a mim mesma de algo que tinha dado certo era uma mudança bem-vinda.

Fazer listas de gratidão tinha me ajudado no passado, mas aquela tinha um propósito diferente. Adam e sua colega Jane Dutton descobriram que listar bênçãos não aumentava a confiança em nossos esforços,[33] mas listar nossas contribuições sim. Eles acreditam que isso ocorre porque a gratidão é passiva; nós nos sentimos agradecidos por aquilo que recebemos. Mas as contribuições são ativas: elas aumentam nossa confiança ao nos recordar de que podemos fazer a diferença. Hoje, incentivo meus amigos e colegas a escrever sobre aquilo que fizeram bem. Quem experimenta volta sempre com a mesma resposta: que deveria ter começado a fazer aquilo antes.

Lentamente, eu fui recuperando a autoconfiança no trabalho. Disse a mim mesma as coisas que dizia àqueles que duvidavam de si próprios: eu não precisava ter a perfeição como meta; não precisava acreditar em mim mesma o tempo todo; só precisava acreditar que podia contribuir um pouquinho, e depois um pouquinho mais. Vivenciei essa experiência do progresso passo a passo quando esquiei pela primeira vez, aos dezesseis anos. Dizer que não sou boa em esportes é um eufemismo. No meu quarto dia usando esquis, minha mãe e eu pegamos sem querer uma pista difícil. Olhei em pânico montanha abaixo e me joguei na neve, sabendo que para mim seria impossível sobreviver à descida. Minha mãe me disse para não olhar para baixo e, em vez disso, fazer dez curvas. Ela me amparou para que eu levantasse e me ajudou a ir contando em voz alta as curvas, de um a dez. Depois, fiz mais dez. Então, mais dez. Por fim, acabei chegando lá embaixo. Ao longo dos anos, pensei nisso sempre que achei que não estaria à altura de uma situação. "O que você faria se não tivesse medo?" Eu faria uma curva. Depois outra.

Quando me viam atrapalhada no trabalho, algumas pessoas tentavam me ajudar tirando a pressão de mim. Quando eu fazia alguma besteira ou não conseguia dar uma contribuição, diziam: "Com tudo o que você está passando, como consegue fazer as coisas direito?". No passado, eu dissera coisas semelhantes a colegas em dificuldades, mas, quando os outros me diziam aquilo, descobri que era uma maneira de expressar solidariedade que reduzia ainda mais minha autoconfiança. O que ajudava era ouvir: "Acho que naquela reunião você argumentou bem e nos ajudou a tomar uma decisão melhor". *Obrigada*. Solidariedade é legal, mas incentivo é melhor.

As dúvidas pessoais se esgueiram até quando estamos atentos a ela. Jenessa Shapiro, amiga de Adam e também psicóloga, recebeu um diagnóstico de câncer de mama com metástase quando estava na casa dos trinta. Seu maior medo era morrer, mas seu segundo maior medo era perder o emprego. Quando trabalhava num artigo, Jenessa sentiu dificuldade para escrever e começou na mesma hora a se perguntar: "O câncer e a químio estão destruindo minha capacidade de pensar?". Com a queda de produtividade, ela receava ficar desempregada. A maneira como os outros iam enxergá-la também a preocupava. Sendo especialista em estigma, Jenessa desconfiou que o câncer faria as pessoas duvidarem de sua capacidade. Ela entrou em contato com vários colegas para confirmar essa hipótese e, como esperava, constatou que sobreviventes de câncer tinham uma probabilidade menor de ser chamados para entrevistas de emprego.[34] Quando não a convidavam para fazer uma apresentação, ela pensava: "Será que as pessoas sabem que estou doente e não querem me incomodar? Ou será que acham que não estou à altura do desafio?".

O marido a ajudou a enxergar a própria situação com mais autocompaixão, lembrando: "Antes do câncer, você não conseguia escrever um artigo em um dia". Os colegas de trabalho também deram seu apoio. Como nos contou Jenessa: "Em geral as pessoas me tratam como uma pessoa capaz — alguém que ainda pode dar uma contribuição de valor. Claro, também é estressante quando esperam de mim que eu faça o mesmo que antes. Por isso, imagino que seja difícil para os colegas encontrar o equilíbrio exato entre expectativas baixas e altas demais em relação a mim". A história de Jenessa e minha própria experiência mudaram a maneira como interajo com os colegas que passam por situações pessoais difíceis. Eu ainda começo oferecendo uma folga, mas hoje entendo a importância de tratá-los como todos os outros integrantes da equipe e de elogiar seu trabalho.

Jenessa ficou aliviada por ter mantido seu posto, mas o medo do desemprego é geral — até o início de 2017, havia 14 milhões de pessoas desempregadas no Brasil.[35] Todo mundo que já foi demitido, rebaixado de alguma forma ou forçado a se demitir sabe o quanto pode ser devastador. Não apenas a perda de receita coloca as pessoas sob uma fortíssima pressão financeira,[36] mas também pode ter consequências indiretas, como depressão, ansiedade e outros problemas de saúde. Perder o emprego é um baque para a autoestima e o amor-próprio, podendo dilacerar a identidade. Ao tirar das pessoas a sensação de controle, a perda de receita pode reduzir até a capacidade de suportar a dor física.[37] E o estresse pode transbordar para os relacionamentos pessoais, resultando em mais tensão e conflitos domésticos.[38]

Para ajudar quem sofre de depressão depois de perder o emprego, psicólogos da Universidade de Michigan realizaram oficinas de uma semana em igrejas, escolas, bibliotecas públicas e prefeituras.[39] Durante quatro horas por dia, centenas de desempregados frequentaram um curso projetado para aumentar a confiança na busca de emprego. Eles identificaram talentos que podiam promover e descobriram fontes de vagas; treinaram para entrevistas de emprego; fizeram listas de reveses que poderiam sofrer e estratégias para manter a motivação; lembraram pequenos triunfos. Nos dois meses seguintes, aqueles que haviam participado do curso tinham uma chance 20% maior de conseguir um novo emprego. E, nos dois anos seguintes, mostraram maior confiança e uma probabilidade mais alta de continuar empregados. A bem da verdade, não se está querendo afirmar que a autoconfiança é a cura para o desemprego; temos que propiciar formação e apoio para que as pessoas encontrem trabalho e, quando não conseguirem, recebam benefícios sociais. Mas coisas assim podem fazer a diferença.[40]

No trabalho, a autoconfiança é importante e tema frequente de debate, mas também deve ser assim em casa, onde costuma ser deixada de lado. Ser mãe solo, para mim, era algo desconhecido. Dave e eu sempre debatemos até mesmo as menores decisões relativas a nossos filhos; no dia em que ele morreu, eu não tinha tomado uma decisão em relação ao tênis perdido do meu filho sem o consultar. Isso ficou na minha cabeça por muito tempo. De uma hora para outra, uma década de conversa sobre a criação dos filhos chegara a um fim abrupto.

Quando escrevi *Faça acontecer*, houve quem alegasse que não tinha dedicado espaço suficiente às dificuldades vivenciadas pelas mulheres que não têm um parceiro. E era verdade. *Eu não tinha me dado conta disso*. Não sabia quanto era difícil ter êxito no trabalho quando se estava sobrecarregada em casa. Escrevi um capítulo intitulado "Faça de seu companheiro um companheiro de verdade", sobre a importância de os pais dividirem igualmente os cuidados com os filhos e as tarefas domésticas. Hoje, vejo a insensibilidade e a pouca-valia disso para tantas mães que fazem tudo sozinhas. Minha compreensão e meus conceitos em relação às famílias da vida real se aproximaram mais da realidade. Desde o início dos anos 1970, o número de mães solo nos Estados Unidos praticamente duplicou.[41] Ao redor do mundo, 15% das crianças vivem em lares com pais solo, e as mulheres encabeçam 85% dessas famílias. No Brasil, mais de 12% das crianças vivem nessa situação, e a vasta maioria são casas de mães solo.[42]

Nunca poderei vivenciar ou compreender plenamente as dificuldades que muitas mães solo enfrentam. Mesmo com tudo contra, elas fazem o que podem para criar filhos fantásticos. Para tentar manter as contas no azul, muitas têm mais de um emprego — sem contar o trabalho de mãe. E o preço de uma atenção de alta qualidade para os filhos é proibitivo. O custo de colocar um bebê e uma criança de quatro anos numa creche é maior que o valor médio anual de um aluguel *em todos os estados americanos*.[43]

Apesar de trabalharem duro, as mães solo têm índices mais altos de pobreza na maioria dos países, incluindo Brasil e Estados Unidos[44] — onde quase um terço das mães solo e seus filhos convivem com insegurança alimentar.[45] Famílias chefiadas por mães solo negras ou latinas encaram dificuldades ainda maiores, com índices de pobreza próximos a 40%. Ao mesmo tempo que reivindicamos mudanças nas políticas de apoio a essas famílias, precisamos oferecer auxílio mais urgente. Espantosamente, na região metropolitana de San Francisco, uma em cada três famílias precisa de auxílio à alimentação. Anos atrás, tornei-me voluntária no banco de alimentos de minha região, o Second Harvest. Tempos depois, ajudei a lançar a Stand Up for Kids,[46] que atualmente fornece refeições todo mês a mais de 90 mil crianças. Depois que essa campanha iniciou a distribuição de comida em uma escola autônoma local, os problemas disciplinares diminuíram. "Achavam que nossos meninos eram maus", disse a diretora, "mas eles só estavam com fome." Outra escola relatou que o programa reduziu o absenteísmo escolar e os problemas de saúde, além de melhorar o desempenho acadêmico.

Mães que trabalham, em especial as solo, já começam em desvantagem. Os Estados Unidos são o único país desenvolvido que não prevê licença-maternidade remunerada. No Brasil, as mães têm direito a 120 dias de licença-maternidade remunerada.[47] E muitas mulheres e homens não têm acesso à licença, médica ou não, de que precisam para atravessar um momento difícil — aumentando a probabilidade de que problemas pessoais acarretem problemas profissionais. A pesquisa de Adam demonstrou como é curta essa visão: oferecer auxílio a quem passa por dificuldades pessoais aumenta o comprometimento com a empresa.[48] Temos que repensar nossas políticas, públicas e corporativas, para assegurar que homens e mulheres tirem a licença de que necessitarem para cuidar de si mesmos e de sua família.

Também temos que abandonar a ideia ultrapassada de que crianças só podem viver com pais casados e heterossexuais. Quando Dave morreu, o mundo me lembrava a todo instante daquilo que deixamos de ter. Dos bailes à noite de apresentações na escola, eventos com pais e filhos estavam *por toda parte*. Meu irmão David me disse que também se deu conta da quantidade de eventos com pais na escola dos filhos em Houston pela primeira vez, e em como deveria ser doloroso para tantas crianças sem pai ou mãe.

Também pairavam diante de mim juízos de valor, que faziam com que eu me sentisse cada vez mais incapaz. "O que Dave teria feito?" Todos os dias, pensava quanto queria saber a resposta e desejava ainda mais que ele estivesse por perto para responder. Mas, da mesma forma que no trabalho, ficou mais fácil quando foquei em pequenos passos. Percebi que não tinha que saber como ajudar meus filhos em todas as situações por que passassem. Eu não precisava lidar com a tristeza de uma vida inteira a cada vez que chorassem. Só tinha que os ajudar com aquilo que estivessem vivenciando no momento. Não precisava fazer nem mesmo dez curvas. Só ajudá-los a fazer uma de cada vez.

Comecei a tomar algumas decisões apenas para questioná-las logo depois. Tudo o que parecia ir contra as preferências de Dave, por menor que fosse, me incomodava. Ele considerava o sono de importância crucial para nossos filhos e batia o pé contra festas do pijama. Mas, depois que se foi, constatei que essas festas serviam de consolo e distração para as crianças. Eu sabia que era uma mudança de pouca importância, mas para mim simbolizava a dificuldade de viver sem Dave e, mesmo assim, honrar suas vontades. Minha cunhada Amy comentou que ele nunca chegou a me contar como seus pontos de vista teriam evoluído diante de uma perda devastadora. Pude, então, imaginar meu marido dizendo: "Sim, claro, se isso deixa os dois mais felizes, eles podem ir à festa do pijama". E, embora eu nunca vá saber o que Dave acharia de pequenas decisões, como se pré-adolescentes podem assistir a *Pretty Little Liars* ou jogar *Pokémon Go*, sei o que ele ia querer mais do que uma boa noite de sono para nossos filhos: integridade, curiosidade, gentileza, amor.

Sem Dave como meu leme, eu me surpreendi confiando o tempo todo no retorno que me davam amigos e parentes. Da mesma forma que ocorria quando meus colegas comentavam alguma coisa positiva no trabalho, era bom quando diziam que eu tinha resolvido bem alguma coisa em casa. Também era útil quando falavam francamente sobre aquilo que eu podia fazer melhor, como ao sugerir mais flexibilidade com as antigas regras e mais paciência, tanto com meus filhos quanto comigo mesma.

À medida que fui me afastando do trauma e aceitando a vida sem Dave, percebi que escrevia menos no diário. Não tinha mais a sensação de que ia explodir sem uma válvula de escape. Um dia depois daquele que teria sido o 48º aniversário dele, resolvi tentar deixar para trás essa fase do meu luto. Sentei e escrevi o seguinte:

*3 de outubro de 2015*
*Este é o último registro deste diário. Foram as 22 semanas e meia — 156 dias — mais longas que já vivi. Estou me obrigando a seguir para o alto e avante, e parte disto é parar de escrever este diário. Acho que estou pronta.*

*Receei o dia de ontem desde que Dave morreu. Eu sabia que seria um marco: o aniversário que não ocorreu. Toda vez que alguém dizia que era o aniversário de*

*Dave, eu corrigia mentalmente e às vezes em voz alta. Não, não é o aniversário dele. Só quem está vivo faz aniversário. Dave não está. Em 2 de outubro de 2015, ele teria feito 48 anos. Metade de uma vida.*

*Fui ao cemitério com Paula, Rob, meus pais, David e Michelle. Me pareceu tão menor do que a lembrança que ficou do dia em que o enterramos.*

*Quase na hora de ir embora, sentei sozinha em frente ao túmulo. Conversei com ele em voz alta. Disse que o amava e que sentia sua falta todos os minutos de todos os dias. Mencionei como o mundo parecia vazio sem ele. E aí simplesmente chorei, quando ficou dolorosamente evidente que Dave não estava me ouvindo.*

*David e Michelle me deixaram sozinha alguns minutos, depois foram sentar comigo, um de cada lado. Foi muito reconfortante — percebi que meus irmãos já estavam em minha vida muito antes de Dave. Conversamos sobre como, se tivermos sorte, viveremos o bastante para enterrar juntos nossos pais, naquele mesmo lugar. Não com Dave, mas com meus irmãos. Posso envelhecer com David e Michelle a meu lado, como sempre estiveram.*

*Observando o túmulo de Dave, me dei conta de que não resta nada a ser feito ou dito. Não direi a ele nunca mais que o amo. Nunca mais vou abraçá-lo ou beijá-lo. Aprendi a falar de Dave constantemente, para que nossos filhos se lembrem dele, mas nunca mais vou ter outra conversa com meu marido sobre eles. Mesmo que eu chore o dia todo, todo dia, isso não vai trazê-lo de volta. Nada vai.*

*Todos iremos um dia para onde Dave está. Sem dúvida. Vendo fileira após fileira de lápides, fica evidente que acabaremos debaixo da terra. Por isso, cada dia conta. Não sei quantos me restam e quero começar a viver de novo.*

*Ainda não sou feliz. Mas sei quanto fiz nestes últimos cinco meses. Sei que consigo sobreviver. Sei que consigo criar meus filhos. Sei que preciso de um caminhão de ajuda — e aprendi a pedi-la — e acredito cada vez mais que as pessoas fundamentais estão nessa comigo por um longo tempo. Ainda me assusta, mas menos. Como todos me dizem o tempo todo: não estou sozinha. Todos precisamos dos outros — eu, mais do que nunca. Mas, no fim das contas, a única pessoa que pode pôr minha vida para andar, me fazer feliz e construir uma vida nova para meus filhos sou eu.*

*Já se passaram 156 dias. Que haja muitos outros. Assim, termino este diário. E tento começar o resto da minha vida...*

# 5. Avançar
## A pessoa que me tornei vai me segurar

> No auge do inverno, descobri
> em mim mesmo um verão invencível.[1]
> Albert Camus

Como médico, Joe Kasper dedicou a maior parte da carreira ao tratamento de pacientes que correm risco de vida. Mesmo assim, quando Ryan, seu filho adolescente, foi diagnosticado com uma forma de epilepsia rara e fatal, ele se sentiu completamente perdido. "De uma hora para outra, fiquei sabendo do destino do meu filho, e não havia nada que eu pudesse fazer a respeito, nenhuma esperança de cura",[2] escreveu Joe. "Era como vê-lo amarrado ao trilho do trem, com a locomotiva apontando na curva, e não poder fazer nada em meio à frustração e ao desespero."

Uma experiência traumática é um terremoto que sacode nossa crença num mundo justo, que nos rouba a sensação de que a vida é controlável, previsível e tem sentido. Mesmo assim, Joe decidiu não se deixar tragar pelo limbo. "Quando não temos mais como alterar uma situação", comentou o psiquiatra e sobrevivente do Holocausto Viktor Frankl, "somos desafiados a nos transformar."[3]

Depois do diagnóstico do filho, Joe procurou aprender tudo o que podia sobre como se recuperar de um trauma. Essa busca o fez chegar ao trabalho dos professores Richard Tedeschi e Lawrence Calhoun, da Universidade da Carolina do Norte em Charlotte. Os dois psicólogos estavam tratando pais em luto e tinham a expectativa de encontrar sinais de devastação e estresse pós-traumático, o que se confirmou. Mas também depararam com uma coisa surpreendente. Todos os pais estavam sofrendo e fariam qualquer coisa para trazer de volta os filhos, muitos também descreveram alguns acontecimentos positivos em sua vida depois da perda. Por incrível que pareça, com o passar do tempo, alguns pais passaram por um *crescimento* pós-traumático.[4]

Psicólogos estudaram, então, centenas de pessoas que passaram por todo tipo de trauma:[5] vítimas de ataques e abusos sexuais,[6] refugiados e prisioneiros de guerra[7] e sobreviventes de acidentes, desastres naturais,[8] ferimentos graves e doenças.[9] Muitas dessas pessoas continuavam a sofrer de ansiedade e depressão. Mesmo assim, junto com essas emoções negativas, havia algumas alterações positivas. Até então, os psicólogos haviam concentrado o foco sobretudo em dois tipos possíveis de consequência de traumas: algumas pessoas desenvolvem TEPT, encaram ansiedade e depressão debilitantes e sentem dificuldade em agir no cotidiano; outras são resilientes, retornando ao estado anterior ao trauma. Mas agora havia uma terceira possibilidade: pessoas que sofriam, recuperavam-se e *progrediam*.

Adam me falou do crescimento pós-traumático quatro meses depois da morte de Dave. Não me parecia algo verdadeiro. Era improvável demais. Tudo bem, podia ter gente que crescia depois de uma tragédia, o que talvez desse esperança a alguém que acabasse de perder o marido, mas comigo não ia acontecer.

Adam compreendeu meu ceticismo e reconheceu que, nos primeiros meses, evitou até tocar na possibilidade porque sabia que eu ia descartá-la. Mas agora achava que eu estava pronta. Contou que mais da metade das pessoas que passam por um acontecimento traumático relata pelo menos uma alteração positiva,[10] em comparação com os menos de 15% que desenvolvem TEPT.[11] Ele fez, então, uma coisa que me irritou profundamente: citou uma frase minha. "Você costuma dizer que as pessoas não conseguem ser aquilo que não podem ver", ele disse. "Que há poucas garotas estudando informática porque não veem figuras femininas nessa área. Que mulheres não buscam cargos de liderança porque não veem outras mulheres em cargos de liderança. É a mesma coisa. Se você não enxergar a possibilidade de crescer, não vai encontrá-la." Então aceitei tentar. E tive que reconhecer que crescimento pós-traumático parece bem melhor que uma vida repleta de raiva e tristeza.

Foi quando ouvi falar de Joe Kasper. O filho dele morreu três anos depois do diagnóstico, lançando Joe naquilo que ele descreve como "o tsunami emocional da morte. Se houver algo mais doloroso na vida, espero nunca encontrar". Joe jurou que não ia se deixar tragar por ele. Decidiu estudar psicologia positiva na Universidade da Pensilvânia, onde teve aula com Adam. Ele aprendeu que o crescimento pós-traumático pode assumir cinco formas diferentes: encontrar força pessoal, conquistar reconhecimento, estabelecer relacionamentos mais profundos, descobrir mais sentido na vida e enxergar novas possibilidades. Mas Joe queria fazer mais do que estudar as conclusões de Tedeschi e Calhoun: queria vivenciá-las.

Nietzsche tem uma frase famosa para descrever a força pessoal: "O que não me destrói me fortalece".[12] Tedeschi e Calhoun têm uma versão um pouquinho mais leve (ou poderíamos dizer menos nietzschiana): "Sou mais vulnerável do que pensava, mas sou muito mais forte do que jamais imaginei".[13] Quando encaramos a vida, saímos feridos e as cicatrizes permanecem conosco. Mas podemos nos tornar mais resolutos.

"Não consigo imaginar" — era o que me diziam o tempo todo, e eu concordava. Não havia outra coisa a fazer nos momentos em que doía mais. Nas profundezas do luto agudo, eu não achava que seria capaz de me fortalecer. Mas, à medida que os dias excruciantes se transformaram em semanas e depois em meses, eu me dei conta de que *conseguia* imaginar, porque era o que eu estava vivendo. Pelo simples fato de sobreviver, eu me fortaleci. Como diz um provérbio antigo: "Me deixe cair se eu tiver que cair. A pessoa que me tornei vai me segurar".

Muito lentamente, uma nova perspectiva começou a se infiltrar em minha vida cotidiana. No passado, quando meus filhos passavam por alguma dificuldade, eu ficava estressada e Dave me tranquilizava. Agora, cabia a mim mesma manter a calma. Antes, se minha filha chegava em casa aborrecida porque não tinha sido escalada no time de futebol, eu a incentivava a continuar a treinar, mas ao mesmo tempo me preocupava com a decepção dela. Hoje, penso: "Que ótimo. Um problema normal da infância! Que alívio estar nessa área dos problemas normais". *Nota para mim mesma: não diga isso em voz alta.*

Brooke Pallot, minha amiga de infância, passou por um processo de adoção trabalhoso, repleto de enormes decepções, que se dissiparam no momento em que finalmente pôde segurar seu bebê nos braços. Nos felizes meses subsequentes, Brooke conheceu Meredith, que também tinha acabado de se tornar mãe. Meredith havia sofrido para engravidar, e os "bebês milagrosos" criaram um vínculo entre as duas. Um dia, Meredith encontrou um carocinho sob a axila. Ela tinha apenas 34 anos e se sentia plenamente saudável, mas mesmo assim fez um exame. Uma tomografia revelou que tinha câncer de mama de estágio IV. Além de oferecer apoio total a Meredith, Brooke sentiu necessidade de fazer ela própria uma mamografia. Quando tentou marcá-la, o consultório da ginecologista a aconselhou a esperar seis meses, até completar quarenta anos e o exame ser coberto pelo plano de saúde. Mas Brooke não quis esperar, e o exame revelou que ela também tinha câncer de mama de estágio IV.

As duas amigas enfrentaram juntas a quimioterapia. Brooke reagiu ao tratamento, mas o câncer de Meredith se espalhara para o fígado. Ela morreu três anos depois. "Sempre digo aos pais, ao marido e à filha dela que Meredith foi meu anjo", diz Brooke. "O que me salvou foi terem detectado meu câncer antes que tivesse atingido órgãos vitais. E isso só aconteceu por causa dela."

A remissão de Brooke levou sete anos. Além de adquirir força física, ela se fortaleceu mentalmente. "Passei pela químio e enterrei minha amiga muito jovem. Isso muda sua maneira de pensar, querendo ou não. Coisas pequenas não me estressam mais. Hoje sou muito mais forte, centrada e sensata. Hoje eu relativizo coisas que antes me levavam à loucura, considerando o que poderia ter acontecido. E penso: 'Ah, não é nada. Estou viva'."

Essa é a segunda área de crescimento pós-traumático que Tedeschi e Calhoun identificaram: conquistar reconhecimento. No primeiro mês após a morte de Dave, recebi uma ligação incrivelmente solidária de Kevin Krim. Nós nos conhecíamos só de vista, mas tínhamos amigos em comum e eu sabia que ele havia sofrido uma tragédia horrível. Em 2012, depois de uma aula de natação com a filha Nessie, de três anos, Marina, a mulher de Kevin, voltou para o apartamento do casal em Nova York e descobriu que a babá havia matado a facadas os outros dois filhos, Lulu, de seis anos, e Leo, de dois.

Quando me encontrei com Kevin, meses depois de sua perda, mal conseguia falar. Não sabia o que dizer, se é que havia algo a ser dito. Agora, era ele que estava ligando para me reconfortar. Perguntei como havia conseguido sobreviver àquilo. Kevin repetiu o que disse em seu elogio fúnebre: "Temo que fiquemos tentados, diante de trevas tão esmagadoras, a nos retirar do mundo, mas ouvi uma frase que acho ser muito importante aqui: 'Aquele que tem um porquê para viver pode suportar praticamente qualquer coisa'. Marina e Nessie, vocês são meu POR QUÊ". Kevin me falou da gratidão que sentia por sua filha ter sobrevivido e por ter um casamento sólido. Ele e Marina decidiram ter outros filhos e se sentiam afortunados por ter conseguido. Como Lulu e Leo gostavam de arte, os dois fundaram a ChooseCreativity.Org, uma ONG que dá aulas de criatividade para crianças carentes. Kevin e Marina descobriram o crescimento pós-traumático acrescentando mais amor e beleza ao mundo — o que é, em si, um ato de amor e beleza.

Vivenciar uma tragédia e sair dela sentindo mais gratidão é a ironia das ironias. Desde que perdi Dave, uma reserva inesgotável de tristeza está ao alcance das minhas mãos. Vivo com ela a meu lado, pronta para ser acessada — é parte da minha vida cotidiana. Mas, com essa tristeza, aprendi a valorizar muito mais aquilo que antes eu considerava adquirido: parentes, amigos e o simples fato de estar viva. Minha mãe fez uma ótima comparação. Durante 66 anos, ela nunca viu nada demais no ato de andar, mas, ao envelhecer, teve problemas nos quadris e isso se tornou doloroso. Depois de uma cirurgia para colocar uma prótese, quatro anos atrás, ela passou a se sentir grata por todo passo que consegue dar sem dor. O que sente do ponto de vista físico, eu sinto do ponto de vista emocional. Hoje, nos dias em que me sinto bem, agradeço por poder caminhar sem dor.

Eu já tinha sentido isso no passado. Depois de formada, trabalhei para o serviço de saúde do Banco Mundial, na Índia, na erradicação da hanseníase. Visitei centros de tratamento e hospitais de todo o país e me encontrei com centenas de pacientes, muitos dos quais haviam sido expulsos de seus vilarejos e viviam em isolamento e na miséria absoluta.

Minha primeira viagem durou um mês. Durante o dia, eu segurava a barra com profissionalismo, mas toda noite chorava até dormir. Lembro-me de ter pensado que nunca mais reclamaria de nada em minha vida — daria valor ao fato de ter nascido em uma comunidade com recursos para investir em atendimento de saúde. Mas, com o passar dos anos, essa perspectiva foi fenecendo, e a vida voltou a ser como era antes.

Hoje, estou decidida a não abandonar o sentimento de gratidão. Quando perguntei a Brooke como ela faz isso, ela diz que relembra constantemente o que poderia ter perdido. "Acompanho o crescimento da filha de Meredith e tento estar presente na vida dela de todas as formas possíveis. Toda vez que olho para minha filha lembro que minha amiga não está aqui para criar a dela. Sei a sorte que tive." Brooke faz um esforço consciente para lembrar as datas importantes. "Sempre comemoro mais um ano ao lado da minha filha", ela disse. "Sete anos atrás, achei que não veria o segundo aniversário dela."

Depois de uma perda, o vazio de aniversários, datas comemorativas e feriados pode ser particularmente forte.[14] Brooke me incentivou a enxergar essas datas como momentos a acalentar. Antes eu só comemorava meu aniversário de cinco em cinco anos, por achar que só os aniversários redondos eram ocasiões especiais. Hoje, comemoro sempre, porque não considero mais garantido que terei outra festa. Ficaram para trás as piadas relacionadas a não querer ficar mais velha (ou a trabalhar para um chefe quinze anos mais novo, coisa que eu comentava *o tempo todo*). Depois que perdemos Dave, minha amiga Katie Mitic começou a escrever cartas para os amigos no aniversário deles para contar o quanto representam para ela. Alguns seguiram seu exemplo e apresentaram crescimento pré-traumático. Aprenderam com a vida lições que só aprendi com a morte.

No outono passado, Malala Yousafzai e o pai, Ziauddin, foram à minha casa falar da sua luta para que todas as meninas tenham acesso à educação. Eles ficaram para jantar com Katie, o marido dela, Scott, e meus filhos, e todos na mesa elencaram os melhores e os piores momentos do dia, e aqueles que mereciam gratidão. Scott disse que tinha passado a semana inteira preocupado com a adaptação dos filhos à nova escola, e, ao ouvir Malala, lembrou o quanto tinha que agradecer por seus filhos estarem na escola. Malala nos contou, então, sua própria história de gratidão. Ela nos disse que, depois de ser baleada pelo Talibã, a mãe passou a lhe dar cartões de aniversário contando seus anos a partir da recuperação. Ou seja, quando ela fez dezenove, o cartão dizia: "Parabéns pelos seus quatro anos". O que ela estava fazendo era lembrar à filha — e a si mesma — da sorte que tinha por ter sobrevivido.

Não precisamos esperar ocasiões especiais para sentir gratidão e demonstrá-la. Em um dos meus estudos preferidos, foi pedido a voluntários que redigissem e entregassem um bilhete de agradecimento a alguém que tivesse demonstrado gentileza incomum.[15] Os destinatários ficavam contentes, mas os autores dos bilhetes também se sentiram significativamente menos deprimidos, e o reflexo dessa gratidão permaneceu por um mês com eles. Quando Adam me falou dessa pesquisa, entendi como a coisa funciona: quando passo um momento agradecendo a amigos e parentes, minha tristeza fica em segundo plano.

Em 1999, meu amigo Steven Levitt perdeu o filho de um ano, Andrew, para a meningite. Dezesseis anos depois, ele me contou: "A cada ano que passa, a balança pende um pouco mais na direção do reconhecimento daquilo que tivemos e um pouco menos na direção do horror do que foi perdido". À medida que o tempo passa, também aprecio cada vez mais o tempo que Dave e eu tivemos juntos e o tempo que tenho agora.

Onze dias antes do aniversário da morte dele, tive uma crise de choro diante de uma amiga. Acabamos sentadas no chão do banheiro. "Onze dias. Um ano atrás, ele tinha onze dias de vida. E não fazia a menor ideia." Olhando nos olhos uma da outra, em meio às lágrimas, nos perguntamos o que ele teria feito se soubesse que só lhe restavam onze dias, e se seríamos capazes de seguir em frente vivendo com a compreensão da preciosidade de cada um deles.

Nem sempre uma tragédia nos leva ao reconhecimento em relação às pessoas presentes em nossa vida. Um trauma pode nos deixar reticentes e ter efeitos negativos duradouros em nossa capacidade de nos relacionar. Muitos sobreviventes de abusos e ataques sexuais relatam que sua crença na bondade alheia fica despedaçada e passam a ter dificuldade de confiar nos outros.[16] Depois da perda de um filho, muitas vezes os pais têm maior dificuldade em se relacionar com parentes e vizinhos.[17] Viúvos são mais propensos a brigar com amigos e se sentir ofendidos por eles.

Mas as tragédias também podem motivar as pessoas a criar relacionamentos novos e mais profundos. É a terceira área de crescimento pós-traumático. Soldados que passam por perdas importantes na guerra têm maior probabilidade de manter, quarenta anos depois, as amizades da época em que serviram.[18] Tendo passado por combate pesado, eles dão mais valor à vida e preferem passar o tempo com gente que compartilhe seu ponto de vista. Muitas sobreviventes de câncer de mama relatam um sentimento de maior intimidade com parentes e amigos.[19]

Quando pessoas sofrem tragédias juntas ou passam por coisas semelhantes, os laços que as unem tendem a se fortalecer. Elas aprendem a confiar umas nas outras, a reconhecer as fraquezas mútuas e a depender umas das outras. Como diz o ditado: "Na prosperidade, nossos amigos nos conhecem. Na adversidade, conhecemos nossos amigos".

Um dos exemplos mais impressionantes de como a crise pode ajudar as pessoas a estabelecer laços mais sólidos é o de Stephen Thompson. Na juventude, ele e os quatro irmãos mais novos não tinham onde morar e com frequência dormiam em abrigos ou em automóveis. A mãe enfrentou graves problemas com álcool e drogas, e a família muitas vezes passou fome, chegando a roubar comida. Stephen tinha que tomar conta dos irmãos e perdia tantas aulas que ficou para trás. Os professores acharam que ele sofria de transtornos de aprendizagem e o colocaram em aulas de educação especial. Certa vez, quando estava morando com a avó, uma equipe de policiais da SWAT apareceu procurando pela mãe dele, que se escondeu atrás de uma porta. Depois, um policial explicou que ela e o namorado haviam explodido uma ponte durante um protesto político.

Quando Stephen tinha nove anos, sua mãe abandonou os filhos em um quarto de hotel. Levou três dias para que o serviço de proteção à infância os encontrasse. Foi o fundo do poço, a partir do qual Stephen deu início à sua subida. "Antes, nossa vida era insuportavelmente estressante", disse ele. "Quando ela nos largou naquele hotel, foi quase um presente — um novo começo para nós."

Stephen acredita que sua resiliência provém de ter aprendido, desde muito cedo, a encarar esse trauma extremo como uma oportunidade para estabelecer novos relacionamentos. Ele passou alguns meses numa casa próxima daquela onde estavam os irmãos, e em seguida foi transferido para um internato público. Estudando com regularidade, ele pôde formar amizades estáveis. Os garotos o convidavam para o Dia de Ação de Graças e o Natal, e ele teve a oportunidade de comemorar com eles. Depois, a mãe de um amigo mais próximo mudou sua vida, ao convidar Stephen para morar com eles. "Foi uma das lições mais fortes da minha vida, porque me apresentou verdadeiramente a gentileza alheia." Conheci Stephen quando trabalhamos juntos no Google, onde ele aproveitava sua notável capacidade de se relacionar com pessoas para recrutar executivos.

A quarta forma de crescimento pós-traumático é encontrar um sentido maior na vida — um propósito, enraizado na crença de que nossa existência tem significado. Nas palavras de Viktor Frankl: "De certa forma, o sofrimento deixa de ser sofrimento no momento em que encontra um sentido".[20]

Muitos encontram sentido na religião ou na descoberta da espiritualidade. Experiências traumáticas podem aprofundar a fé, e aqueles que têm fortes crenças demonstram mais resiliência e crescimento pós-traumático.[21] O rabino Jay Moses, que celebrou meu casamento com Dave, me disse: "Encontrar Deus ou uma força superior nos relembra de que não somos o centro do universo. Há muita coisa que não compreendemos a respeito da existência humana, mas nela há ordem e propósito. Isso nos ajuda a sentir que nosso sofrimento não é aleatório ou desprovido de sentido".

Esse sofrimento também pode ser um teste para nossa fé na benevolência divina. Laverne Williams, diácona de uma igreja em Montclair, em Nova Jersey, disse que questionou Deus quando enfrentava uma depressão e a irmã recebeu um diagnóstico de câncer. "Há momentos em que fico zangada com Deus, pensando como deixou certas coisas acontecerem", ela conta. Porém, Laverne lembrou: "Não adianta rezar para que Ele conserte tudo. Ele não é um gênio da lâmpada a quem você só pede coisas boas e elas acontecem". Mesmo assim, a fé a ajudou a se libertar da permanência: "Mesmo nas horas mais sombrias, você pode manter a esperança. É isso que a fé tem de especial: ajuda você a saber que, mais cedo ou mais tarde, até isso vai passar".

Na primavera passada, li uma carta aberta de Vernon Turner,[22] ex-jogador de futebol americano, para ele mesmo mais jovem. A carta continha uma descrição brutal da forma como ele tinha sido concebido: sua mãe, uma estrela do atletismo, fora atacada na rua aos dezoito anos com uma injeção de heroína e sofreu um estupro coletivo. Quando Vernon tinha onze anos, ele surpreendeu a mãe injetando heroína no banheiro. Em vez de enxotá-lo, ela disse: "Quero que você me veja fazendo isto, porque quero que nunca faça o mesmo... Isto vai me matar". Quatro anos depois, suas palavras se revelaram tragicamente verdadeiras. Inicialmente, o padrasto cuidou de Vernon e dos quatro irmãos mais jovens. Mas, quando Vernon estava no primeiro ano da faculdade, o padrasto também morreu. Antes de completar vinte anos, ele era arrimo de família.

Fiquei tão comovida com a carta que entrei em contato com ele. Vernon me explicou que, naquele momento, tinha atingido o fundo do poço. "Achei que estava sendo castigado. Primeiro Deus havia levado minha mãe, depois meu pai. Agora, eu ia perder minha família. Fiquei de joelhos e rezei. Pedi a Deus que me mostrasse como ajudar todo mundo." Vernon pensou que a única maneira de ganhar bastante dinheiro para cuidar de todos era jogar na NFL, a liga profissional de futebol americano. Ele era o craque do time da universidade, mas o tempo todo lhe diziam que não tinha altura, força física ou talento para se profissionalizar. "Eu tinha que conseguir, porque do contrário meus irmãos iriam para um orfanato. Meu DNA não ia definir quem eu era, e sim minhas atitudes", ele escreveu.

Vernon foi guiado por um propósito claro. Começou a pôr o alarme para as duas da manhã para começar a malhar. Ele amarrava uma corda na cintura e puxava um pneu morro acima para ficar mais forte. "Levei a mim mesmo ao limite, física e mentalmente. Comi o pão que o diabo amassou para me preparar para a NFL. Não desejaria minha rotina de exercícios nem para meu pior inimigo, mas eu estava pronto para morrer dentro de campo." Ele conseguiu chegar à liga, como especialista de retorno. "O que despertou a resiliência em mim", contou ele, "foi Deus me dando forças e minha mãe me dizendo, logo antes de morrer, que não importava o que ocorresse eu tinha que manter a família unida. O esporte salvou minha família. Quando mediram minha altura, esqueceram de medir minha garra."

A família e a religião são as principais fontes de sentido para muita gente.[23] Mas o emprego também pode ocupar esse espaço. Os trabalhos em que as pessoas mais encontram significado costumam ser aqueles que ajudam outras pessoas.[24] As funções religiosas e de enfermeiro, bombeiro, professor de educação infantil e aconselhamento de viciados podem ser estressantes, mas confiamos nesses profissionais, muitas vezes mal remunerados, em busca de saúde, segurança, aprendizado e crescimento. Adam publicou cinco diferentes estudos demonstrando que um trabalho com significado é um anteparo contra a estafa.[25] Nas empresas, nas ONGs, nos governos e nas Forças Armadas, ele concluiu que, quanto mais as pessoas acreditam que seu trabalho ajuda os outros, menos se sentem emocionalmente exauridas no trabalho e deprimidas na vida em geral. Nos dias em que as pessoas acreditam ter tido um impacto significativo no trabalho, elas se sentem mais energizadas e mais aptas a lidar com situações complicadas.[26]

Depois da morte de Dave, meu trabalho passou a fazer mais sentido para mim; eu me identifiquei com a missão do Facebook, de ajudar as pessoas a compartilhar, como nunca me identificara. Em 2009, o irmão da minha amiga Kim Jabal cometeu suicídio no dia em que completou quarenta anos. Abalada, a família se sentiu incapaz de organizar um velório, mas "as pessoas queriam compartilhar suas histórias, nos apoiar e apoiar umas às outras", Kim me contou na época. "Fizeram isso através do Facebook. Uma enxurrada de amor e solidariedade começou a chegar. Todos os dias líamos mais depoimentos, víamos mais fotos e ficávamos sabendo de mais alguém que o conhecia e amava."

O mesmo aconteceu comigo. Eu não tinha uma compreensão real da importância que o Facebook podia ter para aqueles que haviam sofrido uma perda até que vivenciei isso na própria pele. Durante seu discurso, nosso amigo Zander Lurie estava descrevendo a generosidade de Dave quando parou no meio de uma frase e fez uma coisa que nenhum de nós jamais vira em um enterro. Ele pediu a todos: "Ergam a mão se Dave Goldberg já fez algo que mudou sua vida para melhor — deu uma ideia crucial, fez um contato útil, ajudou você em um momento ruim". Olhei à minha volta e vi centenas de braços apontando para o céu. Não havia como ouvir todas aquelas histórias no mesmo dia e, mesmo que houvesse, eu não estaria em condição. Hoje, porém, muitas delas estão preservadas no perfil de Dave no Facebook. Uma após a outra, pessoas contaram como Dave dedicou seu tempo a ajudar a conseguir um emprego, abrir uma empresa, apoiar uma causa. Algumas delas eu nem conhecia. Nosso amigo Steve Fieler postou um vídeo de Dave torcendo em um jogo de beisebol e escreveu: "Dave me fez lembrar como é bom torcer... e torcerem por você. Ele me fez aproveitar o momento. No Vale do Silício, onde a 'próxima coisa' passa por cima da 'coisa atual', é raro alguém ser tão presente e caloroso quanto Dave era".

Para aqueles que têm a oportunidade de fazer isso, a busca de um trabalho com significado pode ajudar na recuperação de um trauma. Quando meu amigo Jeff Huber perdeu a mulher devido a um câncer do cólon, passei adiante aquilo que muita gente me disse: não tome nenhuma decisão importante nos estágios iniciais do luto agudo. Felizmente, Jeff ignorou meu conselho. Ele pediu demissão e se tornou presidente da GRAIL, uma empresa dedicada à detecção do câncer em estágio inicial. "É como atravessar um portal", ele disse. "Não há como voltar atrás. Você acaba mudando. A única questão é como." Assim como Joe Kasper, que não pôde salvar o filho Ryan, Jeff não pôde salvar sua mulher, mas espera que a detecção precoce do câncer salve milhões de vidas nos próximos dez anos. Ele diz que, hoje, sai da cama toda manhã mais rápido e mais animado do que nunca.

Jeff encontrou sentido através do quinto tipo de crescimento pós-traumático — enxergar novas possibilidades. Tedeschi e Calhoun concluíram que, depois de um trauma, algumas pessoas acabavam escolhendo um rumo para a vida que nunca haviam cogitado antes. Na esteira dos atentados terroristas do Onze de Setembro, alguns americanos mudaram drasticamente de carreira. Entraram para o Corpo de

Bombeiros, alistaram-se nas Forças Armadas ou perseguiram a carreira médica. Inscrições para o programa Teach for America triplicaram,[27] e muitos aspirantes a professor disseram que o interesse provinha do Onze de Setembro. Essas pessoas queriam usar seu precioso tempo contribuindo para algo maior que elas mesmas. Antes dos atentados, o trabalho não passava de um emprego;[28] depois, algumas queriam atender a um chamado. As pessoas ficam mais propensas a procurar significado depois de sobreviver a um tornado, a um massacre coletivo ou a um acidente aéreo em que acharam que iam morrer.[29] Ao ser lembrados da própria mortalidade, os sobreviventes costumam revisar suas prioridades, o que em alguns casos resulta em crescimento.[30] Ver a morte de perto pode levar a uma vida nova.

Não é uma reviravolta tranquila. Muitas vezes, o trauma torna difícil sair em busca de novas possibilidades. Cuidar dos entes queridos quando estão doentes pode fazer com que um parente tenha que trabalhar menos ou simplesmente parar de trabalhar;[31] quase 3 milhões de americanos cuidam de um adulto com câncer, o que toma, em média, 33 horas de sua semana.[32] Com a queda na renda, as elevadas despesas médicas muitas vezes destroem o orçamento familiar. Doenças contribuem com mais de 40% das bancarrotas nos Estados Unidos,[33] e há indícios de que quem sofre de câncer tem 2,5 vezes mais probabilidade de declarar falência pessoal.[34] Até mesmo pequenos gastos inesperados podem ter consequências desastrosas: 46% dos americanos não têm renda para pagar uma conta de quatrocentos dólares em caso de emergência.[35] Para quem vive nessa corda bamba, uma licença familiar remunerada e uma boa assistência de saúde, com cobertura para a área mental, podem representar a diferença entre segurar a barra ou levar um tombo.

Tragédias fazem mais que dilacerar nosso presente:[36] também deixam em frangalhos nossas esperanças. Acidentes estilhaçam o sonho de poder sustentar uma família. Doenças graves impedem de encontrar trabalho ou amor. Divórcios acabam com aniversários de casamento (embora eu tenha uma amiga que comemora todo ano o fim do relacionamento). Essas transformações profundas na percepção de si são uma perda secundária e um fator de risco de depressão. Nosso eu alternativo[37] — aquele que queríamos ser — pode ser um dano colateral.

Embora seja extremamente difícil conceber, o desaparecimento de um eu pode nos liberar para imaginar outro eu. Depois de uma tragédia, às vezes perdemos oportunidades como essa, porque despendemos toda a nossa energia emocional saudosos de nossa vida anterior. Nas palavras de Helen Keller: "Quando se fecha uma porta para a felicidade, outra se abre; mas às vezes ficamos tanto tempo olhando para a porta fechada que não a vemos".[38]

Para Joe Kasper, a hora da virada aconteceu quando ele se deu conta de que suas atitudes poderiam se tornar parte do legado do filho. Joe criou um processo terapêutico chamado de "codestino", que incentiva pais em luto a enxergar a vida dos filhos sob um enquadramento mais amplo, em que a morte deixa de ser o final da história. Pais que buscam propósito e sentido em suas tragédias conseguem fazer o bem, que, por sua vez, passa a ser parte do impacto do filho no mundo. Como explicou Joe: "Percebi que meu destino era viver minha vida de um jeito que deixasse meu filho orgulhoso. A consciência de que eu poderia aumentar o bem na vida dele ao fazer o bem em seu nome me motiva até hoje".

Não surpreende que tantos sobreviventes de traumas acabem ajudando outros a superar as adversidades que eles próprios enfrentaram.[39] "Não há nada mais gratificante que auxiliar outra pessoa a escapar do atoleiro da desesperança", disse Joe. "Sei que minha paixão é um espaço de crescimento pessoal relacionado ao meu trauma. Ajudar os demais a crescer com os seus traumas é reflexo direto da vida do meu filho." Depois que se enfrenta uma dificuldade, você dispõe de um conhecimento novo, que pode ser ofertado àqueles que passam por experiências similares. É uma fonte singular de sentido, porque não apenas dá um propósito à vida, mas dá um propósito ao *sofrimento*. Ajuda naquilo que nos feriu, para que a ferida não tenha sido em vão.

Durante o luto, pode ser difícil enxergar novas possibilidades ou um sentido mais elevado em meio à dor. Quando minha mãe voltou para a casa dela depois de ter passado um mês comigo, fiquei em pânico. Quando ela me deu um beijo de despedida, mencionou uma conversa que tivera com Scott Pearson, um amigo da família. "Na semana em que Dave morreu, ele disse: 'É o fim de um capítulo e o começo de outro'. Não comentei na época porque achei que você não ia acreditar nele. Mas sempre acreditei... e você devia acreditar também." Não estou certa de que um mês antes eu daria ouvidos àquilo, mas naquele dia me deu esperança. Citando o filósofo romano Sêneca (e a música "Closing Time"): "Todo recomeço vem do fim de outro começo".[40]

Alguns anos atrás, Dave e eu levamos as crianças para ver *Wicked*. Na saída, um de nós gritou, com entusiasmo: "Esse é meu musical favorito!". Você pode pensar que foi nossa filha pré-adolescente, mas não. Foi Dave. Sua música favorita era "For Good", em que as duas protagonistas se despedem, sabendo que talvez nunca mais se vejam. Juntas, elas cantam:

> *Acredito que mudei para melhor*
> *Porque conheci você*
> *Fui transformada*
> *Definitivamente*[41]

Como diz a música, Dave sempre será "a marca que vou levar no coração". Com sua presença, ele me transformou profundamente. E, com sua ausência, ele me transformou na mesma medida.

Meu desejo mais profundo é que algo de bom advenha do horror de sua morte. Quando alguém diz ter encontrado força ou reconforto naquilo que compartilhei, estou honrando sua vida. Dave fez muito para ajudar os outros, e espero que este livro chegue às pessoas e se torne parte de seu legado. Talvez seja esse nosso codestino.

# 6. Recuperar a alegria

Na primeira semana do ginásio, minha melhor amiga me avisou que eu não era legal o suficiente para que ela continuasse conversando comigo. Esse rompimento doloroso acabou sendo uma bênção. Logo depois de eu ter sido chutada, três meninas começaram a conversar comigo. Viramos amigas para a vida toda, com mais três outras garotas que conhecemos no ensino médio. Mindy, Eve, Jami, Elise, Pam e Beth — ou, como a gente ainda diz, "as meninas". As meninas me aconselharam sobre tudo, começando com o que vestir no baile de formatura, passando por qual emprego aceitar e chegando a dicas sobre o que fazer quando um bebê acorda à meia-noite... e de novo às três da madrugada.

No outono de 2015, a filha de Beth ia comemorar o bat mitzvah. Uma parte de mim não queria ir. Dias antes de Dave morrer, tínhamos escolhido uma data para o bar mitzvah do nosso filho. O pensamento de que ele não ia estar presente nesse ritual de transição para a vida adulta jogava uma imensa sombra sobre a ocasião. Mas, durante os dias tristes daquele verão, as meninas sempre me apoiaram e se revezaram em visitas à Califórnia. Com sua presença constante, elas provaram que eu não estava sozinha. Queria estar ao lado delas nos bons momentos, assim como tinham estado do meu lado nos momentos ruins.

Estar com as meninas e com a família delas na cerimônia de bat mitzvah foi profundamente reconfortante, quase como se eu tivesse sido levada de volta à época em que éramos adolescentes, quando um corte de cabelo ruim era um grande problema. A filha de Beth arrasou na leitura da Torá e todas ficamos morrendo de orgulho. A cerimônia terminou com a recitação tradicional do kadish, a oração para os mortos. Instantaneamente, seis mãos se estenderam na minha direção, do banco da frente, do banco de trás e do meu lado. Elas me abraçaram com força e, como prometeram, passamos por aquilo juntas.

Naquela noite, as crianças correram de um lado para o outro e se divertiram muito. Eu as vi conversando com seus "quase primos" e pensei que devia existir uma palavra para a alegria que você sente quando seus filhos são amigos dos filhos de seus amigos. Além das meninas, havia outros convidados dos nossos tempos de escola em Miami, entre eles o menino mais bonito da classe: Brook Rose. Até o nome dele era perfeito. Na época, nenhuma de nós acreditava que podia ter uma chance com ele, e depois da faculdade Brook confirmou isso ao contar que era gay.

O DJ começou a tocar "September", do Earth, Wind & Fire, e Brook estendeu a mão para mim. "Vem", ele disse, com seu sorriso encantador. Brook me levou até a pista de dança e nos divertimos como na época do ensino médio, dançando e cantando. Então comecei a chorar.

Brook me levou rápido para a área externa e perguntou qual era o problema. No começo, achei que estava sentindo a falta de Dave, mas eu sabia *exatamente* como era aquele sentimento, e de alguma forma era diferente. Então entendi. Dançar uma música alegre da juventude tinha me levado a um lugar em que eu não era uma pessoa dominada pela tristeza e pela saudade. Eu estava simplesmente bem. Na verdade, me sentia *feliz*. E essa felicidade foi imediatamente seguida por uma torrente de culpa. Como eu podia estar feliz se Dave tinha morrido?

No dia seguinte, meus filhos e eu fomos para a Filadélfia visitar Adam e a família dele, então contei sobre meu colapso na pista de dança. Adam não ficou surpreso. "Claro que esse foi seu primeiro momento de felicidade", ele disse. "Você não tem feito absolutamente nada legal."

Adam tinha razão. Fazia mais de quatro meses que eu estava completamente focada nos meus filhos, no trabalho e em sobreviver a cada dia. Tinha parado de fazer tudo o que Dave e eu fazíamos para nos divertir, como ir ao cinema, sair para jantar com amigos, assistir a *Game of Thrones*, jogar *Colonizadores de Catan* ou *Scrabble*. *Catan* era especialmente doloroso para mim, já que estávamos jogando nos nossos últimos momentos juntos.

Havia vários motivos para ficar entocada. Eu não queria deixar meus filhos com uma babá mesmo depois de terem dormido, caso acordassem. Tinha medo de que se tentasse sair poderia chorar em público, me constranger e acabar com a diversão dos outros. Eu tinha feito uma tentativa de socializar no início do outono: convidara um pequeno grupo de amigos para assistir a um filme. Começamos a noite com sorvete na cozinha e eu ficava pensando: *Você consegue. Finja que está tudo normal*. O filme tinha sido recomendado por um amigo como leve e divertido. Começamos a ver. Até aí, tudo bem. Depois de alguns minutos, a mulher do protagonista morreu. Achei que ia vomitar. Não estava tudo normal.

No meu post no Facebook trinta dias depois de ficar viúva, escrevi que nunca mais ia ter outro momento de pura alegria. Quando amigos que tinham perdido seus cônjuges me garantiram que aquilo não era verdade e que um dia eu ia ser feliz de novo, duvidei. Então o Earth, Wind & Fire mostrou que eu estava errada. Mas o momento de alegria na pista de dança estava escapando — mal tinha erguido a cabeça quando a culpa deu uma martelada nele e o mandou de volta para seu buraco.

A culpa do sobrevivente rouba nossa alegria,[1] em mais uma perda secundária causada pela morte. Quando alguém que amamos morre, somos arrasadas não só pelo luto, mas também pelo remorso. É outra armadilha personalizadora: "Por que fui eu quem sobrevivi?". Mesmo depois que a parte mais pesada do luto passa, a culpa permanece. "Eu não passei tempo suficiente com ele." E a morte não é o único tipo de perda que faz isso. Quando uma empresa demite funcionários, os que continuam empregados muitas vezes se sentem culpados.[2] A linha de raciocínio começa com "Devia ter sido eu". A seguir vem a gratidão — "Que bom que não fui eu" —, que logo depois é varrida pela vergonha: "Sou uma má pessoa por ficar feliz enquanto meus amigos perderam o emprego".

Uma vida de busca do prazer sem significado não tem sentido.[3] No entanto, uma existência cheia de sentido sem alegria é algo deprimente. Até aquele momento na pista de dança, eu não tinha percebido que vinha evitando a felicidade. E mesmo aquele momento passageiro foi arruinado pela culpa, fazendo com que minha previsão de que jamais voltaria a sentir pura alegria parecesse acertada. Um dia, Rob, irmão de Dave, me deu um verdadeiro presente ao dizer ao telefone, com a voz embargada: "Desde que te conheceu, Dave só queria fazer você feliz. Ele ia querer vê-la bem, mesmo agora. Não tire isso do meu irmão". Minha cunhada Amy também ajudou ao me fazer ver como meu humor afetava meus filhos. Eles tinham falado para ela que estavam se sentindo melhor porque "mamãe parou de chorar o tempo todo".

Quando focamos nos outros, encontramos motivação que dificilmente encontraríamos em nós mesmos.[4] Em 2015, a major Lisa Jaster estava tentando se tornar um membro dos Rangers, tropa de elite do Exército americano. Depois de ter servido no Afeganistão e no Iraque, ela achava que conseguiria cumprir o extenuante programa da escola de formação em nove semanas. Mas, para concluir os cursos de navegação terrestre, sobrevivência na água, ataques encenados, emboscadas, montanhismo e um percurso de obstáculos, ela precisou de 36 semanas. O último evento era uma marcha de quase vinte quilômetros carregando uma mochila de onze quilos, além de nove litros de água e um rifle. Depois de dezesseis quilômetros, Lisa sentiu náusea. Seus pés estavam com bolhas e ela achou que não teria como chegar ao final do percurso. Então uma imagem passou pela cabeça dela — uma foto de que gostava, dela com os filhos. O menino estava com uma camiseta do Batman e a menina, com a da Mulher Maravilha. Lisa tinha escrito na foto: "Quero ser a super-heroína deles". Ela correu os últimos quilômetros e superou o tempo determinado em um minuto e meio. Lisa fez história ao se tornar uma das três primeiras mulheres a entrar para os Rangers. Quando a conheci, contei que não era a super-heroína apenas dos filhos dela. Eu tinha falado sobre ela no jantar e agora meus filhos também eram seus fãs.

Com as palavras de Rob e de Amy ressoando, decidi tentar fazer com que meus filhos se divertissem — e me divertir *com* eles. Dave adorava jogar *Colonizadores de Catan* com as crianças porque ensina a pensar adiante e prever os movimentos dos oponentes. Uma tarde, tirei o jogo da prateleira. Perguntei às crianças com um tom indiferente se queriam jogar. Elas queriam. Antes, eu sempre usava as peças laranja. Minha filha pegava as azuis. Meu filho, as vermelhas. Dave, as cinza. Quando sentamos para jogar, minha filha pegou as peças cinza. Meu filho ficou chateado e tentou tirá-las da irmã, insistindo: "Essa era a cor do papai. Você não pode ser o cinza!". Segurei a mão dele e disse: "Ela pode ser o cinza. Estamos retomando as coisas".

"Retomar as coisas" passou a ser nosso mantra. Em vez de desistir das coisas que nos lembravam de Dave, fizemos com que estivessem presentes em nossa vida. Voltamos a torcer para os times dele: os Minnesota Vikings e os Golden State Warriors. Retomamos o pôquer, que Dave jogava com nossos filhos desde pequenos. Eles riram quando contei que um dia Dave ficara extremamente orgulhoso ao voltar do trabalho e pegá-los jogando pôquer, embora tivessem apenas *sete e cinco anos*. Chamath Palihapitiya, um amigo que jogava pôquer com Dave com frequência e entusiasmo, assumiu o treinamento deles em Texas Hold'em. Eu podia ter tentado, mas acho que Dave não ia querer que eles aprendessem com uma "péssima jogadora" — as palavras eram de Dave, mas com as quais Chamath concordava *com frequência e entusiasmo*.

Quanto a mim, retomei *Game of Thrones*. Não era nem de perto tão divertido quanto ver com Dave, que tinha lido toda a série de livros e entendia quem estava tramando contra quem. Mas me concentrei, tirei o atraso e terminei a temporada torcendo para Khaleesi e seus dragões, exatamente como Dave e eu teríamos feito juntos. Comecei a chamar amigos para ver filmes, procurando com mais cuidado aqueles em que ninguém perde o marido ou a mulher. Minha melhor retomada foi descobrir o oponente perfeito para jogar *Scrabble* na internet. Dave e eu jogávamos juntos. Dave e Rob jogavam juntos. Agora Rob e eu jogamos juntos. Não sou uma substituta à altura; em quase cem jogos, a soma total de partidas que ganhei de Rob é um. Mas agora, por apenas alguns minutos por dia, Rob e eu estamos conectados um ao outro... e a Dave.

Queremos que os outros sejam felizes. Permitir que nós mesmos sejamos felizes — aceitar que não há problema em deixar a culpa de lado e buscar a alegria — é um triunfo sobre a inércia. Divertir-se é uma forma de autopiedade; assim como precisamos ser bondosos conosco quando cometemos erros, precisamos ser bondosos conosco para aproveitar a vida quando isso é possível. A tragédia arromba nossa casa e nos faz prisioneiros. Escapar exige esforço e energia. Ir atrás da alegria depois de encarar a adversidade é retomar aquilo que foi roubado de você. Como Bono, do U2, disse: "Ser alegre é o ato definitivo de resistência".[5]

Um dos comentários no meu post de trinta dias no Facebook que me afetou de forma mais profunda foi de uma mulher chamada Virginia Schimpf Nacy. Seu marido morreu do nada enquanto dormia aos 35 anos. Seis anos e meio mais tarde, na véspera do casamento da filha, seu filho morreu de overdose de heroína. Ela insistiu em levar o casamento em frente e realizou o funeral do filho no dia seguinte. Pouco tempo depois, Virginia estava trabalhando com a Secretaria de Educação local em um programa de prevenção contra as drogas, somando forças com pais e conselheiros para criar um grupo de apoio para os que sofriam com aquilo e defendendo mudanças na lei para combater o vício. Ela também procurou outros modos de enfrentar a tristeza. Começou a assistir a programas antigos de Carol Burnett e atravessou o país com seu labrador chocolate para visitar a filha e o genro. "As duas mortes estão entrelaçadas no tecido da minha vida, mas não são o que me define", ela disse. "A alegria é muito importante para mim. Não posso contar que a alegria venha da minha filha ou de algum outro lugar. Tem que vir de mim. É hora de partir para o Plano C."

Quando procuramos alegria, normalmente nos concentramos nos grandes momentos. Formaturas. Nascimentos. Novos empregos. Estar com a família. Mas felicidade é a frequência de experiências positivas, não a intensidade.[6] Em um estudo de doze anos sobre pessoas em luto na Austrália, 26% conseguiram manter a mesma quantidade de alegria que tinham antes da perda.[7] O que as diferenciava era o fato de terem voltado às atividades e às interações do dia a dia.

"O modo como passamos nossos dias", diz a escritora Annie Dillard, "é o modo como passamos nossa vida."[8] Em vez de esperar até estarmos felizes para aproveitar as pequenas coisas, devíamos fazer as pequenas coisas que nos deixam felizes. Depois de um divórcio deprimente, uma amiga fez uma lista de coisas de que gostava — ver musicais, encontrar os sobrinhos, ler livros de arte, comer pudim — e prometeu fazer uma delas todo dia depois do trabalho. Como descreve o blogueiro Tim Urban, a felicidade é a alegria que você encontra em centenas de quartas-feiras esquecíveis.[9]

Minha resolução de Ano-Novo de 2016 se baseou nessa ideia. Toda noite, eu continuava tentando anotar três coisas que tinha feito bem, mas, à medida que minha confiança voltava, isso parecia menos necessário. Então Adam teve uma nova ideia: anote três momentos alegres de cada dia. De todas as resoluções de Ano-Novo que já fiz, essa foi a que mantive por mais tempo. Quase toda noite antes de ir dormir registro três momentos felizes no meu caderninho. Isso me faz perceber esses instantes de alegria e apreciá-los; quando algo positivo acontece, eu penso: *Isto vai para o caderninho*. É um hábito que ilumina meu dia inteiro.

Muitos anos atrás, um mentor, Larry Brilliant, tentou me ensinar que a felicidade exige trabalho. Nós nos aproximamos quando demos início à filantropia no Google, por isso fiquei desolada quando o filho dele, Jon, foi diagnosticado com câncer de pulmão aos 24 anos. Jon foi tratado em Stanford e muitas vezes passava a noite na minha casa, porque morávamos mais perto do hospital. Ele trazia seus amados jogos de Lego da infância para brincar com meus filhos, e até hoje quando as crianças montam as pecinhas penso nele.

Por alguns meses, pareceu que Jon tivera uma recuperação miraculosa. Por isso, quando ele morreu, um ano e meio depois, a família ficou duplamente devastada. A profunda espiritualidade de Larry o ajudou a ter resiliência. Ele e sua esposa, Girija, tinham morado por dez anos na Índia, onde estudaram com um guru hindu e praticaram meditação budista. Depois de perder o filho, eles concentraram seu trabalho espiritual em transformar parte da dor em gratidão pelos anos em que Jon teve saúde. No funeral de Dave, Larry chorou comigo, dizendo que nunca tinha imaginado que íamos precisar lamentar a perda de outra pessoa amada em tão pouco tempo. Então, com as mãos nos meus ombros, como se estivesse me segurando, disse que ia estar por perto para garantir que a dor não ia me sufocar. "Um dia de alegria são quinze minutos. Um dia de dor são quinze anos", ele disse. "Ninguém finge que isso é fácil, mas nossa tarefa é transformar esses quinze minutos em quinze anos e esses quinze anos em quinze minutos."

Prestar atenção a momentos de alegria exige esforço, porque estamos programados para nos concentrar nas coisas negativas.[10] Fatos ruins têm mais efeito sobre nós. Isso fazia sentido em tempos pré-históricos: se você não fosse assombrado pela memória de quando alguém que amava comeu uma fruta envenenada, poderia comer a mesma fruta. Mas hoje dedicamos essa atenção a contratempos comuns e a aborrecimentos diários.[11] Um limpador de para-brisa quebrado ou uma mancha de café têm o poder de alterar nosso humor. Focamos em ameaças potenciais e perdemos oportunidades de sorrir.

Assim como rotular emoções negativas pode ajudar a processá-las, rotular emoções positivas também funciona.[12] Escrever sobre experiências alegres por apenas três dias pode melhorar o ânimo das pessoas e diminuir as visitas a postos de saúde três meses depois.[13] Podemos saborear os mais diminutos eventos diários — o prazer de uma brisa ou o sabor de batatas fritas (principalmente quando roubadas do prato de outra pessoa).[14] Minha mãe é uma das pessoas mais otimistas que conheço, e toda noite quando deita ela passa alguns momentos agradecendo o conforto do travesseiro sob sua cabeça.

À medida que envelhecemos, definimos a felicidade cada vez menos em termos de empolgação e cada vez mais em termos de paz.[15] A reverenda Veronica Goines resume assim: "Paz é alegria em descanso, e alegria é paz em pé".[16] Compartilhar fatos positivos com outra pessoa também aumenta as emoções agradáveis.[17] Nas palavras de Shannon Sedgwick Davis, uma ativista de direitos humanos cujo trabalho exige que ela lide com atrocidades diariamente: "Alegria é disciplina".[18]

Um amigo que perdeu a mulher com quem ficou casado por 48 anos logo após seu aniversário de setenta anos me disse que para lutar contra o desespero precisou dar uma sacudida em sua rotina. Fazer as mesmas coisas que fazia com ela o deixava com saudades da vida antiga, por isso ele se esforçou ativamente para procurar novas atividades. Aconselhou-me a fazer o mesmo. Ao mesmo tempo que eu retomava as coisas, procurava maneiras de seguir em frente. Comecei com pequenas coisas. Meus filhos e eu passamos a jogar copas, um jogo de cartas que meu avô me ensinou (e que eu jogo melhor do que pôquer). Começamos a andar de bicicleta nos fins de semana, algo que Dave não podia fazer porque ficava com dor nas costas. Voltei a tocar piano, coisa que não fazia havia trinta anos. Toco mal devido a uma falta de talento que se soma à falta de treino. Mesmo assim, martelar uma música faz eu me sentir melhor. "Esquecer a vida por um tempo me faz sorrir", parafraseando uma composição de Billy Joel que toco mal e canto fora de tom.

Tocar mesmo que não sejamos bons é o que os psicólogos chamam de "dificuldade superável".[19] Exige toda a nossa atenção e não deixa espaço para pensar em qualquer outra coisa. Muitos de nós ficam mais felizes quando estão em fluxo, ou seja, totalmente absorvidos por uma tarefa. Como quando você está em uma conversa profunda com um amigo e de repente percebe que duas horas passaram voando. Ou quando você faz uma viagem de carro e a linha tracejada que divide as faixas se torna contínua. Ou ainda quando você está absorto lendo um livro da série Harry Potter e esquece que Hogwarts não existe de verdade. *Erro clássico dos trouxas.* Mas tem uma pegadinha. Mihaly Csikszentmihalyi, pioneiro nessa pesquisa, descobriu que as pessoas não relatam estar felizes enquanto estão em fluxo.[20] Elas estão tão ocupadas que só descrevem aquele momento como feliz mais tarde. Mesmo a tentativa de entrevistar as pessoas enquanto estão em fluxo as arrancava imediatamente daquele estado. *Bom trabalho, psicólogos.*

Muitos usam exercícios físicos para entrar em fluxo. Depois de perder a esposa, o comediante Patton Oswalt percebeu que histórias em quadrinhos como Batman retratavam reações estranhas ao luto. "Se Bruce Wayne visse os pais serem assassinados quando tinha nove anos na vida real, ele não ia se tornar um herói musculoso",[21] Oswalt disse. "Como seria se alguém morresse e as pessoas só ficassem gordas, furiosas e confusas? Mas parece que elas vão imediatamente para a academia." Na verdade, ir para a academia — ou simplesmente fazer uma caminhada rápida — pode trazer grandes benefícios. Os efeitos dos exercícios sobre a saúde são bem conhecidos, incluindo a diminuição do risco de doenças cardíacas, hipertensão, AVC, diabete e artrite.[22] Muitos médicos e terapeutas também afirmam que a atividade física é uma das melhores formas de melhorar o bem-estar psicológico.[23] Para alguns adultos acima dos cinquenta anos que sofrem de depressão, malhar pode ser tão eficaz quanto tomar antidepressivos.[24]

Fluxo pode parecer um luxo, mas depois de uma tragédia às vezes se torna essencial. Quatro anos atrás, Wafaa (cujo sobrenome não foi incluído para proteger a segurança de sua família) entrou em desespero quando o marido foi preso na Síria. Desde então ninguém mais o viu ou ouviu falar dele. Poucos meses antes disso, o filho dela de dezesseis anos fora assassinado enquanto jogava futebol em frente ao apartamento da família. Wafaa não conseguia suportar a dor e pensava em suicídio. Ela e o irmão voaram para Istambul com os dois filhos mais novos dela, enquanto os três filhos mais velhos ficaram na Síria. Não se passou muito tempo e Wafaa recebeu um telefonema de uma filha, que por sua vez tinha um filho. Ele fora assassinado por um atirador uma semana antes de completar dois anos. Isso está além do inimaginável. Inconcebível.

A experiência de Wafaa é assustadoramente comum. Há mais refugiados hoje do que em qualquer outra época desde a Segunda Guerra Mundial;[25] mais de 65 milhões de pessoas tiveram sua vida brutalmente despedaçada. Se para mim o Plano B significa lidar com a perda do meu marido, para refugiados significa lidar com uma perda atrás da outra e atrás da outra: a perda de pessoas amadas, da casa, do país e de tudo o que lhe é familiar. Quando li a história de Wafaa, fiquei chocada com sua resiliência e entrei em contato com ela para saber mais. A mulher se abriu ao falar de suas lutas. "Quando meu filho foi assassinado, achei que iria morrer", disse por meio de um intérprete. "A maternidade me salvou. Preciso sorrir para meus outros filhos."

Quando Wafaa chegou à Turquia, ela passava a maior parte dos dias sozinha com os filhos, enquanto o irmão tentava arranjar trabalho. Ela não falava o idioma, não conhecia quase ninguém e sentia uma solidão opressiva. Então descobriu um centro comunitário para sírios e conheceu outras mulheres que também estavam batalhando. Pouco a pouco, encontrou momentos de alegria. "Rezar me deixa feliz", ela diz. "Meu relacionamento com Deus é mais forte. Eu o entendo melhor e sei que vai continuar me dando forças."

Wafaa também encontra consolo e fluxo preparando refeições para a família e os amigos. "Tem dias que o tempo passa devagar e eu penso demais. Cozinhar me dá um motivo para pensar adiante. Cozinhar é como respirar na Síria. Me dá oxigênio. Não sou pintora, mas adoro criar. Os aromas, a sensação da carne. Não importa onde estou, posso tentar recriar minha casa. Isso me consola e ajuda a me concentrar. Às vezes eu me perco cozinhando. Aí o tempo passa rápido. Minha cabeça fica em silêncio." Quando uma vizinha em Istambul ficou doente, Wafaa cozinhou para ela todo dia por uma semana. "Me encheu de alegria saber que podia ajudar alguém com comida — e comida síria! Era meu jeito de dizer: 'Aceite isto da minha terra natal. Não tenho mais nada para dar'." Cuidar dos seus filhos e dos filhos dos outros é outra fonte de alegria para Wafaa. Como ela disse: "Quando meus filhos sorriem, fico feliz. Sinto que ainda tenho motivo para estar aqui. Vou me curar curando meus filhos".

Independentemente de ver a alegria como uma disciplina, um ato de resistência, um luxo ou uma necessidade, é algo que todo mundo merece. Ela nos permite seguir vivendo e amando, à disposição dos outros.

Mesmo quando estamos muito aflitos, é possível encontrar alegria em momentos que aproveitamos e em momentos que criamos. Cozinhar. Dançar. Caminhar. Rezar. Dirigir. Cantar uma música de Billy Joel fora do tom. Tudo isso pode ajudar a diminuir a dor. E, quando esses momentos se somam, descobrimos que eles nos dão mais do que felicidade. Eles nos dão força.

# 7. Criar filhos resilientes

Essa pintura extraordinariamente detalhada de duas crianças da Carolina do Sul é de autoria do premiado artista plástico Timothy Chambers.[1] Tim atua profissionalmente como artista há mais de trinta anos, fazendo retratos e paisagens intensos usando óleo, carvão e pastéis. Ele tem 70% de surdez. Também é praticamente cego.

Quando você está posando para um retrato e Tim olha nos seus olhos, não consegue ver sua boca. Em vez de assimilar a cena como um todo, ele explora o tema uma parte por vez, memorizando o máximo de detalhes que puder, depois preenche com a memória aquilo que os olhos deixam de fora. "Uma boa pintura é a soma de várias boas decisões", ele explica.

Os sintomas da condição genética de Tim, a síndrome de Usher, apareceram cedo. Aos cinco anos, ele já usava aparelho auditivo em tempo integral. No ensino médio, quando estava andando à noite, um amigo tinha que avisar para abaixar para que ele não batesse nos galhos das árvores. Quando Tim completou trinta anos, um oftalmologista recomendou que fosse a um especialista, o qual diagnosticou a doença. Ele também informou que não havia cura. A recomendação foi direta: "É melhor você encontrar outra profissão".

Depois desse conselho desencorajador, Tim lutou contra um medo que chegava a ser paralisante e pesadelos frequentes. Uma vez, depois de ter passado duas horas finalizando um retrato a carvão, o filho dele entrou e perguntou: "Por que o roxo?". Tim já não conseguia distinguir entre roxo e cinza. Procurando outros modos de usar seu conhecimento, começou a dar aulas de arte na internet. A repercussão foi ótima e estudantes de meio mundo começaram a acordar às duas da manhã para aprender com ele. Tim e a esposa Kim expandiram essas aulas e criaram uma escola on-line. Um dia ela viu uma palestra de Adam sobre resiliência e achou que ele estava descrevendo Tim.[2] Kim mandou um e-mail para Adam dizendo que seu marido era "a pessoa mais perseverante que tive o privilégio de conhecer".

Adam ficou se perguntando de onde vinha essa resiliência. Tim disse que começou com os pais dele. O pai tinha uma habilidade especial para reformular eventos dolorosos. Um dia Tim voltou para casa depois da escola chateado porque os outros alunos ficavam olhando para ele e perguntando o que era aquilo que ele usava na orelha. O pai deu uma dica: da próxima vez que aquilo acontecesse, Tim podia apertar o aparelho auditivo, dar um soco no ar e gritar: "Beleza! Os Cubs estão ganhando por dois a um e já está no fim do jogo". Ele fez aquilo, e os outros meninos ficaram com inveja por ele estar ouvindo o jogo durante a aula. No ensino médio, quando Tim foi dar um beijo numa garota ao final de um encontro, seu aparelho auditivo começou a apitar alto. O pai disse para ele não se preocupar. "Provavelmente ela está dizendo para a mãe neste exato instante: 'Já beijei meninos e vi fogos de artifício, mas nunca antes tinha ouvido sirenes'."

Tim seguiu os conselhos do pai e aprendeu a reagir com humor. Ele descobriu que seu próprio modo de lidar com a deficiência influenciava o modo como os outros lidavam, o que significava que ele podia controlar a maneira como era percebido. Reformular a situação se tornou algo natural para ele. "Foi uma bênção ter um pai que transformava momentos em que eu estava me sentindo mal em 'Você fica mais forte quando procura soluções para superar as barreiras'", ele disse.

Quando Dave morreu, o que mais me preocupava era a possibilidade de a felicidade dos meus filhos ser destruída. A mãe de minha amiga de infância Mindy Levy se suicidou quando ela tinha treze anos. Dormi no quarto de Mindy naquela noite e a abracei enquanto ela chorava. Mais de trinta anos depois, Mindy foi a primeira amiga para quem eu liguei do hospital no México. Gritei no telefone histericamente: "Diga que meus filhos vão ficar bem. Diga que eles vão ficar bem!". No começo, Mindy não conseguiu entender o que tinha acontecido. Depois, ela me disse aquilo em que realmente acreditava: as crianças iam ficar bem. Naquele momento, nada podia ter me consolado, mas eu sabia que Mindy havia crescido e se tornado uma adulta feliz. Ter visto a recuperação dela me ajudou a acreditar que meus filhos podiam fazer o mesmo.

Voei para casa — mal consigo me lembrar desse período — e minha mãe e minha irmã me encontraram no aeroporto, com lágrimas escorrendo pelo rosto, seus corpos sustentando o meu enquanto eu entrava no carro. Meu pior pesadelo nunca tinha incluído a conversa que eu estava prestes a ter. Como você conta para duas crianças de sete e dez anos de idade que nunca mais vão ver o pai?

Na volta do México, Marne me lembrou que uma amiga nossa, Carole Geithner, trabalhava com crianças em situação de luto. Liguei para ela no doloroso caminho de carro para casa. Carole sugeriu que primeiro eu avisasse aos meus filhos que tinha uma notícia muito triste para dar e depois contasse o que tinha acontecido de maneira simples e direta. Ela disse que era importante garantir que muitas partes da vida deles iam continuar exatamente como antes: ainda tinham o restante da família e iam continuar indo para a escola com os amigos. Carole me orientou a seguir o caminho que eles apontassem e responder às questões que surgissem. Ela me avisou que eles poderiam perguntar se eu também ia morrer. Fiquei grata por ter me preparado para isso, já que foi uma das primeiras reações da minha filha. Carole me aconselhou a não dizer para eles que eu ia viver para sempre, mas explicar que era muito incomum alguém morrer tão jovem. Ela me aconselhou a repetir várias vezes que eu os amava e que íamos passar por aquilo juntos.

Quando entrei em casa, minha filha me cumprimentou normalmente. "Oi, mãe", ela disse, e subiu a escada para o quarto. Fiquei congelada. Meu filho percebeu na hora que algo estava errado. "Por que você está em casa?", ele perguntou. "Cadê o papai?" Sentamos no sofá com meus pais e minha irmã. Meu coração estava batendo tão forte que eu mal conseguia ouvir minha própria voz. Com o braço forte do meu pai em torno dos meus ombros, tentando me proteger como ele sempre fez, encontrei a coragem para falar: "Preciso contar uma coisa terrível. Terrível. O papai morreu".

Os gritos e o choro que se seguiram me assombram até hoje — gritos primitivos que ecoavam os gritos dentro de mim. Nada chegou perto da dor daquele momento. Mesmo hoje, quando volto a pensar nisso, tremo e sinto um nó na garganta. Mas, apesar de ter sido realmente terrível, passamos por aquilo. Não desejo isso a ninguém — mas não deixa de ser uma experiência.

Embora tenham sofrido uma perda irreparável, meus filhos ainda tiveram sorte. Nada traria o pai deles de volta, mas nossas circunstâncias ajudaram a aliviar o golpe. Não é o caso de muitas crianças que enfrentam dificuldades desoladoras. No Brasil, uma a cada sete crianças vive na pobreza.[3] Nos Estados Unidos, um terço das crianças negras e quase um terço das latinas são pobres.[4] Quarenta por cento dos filhos de mães solo vivem na pobreza.[5] Mais de 2,5 milhões de crianças americanas têm um dos pais na cadeia.[6] Muitas enfrentam doenças graves. Esses níveis extremos de dificuldade e privação podem impedir seu desenvolvimento intelectual, social, emocional e acadêmico.[7]

Devemos a todas as crianças segurança, apoio, oportunidade e ajuda para que encontrem um caminho, especialmente nas situações mais trágicas. Uma intervenção precoce e abrangente é fundamental. Em "escolas sensíveis ao trauma", como a Escola Fundamental de Palo Alto, a equipe é treinada para reconhecer os efeitos tóxicos do estresse nas crianças. Quando elas apresentam mau comportamento, em vez de serem culpadas, repreendidas ou punidas com rigor, a escola faz com que se sintam seguras para que possam aprender. Esses lugares também oferecem serviços de apoio à saúde mental e a situações de crise, além de treinamento para os pais.

É sabido que uma educação infantil de qualidade melhora o desenvolvimento cognitivo das crianças[8] e que fornecer apoio até mesmo antes disso faz a diferença. Em vários lugares dos Estados Unidos, a Nurse-Family Partnership[9] mostrou por meio de experimentos rigorosos como investir nas crianças pode ser valioso. Quando famílias de baixa renda recebem visitas e aconselhamento em casa desde o início da gravidez até que os filhos completem dois anos, o número de casos de abuso infantil e negligência se reduz em 79% ao longo dos quinze anos seguintes.[10] O índice dessas crianças que terão passado pela prisão até os quinze anos será em média metade em relação ao de outras crianças em igual condição, e as mães recebem assistência financeira de programas beneficentes por trinta meses ao menos. Programas como esse ajudam a aumentar a resiliência nas famílias. Além de serem a escolha moral correta, esses investimentos também fazem sentido do ponto de vista econômico: cada dólar investido nessas visitas economiza cerca de 5,70 dólares em programas de assistência.[11]

Todos queremos criar filhos resilientes para que eles possam superar pequenos e grandes obstáculos. A resiliência leva a uma maior felicidade, a mais sucesso e a uma vida mais saudável.[12] Como aprendi com Adam — e como o pai de Tim sabia instintivamente —, a resiliência não é um traço de caráter. É um projeto de vida.[13]

Desenvolver resiliência depende das oportunidades que as crianças têm e dos relacionamentos que desenvolvem com os pais, cuidadores, professores e amigos. Podemos começar a ajudar as crianças a desenvolver quatro crenças centrais: (1) elas têm algum controle sobre a própria vida; (2) elas podem aprender com seus erros; (3) elas têm importância como seres humanos; (4) elas têm forças em que podem confiar e que podem compartilhar.

Essas quatro crenças têm um impacto real. Um estudo acompanhou centenas de crianças em situação de risco por três décadas. Elas cresceram em ambientes de extrema pobreza, abuso de álcool ou doença mental, e duas em cada três desenvolveram sérios problemas na adolescência e na vida adulta. No entanto, apesar dessas dificuldades extremas, um terço delas se transformou em "adultos competentes, confiantes e gentis",[14] sem registro de delinquência ou de problemas de saúde mental. Essas crianças resilientes tinham algo em comum: um forte senso de controle sobre a vida. Elas se viam como donas do próprio destino e percebiam os fatos negativos não como ameaças, mas como desafios e até mesmo oportunidades. O mesmo vale para crianças que não estão em situação de risco: as mais resilientes percebem que têm o poder de moldar a própria vida.[15] Seus cuidadores transmitem a elas expectativas claras e consistentes, oferecendo estrutura e previsibilidade, o que aumenta o senso de controle.

Kathy Anderson me mostrou como esse controle pode ser poderoso. Eu a conheci em função de seus esforços heroicos para resgatar adolescentes vítimas de tráfico e exploração sexual em Miami. Kathy criou um programa chamado Change Your Shoes[16] que ajuda mulheres jovens a ver que traumas do passado não determinam o futuro. "Elas acham que suas escolhas são limitadas", Kathy diz. "Como eu, a maior parte delas sofreu abuso, o que faz com que achem que não têm controle sobre a própria vida. Meu objetivo é mostrar que têm o poder de abandonar essa situação e tudo o que as impede de seguir em frente. Elas podem dar pequenos passos todos os dias para tornar a vida melhor. Tento inspirá-las a descobrir o caminho que querem seguir e a saber que ainda podem fazer escolhas."

Fui com Kathy a uma reunião de um grupo em um centro de assistência social, onde conheci Johanacheka "Jay" François, que com quinze anos estava com seu bebê no colo. Jay descreveu os horrores de ser vítima de abuso em casa, fugir e se tornar vítima do tráfico sexual. Vi como Kathy respondeu, contando a própria história — ela sofreu abuso do pai adotivo, fugiu de casa e tentou se suicidar. Kathy contou às meninas que sua vida mudou quando percebeu que sua única saída era estudar.

Ela pediu às garotas que contassem seus sonhos. Uma disse que queria ser artista. Outra que queria ser advogada para ajudar meninas como ela. Uma terceira queria trabalhar em uma ONG que oferecesse abrigo a meninas necessitadas. Jay disse que seu sonho era ser uma ótima mãe. Kathy então pediu que escrevessem as metas que permitiriam que realizassem aqueles sonhos. Todas escreveram a mesma coisa: era preciso terminar a escola. A seguir, Kathy pediu a elas que dissessem o que tinham que fazer naquele dia — e no dia seguinte e no dia seguinte — para cumprir a meta. "Tirar notas melhores", uma disse. "Me matricular", disse outra. "Me comprometer com o estudo", disse Jay. Desde então, ela desafiou as probabilidades ao terminar o ensino médio e começar a faculdade. "Hoje sinto que meu destino está nas minhas mãos", Jay disse. "Tudo gira em torno de ser uma ótima mãe e de dar um bom futuro para minha filha."

A segunda crença que molda a resiliência das crianças é a de que podem aprender com os erros. A psicóloga Carol Dweck mostrou que elas reagem melhor à adversidade quando têm uma mentalidade de crescimento em vez de uma fixa.[17] Ter uma mentalidade fixa significa ver as habilidades como algo com que nascemos ou não, por exemplo: "Sou ótimo em matemática, mas não levo jeito para teatro". Quando as crianças têm uma mentalidade de crescimento, elas veem as habilidades como algo que podem aprender e desenvolver. Assim, elas trabalham para melhorá-las. "A atuação não me vem naturalmente, mas se ensaiar o suficiente posso me sair bem no palco."

Se a criança vai desenvolver uma mentalidade fixa ou de crescimento depende em parte do tipo de elogio que recebe dos pais e professores.[18] A equipe de Dweck escolheu alunos aleatoriamente para receber diferentes tipos de respostas positivas depois de um teste. As crianças que foram elogiadas por ser inteligentes se saíram pior em outros testes realizados mais tarde, porque viram essa inteligência como um atributo fixo. Quando elas passaram a ir mal, decidiram que simplesmente não tinham aquela habilidade. Em vez de se esforçarem para completar um teste mais difícil, simplesmente desistiam. Mas, quando as crianças eram elogiadas por tentar, elas se empenhavam mais no teste desafiador e faziam um esforço para terminá-lo.

Dweck e seus colaboradores mostraram que é possível ensinar alguém a ter uma mentalidade de crescimento com relativa rapidez e efeitos notáveis. Depois de estudantes prestes a desistir do ensino médio terminarem um exercício on-line e de se enfatizar para eles que é possível desenvolver habilidades, seu desempenho acadêmico melhorou.[19] Quando calouros da faculdade completaram o mesmo exercício durante orientações, o risco de desistência entre negros, latinos e estudantes de famílias em que ninguém tinha feito faculdade diminuiu em 46%.[20] As dificuldades acadêmicas que eles enfrentavam pareciam ser menos pessoais e menos permanentes, e os alunos passaram a ter a mesma probabilidade de permanecer na faculdade que os de qualquer outra origem. Quando somados a uma educação de alta qualidade e a um apoio de longo prazo, programas como esse podem ter um impacto duradouro.

Hoje, a importância de ajudar esses garotos a desenvolver uma mentalidade de crescimento é amplamente reconhecida, mas isso não é posto em prática da maneira como deveria ser.[21] Há uma distância entre o que se sabe e o que se faz: muitos pais e professores entendem a ideia, mas nem sempre conseguem aplicá-la. Apesar de me esforçar, às vezes isso acontece comigo. Quando minha filha vai bem em um teste, ainda me pego dizendo "Muito bem!", em vez de "Fico feliz que tenha se esforçado". Em *How to Raise an Adult*, a ex-reitora de Stanford Julie Lythcott-Haims aconselha os pais a ensinar a seus filhos que é através das dificuldades que crescemos. Ela chama isso de "normalizar a dificuldade".[22] Quando os pais tratam o erro como uma oportunidade para aprender, e não como um constrangimento a ser evitado, as crianças têm maior probabilidade de aceitar desafios. Quando uma criança tem dificuldades com matemática, Dweck recomenda que, em vez de dizer "Talvez matemática não seja seu forte",[23] digamos "A sensação de que matemática é difícil é a sensação do seu cérebro crescendo".

A terceira crença que afeta a resiliência das crianças é a de que elas são importantes:[24] saber que outras pessoas as percebem, se importam com elas, confiam nelas. Muitos pais transmitem isso de maneira natural. Eles escutam seus filhos com atenção, mostram que valorizam suas ideias e os ajudam a criar vínculos fortes e seguros com outras pessoas. Em um estudo com mais de 2 mil adolescentes entre onze e dezoito anos, muitos dos quais enfrentavam adversidades severas, aqueles que sentiam ser importantes tinham menor probabilidade de ter baixa autoestima, depressão e pensamentos suicidas.[25]

Sentir-se importante é muitas vezes um desafio para crianças em grupos estigmatizados. Jovens LGBT[26] enfrentam altos índices de bullying e de assédio, e muitos não têm apoio de adultos em casa ou na escola. Jovens lésbicas, gays e bissexuais têm quatro vezes mais probabilidade de tentar suicídio, e um quarto dos jovens transgêneros relata ter tentado se matar. Graças ao Projeto Trevor, jovens LGBT agora têm acesso 24 horas por dia, sete dias por semana, a aconselhamento grátis por mensagem de texto e telefone. Mat Herman, que foi um voluntário treinado para atendimento telefônico nesse projeto, enfatiza que saber que alguém se importa — mesmo se for um desconhecido — pode ser algo a que se agarrar. "Atendíamos pessoas de catorze anos bastante assustadas, que só precisavam saber que havia alguém lá e que elas não estavam sozinhas", ele explicou. "É um clichê, mas é verdade." Durante os quatro anos em que Mat atendeu telefonemas com um "alô" amigável, muitas vezes ouviu o barulho da outra pessoa desligando antes de ter dito uma palavra sequer. Como no experimento em que as pessoas sabiam que podiam interromper ondas de ruído apertando um botão, quando esses jovens ligavam e desligavam era como se estivessem verificando se o botão estava funcionando. Muitos reagiam à voz reconfortante achando coragem para começar uma conversa. "Alguns ligam várias vezes. Você se torna uma espécie de amigo para eles", Mat disse.

No caso de crianças, com frequência é necessário que os adultos mostrem que eles importam. O filho de um amigo sofreu com ansiedade e depressão desde muito cedo. Ele construiu um robô num acampamento. No outro dia descobriu que uns garotos tinham destruído o robô. Um deles ainda disse: "Você não vale nada". A mensagem era clara: o trabalho dele não importava, assim como ele próprio não importava. O filho do meu amigo não queria jogar beisebol nem interagir com outras crianças na escola porque sempre achava que estavam tirando sarro dele. "Ele colocava o capuz e sentava no fundo, ficava no mundinho dele", a mãe me disse.

A mudança aconteceu quando uma ex-professora começou a passar tempo com ele toda semana. O progresso acontecia pouco a pouco, à medida que ela o ajudava a procurar outras crianças e fazer amizades. Ela deu conselhos: entrar para um grupo que estivesse jogando alguma coisa na hora do almoço, mandar e-mails para os colegas para convidar para ir à casa dele ou ao cinema. A professora seguiu acompanhando o menino, apoiando cada passo que ele dava. Ela fez com que ele se mantivesse no controle, mas também deixou claro que estava cuidando dele. Ela se importava. Ele importava. Quando um novo aluno entrou na escola, ela incentivou os dois a ficarem amigos. Eles encontraram uma conexão em um jogo de cartas e a amizade decolou.

"Foi como se o sol tivesse passado a brilhar na nossa casa", a mãe me contou. "Não existe uma resposta fácil. Fico feliz que a gente tenha encontrado a combinação de coisas que ajudaram, incluindo medicação. Mas fez uma grande diferença o fato de uma professora ter se interessado por meu filho e de um amigo ter criado um vínculo com ele." Sentir-se importante era um contrapeso para o bullying que vinha de fora e para a ansiedade que vinha de dentro.

Na Dinamarca, isso é parte do currículo escolar. Uma hora por semana, durante a Klassen Time,[27] os alunos se reúnem para discutir problemas e ajudar uns aos outros. Isso acontece dos seis anos até o fim do ensino médio. Para tornar as coisas mais aconchegantes, a cada semana um aluno leva um bolo. Quando as crianças apresentam seus próprios problemas, elas sentem que estão sendo ouvidas, e, quando os colegas de turma pedem conselhos, elas sentem que podem fazer a diferença. As crianças aprendem a ter empatia ao ouvir as perspectivas alheias e a refletir sobre como seu comportamento afeta os que estão à sua volta.[28] Elas são ensinadas a pensar: "Como os outros se sentem? Como minhas ações fazem com que eles se sintam?".

A quarta crença das crianças resilientes é a de que elas têm forças em que podem confiar e que podem compartilhar com os outros. Em algumas das regiões mais pobres da Índia, um programa chamado Girls First[29] melhorou a saúde física e mental de adolescentes. O Girls First começou em 2009 com um projeto piloto no estado de Bihar, onde 95% das mulheres têm menos de doze anos de educação e quase 70% engravidam antes dos dezoito. O programa as ensina a identificar e a praticar diferentes forças de caráter — da coragem à criatividade, da justiça à bondade, da humildade à gratidão. Meninas que participaram apenas uma hora por semana durante seis meses viram sua resiliência aumentar. Durante uma sessão, uma aluna de oitavo ano chamada Ritu descobriu que a coragem era uma de suas maiores forças. Logo depois, ela interveio para impedir que um garoto assediasse suas amigas, e, quando o pai tentou fazer com que a irmã, que estava no nono ano, se casasse, Ritu se fez ouvir e o convenceu a esperar.[30]

O Girls First é administrado por Steve Leventhal, que saiu ileso de um grave acidente de carro quando sua esposa esperava o primeiro filho do casal. "Tive uma daquelas experiências de quase morte sobre as quais a gente lê", Steve disse. "Percebi que eu podia morrer antes mesmo de minha filha nascer, e isso me transformou." Depois do nascimento da filha, ele se sentiu tão grato que quis ajudar outras crianças, por isso assumiu as rédeas da CorStone, uma ONG em dificuldades, e se concentrou em criar programas como o Girls First. Seu objetivo no primeiro ano foi ajudar cem meninas na Índia. "Nosso trabalho é acender uma luz", Steve reflete. "As meninas muitas vezes dizem que ninguém tinha dito a elas que têm forças."

Ajudar crianças a identificar suas forças pode ser decisivo depois de acontecimentos traumáticos. Um dos alunos de Adam em Wharton, Kayvon Asemani, tinha nove anos quando o pai agrediu a mãe, causando sua morte. De maneira impressionante, Kayvon conseguiu perseverar. "Embora eu a tenha perdido", Kayvon diz, "nunca perdi a fé em mim mesmo." A mãe tinha ensinado que ele importava. O pai de um amigo reforçou aquela crença e ajudou Kayvon a se matricular na escola que tinha mudado sua própria vida. A missão da Escola Milton Hershey é oferecer às crianças a melhor educação possível, independentemente de suas circunstâncias financeiras. Lá, Kayvon teve acesso a ótimos professores e a oportunidade de ir atrás de uma educação superior: a escola pagaria a anuidade de qualquer faculdade que ele não conseguisse cobrir por meio de financiamento estudantil.

Os professores o ajudaram a descobrir e a desenvolver suas forças. Um o incentivou a começar a tocar trombone. A música se tornou sua salvação, dando esperanças de que ele poderia viver uma vida que deixaria sua mãe orgulhosa. No final do ensino fundamental, Kayvon foi considerado um dos melhores trombonistas de seu distrito. Mas, quando entrou para a faculdade, ele foi vítima de bullying. Como um dos garotos mais baixos da turma, era um alvo fácil. Veteranos batiam nele, tiravam sarro dele nos corredores, espalhavam boatos. Quando Kayvon cantou rap em um evento, eles o vaiaram até que saísse do palco.

Quando uma nova turma de calouros entrou, o garoto encontrou forças para defender a si mesmo e aos outros. Ele deu as boas-vindas aos alunos e ofereceu apoio àqueles que estavam sendo vítima de bullying. Mostrou a eles seu rap e, quando estava no último ano, muitos sabiam suas letras de cor. Foi eleito presidente do corpo discente e orador da turma. "A música, mais do que qualquer outra coisa no mundo, foi o que me ensinou a levantar depois de enfrentar um desafio", Kayvon disse para nós. "Fosse a tragédia que devastou minha família ou o fato de ser vítima de bullying ou alguma coisa boba como o fim de um namoro, a música canalizava minhas energias para algo positivo. Ela transformava a escuridão."

Assim como os alunos, os professores também se beneficiam de uma mentalidade de crescimento. Desde a década de 1960, pesquisadores demonstraram que, quando se diz que alunos de grupos estigmatizados têm potencial, eles começam a tratá-los de maneira diferente.[31] Os professores ajudam os alunos a aprender com os erros. Estabelecem expectativas altas, dão mais atenção e os incentivam ativamente a desenvolver suas forças. Isso pode ajudar os alunos a acreditar neles mesmos e se esforçar mais, obtendo assim notas mais altas.

Com apoio, as crenças podem ser o combustível para a ação, tornando-se autorrealizáveis. Se acreditar que pode aprender com os erros, você vai se tornar menos defensivo e mais aberto.[32] Se acreditar que você é importante, passará mais tempo ajudando os outros, o que vai torná-lo ainda mais importante.[33] Se acreditar que tem forças, começará a ver oportunidades para usá-las. Se acreditar que é um mago que pode atravessar o continuum espaço-tempo, é porque foi longe demais.

Quando crianças enfrentam um trauma, as crenças que ajudam a aumentar a resiliência se tornam ainda mais fundamentais. Mais de 1,8 milhão de crianças nos Estados Unidos perderam o pai ou a mãe,[34] e numa pesquisa nacional perto de três quartos disseram que sua vida seria "muito melhor" se eles estivessem vivos.[35] Quando questionados sobre se trocariam um ano de sua vida por apenas um dia a mais com eles, mais da metade disse que sim.

Em nossa casa, conhecemos bem esse sentimento. Meus filhos ficaram devastados. Eu fiquei devastada — e fiquei devastada por eles ficarem devastados. Mas mesmo naquela hora sombria, em que meus filhos souberam que a vida deles mudaria para sempre, havia momentos em que se via a luz. Meu filho parou de chorar por um instante para me agradecer por ir para casa para estar com ele quando soubesse, e para agradecer à minha irmã e aos meus pais por isso também. *Impressionante*. Mais tarde naquela noite, quando eu estava colocando minha filha na cama, ela disse: "Não estou triste só pela gente, mãe. Estou triste pela vovó Paula e pelo tio Rob, porque eles também perderam o papai". *Impressionante*. Lembro que na noite em que sua mãe morreu Mindy me pediu para dormir na casa dela, mas depois ficou preocupada que nossas outras amigas se sentissem deixadas de fora. Mesmo no pior momento da vida deles, meus filhos — assim como Mindy — tiveram a capacidade de pensar nos outros. E isso me deu esperança.

Poucos dias depois, sentamos com uma folha grande de papel e canetinhas coloridas. Ao longo dos anos, tínhamos colocado cartazes e cronogramas acima dos armários em que eles guardavam as mochilas da escola. Carole explicou que dar às crianças uma sensação de estabilidade era essencial num momento em que o mundo deles estava de cabeça para baixo. Achei que ajudaria criar "regras da família", que podíamos colar na parede para nos lembrar dos mecanismos que usaríamos para lidar com aquilo. Então sentamos para fazer uma lista.

Queria que soubessem que eles deveriam respeitar seus sentimentos em vez de tentar reprimi-los. Escrevemos juntos que não tinha problema ficar triste e que eles podiam interromper qualquer atividade para chorar. Que não fazia mal sentir raiva e ter inveja dos amigos e primos que ainda tinham pai. Que não tinha problema dizer a alguém que não queriam falar a respeito. Que a gente não merecia aquilo. Queria ter certeza de que a culpa não turvasse qualquer momento que meus filhos pudessem ter de interrupção no luto, por isso concordamos que não havia problemas em ser feliz e rir.

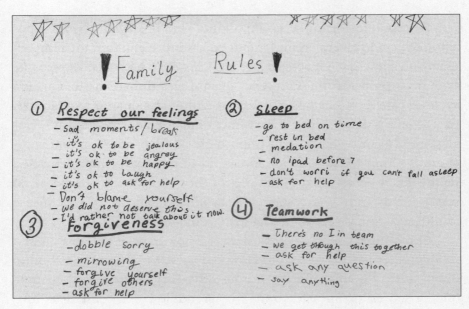

Regras da Família
1. Respeitar nossos sentimentos: Momentos tristes/ pausas/ Tudo bem sentir inveja/ Tudo bem sentir raiva/ Tudo bem ficar feliz/ Tudo bem dar risada/ Tudo bem pedir ajuda/ Não se culpe/ Não merecíamos isso/ Eu prefiro não falar sobre isso agora.
2. Sono: Ir para a cama no horário/ Ficar deitado na cama/ Meditação/ Sem iPad antes das 7h/ Não se preocupe se não conseguir pegar no sono/ Peça ajuda.
3. Perdão: Desculpas mútuas/ Espelho/ Se perdoe/ Perdoe os outros/ Peça ajuda.
4. Trabalho em equipe: Não existe Eu num time/ Vamos passar por isso juntos/ Peça ajuda/ Pergunte qualquer coisa/ Diga alguma coisa.

É comum que as pessoas fiquem maravilhadas com a resiliência das crianças. Há motivos neurológicos para isso: elas têm maior plasticidade neural do que os adultos,[36] o que permite que seu cérebro se adapte com maior facilidade ao estresse. Aprendi com Carole que as crianças sabem a intensidade de emoções que conseguem processar de uma só vez. Elas têm "intervalos de sentimento" menores;[37] a dor delas surge em explosões, mais do que em períodos mais longos. Às vezes também expressam sua dor por meio de mudanças de comportamento, e mais por atos do que por palavras. Como Carole me avisou, meus filhos entravam e saíam do luto muito rapidamente, chorando em um momento e correndo para brincar no instante seguinte.

Percebi que dormir seria importante para nos ajudar a passar por aquilo. Quando eu era criança, meus pais sempre enfatizaram a importância do sono, que eu achava que *não tinha graça nenhuma*. Depois que tive meus próprios filhos, entendi quanto eles tinham razão. Quando estamos cansados, ficamos mais fracos tanto física quanto mentalmente. Tendemos a nos irritar e literalmente não temos energia para ficar alegres.[38] Dormir é ainda mais importante na adversidade, porque precisamos reunir todas as nossas forças, então mantive os horários deles, na medida do possível. Quando meus filhos não conseguiam pegar no sono, contávamos seis respirações, acompanhando o ar entrando e saindo, exatamente como minha mãe tinha me ensinado.

Como nossos sentimentos estavam à flor da pele, eu sabia que íamos cometer muitos erros, por isso perdoar se tornou um tema muito importante. No ano anterior, minha filha e eu tínhamos ido a uma oficina sobre liderança feminina[39] e aprendido sobre "desculpas mútuas rápidas" — quando duas pessoas se magoam e pedem desculpas rapidamente, para que possam perdoar uma à outra e a si mesmas. Por estarmos sentindo tristeza e raiva profundas, ficávamos chateados com muito mais facilidade, por isso confiávamos bastante nessa estratégia. Se perdíamos o controle das nossas emoções, pedíamos desculpas imediatamente. Depois servíamos de "espelho" um para o outro: a primeira pessoa explicava por que aquilo era irritante, no que era seguida pela outra. Estávamos tentando mostrar que os sentimentos alheios eram importantes para nós. A certa altura, minha filha gritou: "Estou chateada porque vocês dois tiveram mais anos com o papai do que eu". Meu filho e eu reconhecemos que aquilo era mesmo injusto com ela.

Tentei ajudar meus filhos a ser gentis um com o outro. A não se bater quando estavam com raiva, a não ficar com inveja de outras crianças nem de mim por ainda ter pai. Passei a encarar o fato de ensinar autopiedade a eles como parte de um incentivo para que tivessem uma mentalidade de crescimento. Quando não prolongavam a tristeza de ontem, podiam ver o hoje como um novo dia. Prometemos fazer isso como um time, assim como todo o resto.

Nem sempre as coisas funcionavam como planejado. Muito tempo antes de Dave morrer eu tinha aprendido que ter filhos é o trabalho que mais exige humildade no mundo — e agora precisava reaprender a fazer isso sozinha. Meus filhos estavam lutando com suas emoções tanto quanto eu, o que tornava difíceis até as decisões mais simples. Dave e eu sempre fomos rigorosos com a hora de dormir, mas você precisa colocar uma criança na cama se ela está chorando pelo pai morto? Quando questões pequenas dão origem a grandes brigas, você cobra das crianças o mesmo padrão de comportamento de antes ou ignora essas explosões porque está sentindo a mesma raiva? Se deixar as coisas irem longe demais, será que as crianças não vão explodir com os amigos, que não têm idade suficiente para entender e perdoar? Mudei de opinião várias vezes e cometi muitos erros. Muitos.

Como sempre, só podia agradecer a meus amigos e à minha família. Confiava na minha mãe e em sua amiga Merle quanto a como cuidar dos filhos, tentando sempre seguir as sugestões delas. "Diga as coisas uma vez." "Mantenha a calma." Às vezes, independentemente do cuidado que eu tivesse para planejar como lidaria com uma situação, eu fracassava. Um dia minha filha se recusou a sair de casa para andar com Marne, Phil, Mark e Priscilla. Enquanto os outros esperavam do lado de fora, tentei convencê-la de que ia se divertir, mas ela não cedeu. Sentou no chão da cozinha e eu não consegui fazer com que se mexesse. Acho que o termo clínico para meu estado era "superfrustrada". Phil entrou para ver como estávamos indo e deu com as duas sentadas no chão chorando. Com humor, ele convenceu minha filha a levantar e ir com eles. Priscilla me convenceu a fazer o mesmo. Pouco tempo depois, após desculpas mútuas, minha filha corria por uma trilha sorrindo.

As regras da família continuam penduradas acima do armário das crianças, mas só recentemente percebi que pedir ajuda consta em todas as quatro categorias. Agora vejo que isso está no cerne do desenvolvimento da resiliência. Quando as crianças se sentem à vontade com isso, elas sabem que importam. Veem que os outros se importam e querem estar à disposição deles. Entendem que não estão sozinhas e que podem ter algum controle ao buscar apoio. Percebem que a dor não é permanente e que as coisas podem melhorar. Carole me ajudou a compreender que, mesmo quando me sentia impotente porque não podia resolver ou sumir com a dor dos meus filhos, se apenas andasse ao lado deles e escutasse — o que ela chamava de "fazer companhia" — já estaria ajudando.

Enquanto eu lutava com minhas próprias emoções, ficava preocupada com a quantidade de tristeza que demonstrava para as crianças. Nos primeiros momentos, chorávamos o tempo todo. Um dia meu filho me disse que ficava triste de me ver chorar, por isso passei a segurar o choro, correr para o quarto e fechar a porta quando sentia que não ia conseguir segurar. No começo pareceu que ajudava. Mas uns dias depois meu filho perguntou com raiva: "Por que você não sente mais falta do papai?". Ao protegê-lo das minhas lágrimas, eu tinha deixado de ser o modelo do comportamento que queria dele. Pedi desculpas por esconder minhas emoções e comecei a deixar que me visse chorar de novo.

Nunca parei de falar de Dave. Nem sempre é fácil, e eu já vi adultos evitarem isso, como se fosse difícil demais lembrar. Mas quero manter viva a memória de Dave, e quando menciono seu nome ele continua presente. Como nossos filhos eram muito novos, sei — e isso parte meu coração — que as memórias que têm do pai vão gradualmente desaparecer, por isso depende de mim que o conheçam.

Uma amiga que perdeu o pai aos seis anos me disse que passou a vida adulta tentando juntar os pedaços para saber quem ele era de verdade. Pedi a dezenas de parentes, amigos e colegas mais próximos de Dave que fizessem vídeos sobre as memórias que tinham dele. Meus filhos nunca vão ter outra conversa com o pai, mas um dia quando estiverem prontos vão saber mais sobre ele por meio daqueles que mais o amaram. Também os filmei falando das próprias memórias, para que à medida que crescerem saibam o que eles mesmos se lembravam do pai. No Dia de Ação de Graças, minha filha parecia muito ansiosa. "Estou esquecendo o papai porque não o vejo faz muito tempo", ela finalmente confessou. Mostrei um vídeo em que ela falava dele e isso ajudou.

Quando as crianças crescem com uma profunda compreensão da história da família — onde os avós cresceram, como foi a infância dos pais —, sabem lidar melhor com as coisas e têm uma sensação de pertencimento maior.[40] Falar abertamente sobre memórias positivas e mesmo difíceis pode ajudar a desenvolver resiliência. Algo especialmente poderoso é contar histórias sobre como a família está unida tanto nos bons momentos quanto nos ruins, o que faz com que as crianças sintam estar ligadas a algo maior do que elas mesmas. Assim como escrever um diário pode ajudar os adultos a processar a adversidade, essas discussões ajudam as crianças a ter uma noção do seu passado e aceitar desafios. Dar a todos os membros da família a chance de contar suas histórias ajuda a aumentar a autoestima, particularmente no caso das meninas.[41] E se certificar de que as diferentes perspectivas sejam integradas em uma história coerente aumenta a sensação de controle, particularmente para os meninos.

Um amigo que perdeu a mãe quando era jovem me disse que com o passar do tempo ela não parecia mais real. As pessoas ou tinham medo de falar dela ou a idealizavam. Tento retratar Dave como ele realmente era: amoroso, generoso, brilhante, engraçado e bastante desajeitado. Ele derramava coisas o tempo todo e sempre ficava chocado quando isso acontecia. Agora, quando as emoções estão à flor da pele e meu filho mantém a calma, digo a ele: "Você é que nem seu pai". Quando minha filha defende um colega de quem estão tirando sarro, eu digo: "Igualzinha a seu pai". Assim como quando um dos dois derruba um copo.

É comum que os pais se preocupem com a possibilidade de que essas conversas façam os filhos ficarem tristes, mas pesquisas sugerem o contrário. "Nostalgia" vem das palavras gregas *nostos* e *algos*, que significam "volta" e "dor". É literalmente o sofrimento de quando desejamos que o passado volte, mas os psicólogos acham que é um estado basicamente agradável.[42] Depois que as pessoas refletem sobre um acontecimento, elas tendem a se sentir mais felizes e mais próximas das outras. É comum que se sintam mais importantes e inspiradas a criar um futuro melhor. Em vez de ignorar marcos dolorosos do passado, devemos tentar fazer com que eles sejam parte do presente. Minha amiga Devon Spurgeon perdeu a mãe nova e me deu uma ideia maravilhosa para o que teria sido o 48º aniversário de Dave — meus filhos e eu escrevemos cartas para ele e as colocamos em bexigas que subiram ao céu.

Percebi que quando as pessoas contam histórias sobre Dave, meus filhos se sentem reconfortados. Meu cunhado Marc disse para eles que

Dave tinha uma "energia feliz" e que compartilhava isso de maneira generosa. "É difícil imaginar o pai de vocês se divertindo sem um monte de gente em volta." Phil muitas vezes comenta com nossos filhos que Dave nunca se gabava nem exagerava, e que falava com os outros de maneira cuidadosa e atenta. Todos queríamos que eles tivessem Dave para mostrar a eles, por meio de seu exemplo, como ser felizes e humildes. Em vez disso, estamos tentando fazer o máximo com nosso Plano B.

Adam me contou sobre um programa na Universidade do Estado do Arizona[43] que ajuda filhos a se recuperar da perda dos pais. Um dos passos fundamentais é criar uma nova identidade familiar, de modo que as crianças sintam que as pessoas que restaram formam uma unidade completa. Olhando as fotos de nós três tiradas naquelas primeiras semanas e meses, fiquei surpresa de ver que tivemos alguns momentos de felicidade — como quando eles brincaram de pega-pega com os amigos. Fotos são importantes porque através delas a felicidade é lembrada, não apenas experimentada.[44] E perder Dave me ensinou quão precioso é o vídeo: quando vejo fotos dele, quero vê-lo se mexendo e ouvi-lo falar. Agora faço o máximo de vídeos que posso.[45] Meus filhos costumavam fugir quando eu começava a filmá-los, mas, depois que começaram a ver esses vídeos para se lembrar do pai, eles sorriem e falam com a câmera.

O programa da Universidade do Arizona também recomenda reservar um tempo para que a nova unidade familiar se divirta junta. Isso oferece às crianças uma pausa na tristeza e ajuda a fazer com que se sintam parte novamente de uma família completa. A atividade não pode ser passiva como ver televisão; precisa ser algo ativo, como jogar jogos de tabuleiro ou cozinhar juntos. Chamamos isso de SDF, abreviação para "superdiversão em família". Meu filho deixou a irmã escolher a primeira atividade, e a SDF se tornou uma tradição semanal que mantemos há mais de um ano. Também criamos um grito de guerra. Damos os braços e gritamos: "Somos fortes!".

Ainda estamos nos adaptando a ser apenas nós três. Há muitas desculpas mútuas rápidas, e continuamos a lidar com isso, a aprender, a cometer erros e a crescer. Como indivíduos, nos sentimos mais fracos em alguns dias do que em outros. E somos mais fortes como família.

Quase um ano depois da morte de Dave, fui a uma apresentação musical do meu filho à tarde na escola. Por mais que eu tentasse não sentir inveja dos outros, ver todos aqueles pais acompanhando as crianças foi um duro lembrete do que perdemos — e do que Dave perdeu. Assim que cheguei em casa, corri para o andar de cima para chorar. Infelizmente, meu dia de trabalho não tinha terminado: eu precisava ser anfitriã do jantar para os maiores clientes do Facebook ao redor do planeta. Meu filho estava comigo, e eu disse para ele que precisava parar de chorar e descer. Ele segurou minha mão e disse: "Não tem problema se você continuar chorando. Todo mundo sabe o que aconteceu com a gente". Depois ele acrescentou: "Mãe, provavelmente tem coisas que fazem eles chorar também. Você devia ser você mesma".

Ele estava me ensinando o que eu tinha tentado ensinar para ele.

# 8. Encontrar forças juntos

> *Estamos presos a uma inescapável rede de mutualidade, entrelaçados em um único tecido do destino. O que quer que afete um diretamente afeta a todos indiretamente.*[1]
>
> Martin Luther King Jr.

Em 1972, um avião que voava do Uruguai para o Chile caiu nos Andes, rompeu-se em duas partes e deslizou por uma ladeira coberta de neve.[2] Para os 33 sobreviventes, foi apenas o início de uma provação extraordinária. Ao longo dos 72 dias que se seguiram, o grupo enfrentou o choque, o frio, as avalanches e a fome. Só dezesseis conseguiram escapar de tudo isso. *Vivos*.

Graças ao famoso livro e ao filme, sabemos as medidas extremas que o grupo adotou para sobreviver. Novas análises feitas por Spencer Harrison — pesquisador, montanhista e colega de Adam — explicam não só *como* esses homens sobreviveram, mas também *por quê*. Ele encontrou quatro sobreviventes, leu seus diários e chegou a visitar o local do acidente com um deles. A história de todos tinha um ponto em comum: a chave para a resiliência era a esperança.

A maior parte das 45 pessoas a bordo era de jogadores de rúgbi no final da adolescência ou com vinte e poucos anos viajando para uma partida de exibição. Os danos sofridos pelo rádio do avião impediram que eles enviassem mensagens, mas eles continuavam ouvindo as que chegavam. O plano inicial era esperar pelo resgate abrigados no avião. "Acreditávamos que ser resgatados era nossa única chance de sobrevivência", escreveu Nando Parrado, "e nos agarramos a essa esperança com um fervor quase religioso." Nove dias depois, eles ficaram sem suprimentos. O grupo foi forçado a recorrer à única fonte de comida que restava: a carne dos corpos congelados dos colegas de time que tinham morrido. Na manhã seguinte, alguns passageiros ouviram pelo rádio que as buscas tinham sido encerradas. "Não podemos contar para eles", disse o capitão da equipe. "Pelo menos deixem que mantenham a esperança." Outro passageiro, Gustavo Nicolich, discordou. "Boas notícias!", ele gritou. "Vamos sair daqui por conta própria."

Normalmente pensamos em esperança como sendo algo que mantemos na mente ou no coração. Mas as pessoas podem construí-la juntas. Ao criar uma identidade compartilhada, um grupo com um passado e um futuro brilhante pode ser formado.

"Algumas pessoas dizem: 'Se há vida, há esperança'", explicou o sobrevivente Roberto Canessa. "Mas, para nós, era o contrário: 'Se há esperança, há vida'." Durante os longos dias de frio e fome, os sobreviventes rezavam juntos. Eles planejavam projetos que iam iniciar depois de voltar à civilização. Um passageiro falou em abrir um restaurante, outro sonhava em ter uma fazenda. Toda noite, dois sobreviventes olhavam para a lua e imaginavam que naquele exato instante seus pais também estavam olhando para ela. Outro tirou fotos para registrar o sofrimento. Muitos escreveram cartas para a família falando de sua vontade de viver. "Para manter a fé o tempo todo, apesar dos contratempos, precisamos virar alquimistas", disse o sobrevivente Javier Methol. "Transformar a tragédia em milagre, a depressão em esperança."

Claro que a esperança por si só não é suficiente. Muitos dos passageiros tinham esperança e mesmo assim perderam a vida. Mas ela evita que as pessoas se entreguem ao desespero. Pesquisadores acreditam que a esperança surge e persiste quando "comunidades geram novas imagens de possibilidades".[3] Acreditar em novas possibilidades ajuda a resistir à inércia e impulsiona as pessoas a buscar novas opções;[4] elas descobrem o desejo e o modo de ir em frente. Psicólogos chamam isso de "esperança fundada"[5] — a compreensão de que ao agir você pode fazer as coisas melhorarem. "Nunca parei de rezar pela chegada do resgate ou pela intervenção divina", Parrado lembrou. "Mas ao mesmo tempo a voz insensível que tinha me dito para não chorar sussurrava na minha cabeça: 'Ninguém vai nos encontrar. Vamos morrer aqui. Precisamos de um plano. Precisamos nos salvar'."

Parrado e Canessa saíram para explorar com um terceiro sobrevivente e quase morreram congelados antes de encontrar a cauda do avião, que continha material isolante que foi transformado por eles em um saco de dormir. Quase dois meses após o acidente, puderam dar início a outra expedição. Eles andaram 54 quilômetros por um terreno traiçoeiro, escalando um pico de 4,2 mil metros. Depois de dez dias, viram um homem a cavalo. Os outros catorze sobreviventes foram resgatados por um helicóptero.

A comunidade formada pelos sobreviventes permanece unida há décadas. Todos os anos eles se reúnem no aniversário do resgate para jogar rúgbi. Eles contribuíram para um livro sobre sua experiência, *A sociedade da neve*. Em 2010, quando 33 mineiros ficaram presos debaixo da terra no Chile, quatro sobreviventes dos Andes viajaram do Uruguai para falar com eles por vídeo.[6] "Viemos passar um pouco de fé e esperança para eles", Gustavo Servino disse na época. "Dizer que estamos à disposição. E, acima de tudo, dar apoio às famílias." Depois de 69 dias, o primeiro mineiro foi levado à superfície em uma cápsula enquanto centenas de pessoas vibravam. Levou um dia inteiro, mas todos os outros foram resgatados e se reencontraram com as pessoas que amavam. A cidade de tendas em que eles se reuniram acima da mina era chamada de Campamento Esperanza.

A resiliência não se desenvolve apenas em indivíduos. Ela se desenvolve *entre* indivíduos — em nossa vizinhança, nas escolas, nas cidades e nos governos. Quando desenvolvemos resiliência juntos, nós nos tornamos mais fortes e formamos comunidades que podem superar obstáculos e prevenir adversidades. A resiliência coletiva exige mais do que esperança compartilhada — ela também é movida pelas experiências, pelas narrativas e pelo poder compartilhados.

No nosso caso, conhecer pessoas que também perderam um dos pais ou um cônjuge oferecia um consolo muito necessário. Em muitas religiões e culturas, as tradições que cercam o luto são comunitárias; as pessoas se reúnem para enterrar e para lembrar aqueles que perdemos. De início, nossa casa ficou cheia de amigos e parentes que queriam se assegurar de que teríamos apoio em tempo integral. Mas uma hora as pessoas que amamos precisaram voltar à rotina e nós precisávamos encontrar uma nova normalidade — então a solidão bateu forte.

Em minha segunda semana de viuvez, eu tinha colocado meus filhos na cama e estava sentada sozinha na cozinha quando vi no meu futuro algo que nunca tinha me ocorrido antes: uma versão muito mais velha de mim mesma em frente a um tabuleiro de *Scrabble* com a outra cadeira vazia. Naquela semana, fomos ao Kara, um grupo de apoio local para pessoas de luto. Encontrar outros que estavam muito mais adiantados no processo nos ajudou a superar a inércia ao mostrar que não ficaríamos presos no vácuo de uma tristeza profunda para sempre. "Quando sofremos uma perda ou enfrentamos dificuldades de qualquer tipo, é comum ter um desejo real e profundo de se ligar a outras pessoas", explicou o diretor executivo do Kara, Jim Santucci, que perdeu um filho. "Grupos de apoio ligam você a pessoas que realmente entendem aquilo que está passando. É uma conexão profunda. Não é só: 'Ah, fico triste por você'. É 'Eu realmente entendo você'."

Meus filhos também frequentaram um Acampamento de Experiência,[7] um programa gratuito de uma semana para crianças que perderam o pai, a mãe, um irmão ou o principal responsável por cuidar delas. Dois dos valores centrais do acampamento são a construção de uma comunidade e o estímulo à esperança. Em um exercício, as crianças iam a estações para confrontar uma emoção associada ao luto. Elas usavam giz para rabiscar no chão palavras que as enraiveciam. Algumas escreviam "bullying", outras "câncer" ou "drogas". Então, depois de contar até três, elas jogavam bexigas com água no chão para levar as palavras embora e liberar sua raiva. Em uma segunda estação, um dos membros do acampamento segurava um tijolo que representava a culpa. Como era pesado, outro membro do acampamento passava a ajudar a suportar o seu peso. Os exercícios ajudaram a demonstrar para meus filhos que as emoções deles eram normais e que outras crianças sentiam as mesmas coisas.

Para entrar para uma comunidade depois de uma tragédia, é comum que tenhamos de aceitar nossas novas — e muitas vezes nada bem-vindas — identidades. O escritor Allen Rucker, que ficou paraplégico, disse: "No começo, eu não queria ficar perto de outras pessoas em cadeiras de rodas. Não queria pertencer àquele clube. Eu me via como uma aberração; não queria entrar para a fraternidade das aberrações". Ele não mudou de ideia da noite para o dia. "Levou quatro ou cinco anos. Parecia que cada célula do meu cérebro precisava transmitir, uma por vez, a informação para aceitá-la." À medida que fazia essa adaptação, ele se aproximou daqueles que compreendiam sua situação. O bônus, ele disse, foi que "essas estão entre as pessoas mais divertidas que já conheci, porque elas têm o humor mais negro possível".

O que Allen falou teve profunda ressonância em mim. Precisei de bastante tempo para dizer a palavra "viúva", e até hoje ela me faz tremer. No entanto, sou uma viúva, e aceitar essa identidade permitiu que eu fizesse novas amizades. Nos dois últimos anos, todos os novos amigos que fiz passaram por tragédias. (Na primeira vez que escrevi essa frase usei "a maior parte", mas depois percebi que eram literalmente todos.) O clube a que ninguém quer pertencer é um criador inacreditável de vínculos. Talvez porque ninguém tenha desejado entrar, nós nos agarramos uns aos outros.

Quando Steven Czifra chegou à Universidade da Califórnia em Berkeley, ele se sentiu um intruso — e não apenas porque tinha o dobro da idade do calouro típico: 38 anos. Na infância, Steven sofreu abusos físicos e começou a fumar crack aos dez anos. Assaltos e roubos de carros o levaram a passar períodos em centros de socioeducação e depois na prisão estadual. Após brigar com outro presidiário e de cuspir em um guarda, ele foi mandado para a solitária *por quatro anos*. Mais tarde, Steven diria em um depoimento que o isolamento é uma "câmara de tortura".[8]

Depois de sair da cadeia, ele entrou para um programa de doze passos, conseguiu seu diploma de ensino médio e conheceu sua companheira, Sylvia. Apaixonou-se por literatura inglesa e após sete anos em uma faculdade comunitária foi aceito em Berkeley. Mesmo tendo direito à vaga, ao chegar ao campus se sentiu diferente e desconectado. "Eu ia para as aulas de inglês e não me identificava realmente com as pessoas que estavam ali", disse. Um dia Steven estava andando pelo centro que atendia estudantes vindos de outras instituições e foi parado por Danny Murillo, outro aluno na faixa dos trinta anos, que disse ter reconhecido imediatamente a "conduta" de Steven. Em um minuto, eles perceberam que os dois tinham passado pela solitária da Prisão Estadual de Pelican Bay. "O que aconteceu naquele momento", Steven disse, "foi que eu me vi como aluno da Cal, com todos os privilégios e com todo o direito de estar lá."

Steven e Danny se tornaram amigos e se uniram para protestar contra a crueldade do isolamento nas solitárias. Eles também ajudaram a fundar a Underground Scholars Initiative,[9] um grupo que apoia estudantes de Berkeley que passaram por encarceramento. Tendo vivenciado a mais profunda desolação, queriam se reunir em uma comunidade. "Como um coletivo de estudantes, pretendíamos colocar uns aos outros em melhor situação, para ter sucesso", Danny disse. "Muitas vezes ex-presidiários não querem pedir ajuda. Estamos tentando fazer com que eles entendam que na verdade é um sinal de força reconhecer que não se tem as habilidades necessárias para fazer algo e pedir ajuda. Querer melhorar não é um sinal de fraqueza."

A Fundação Posse[10] é outra organização criada com base na importância de reunir alunos com passados semelhantes para combater a sensação de isolamento. Como um aluno talentoso porém solitário disse no momento de sua criação: "Se eu tivesse a minha turma a meu lado, nunca teria desistido". A fundação recruta estudantes de ensino médio de baixa renda que demonstraram ter extraordinário potencial acadêmico e de liderança e dá bolsas de estudo para que frequentem a mesma faculdade, em grupos de dez. Desde 1989, ajudou quase 7 mil alunos a ingressar no ensino superior, dos quais 90% se formaram. Se estamos falando sério sobre criar oportunidades para todos, precisamos dar maior apoio público e privado para esforços intensivos de longo prazo como esse.

Além da esperança e das experiências compartilhadas, as narrativas compartilhadas podem desenvolver resiliência coletiva.[11] Essa é uma palavra que pode soar "frívola" — quão importante pode ser uma história? —, mas é como explicamos nosso passado e estabelecemos as expectativas para o futuro. Assim como a história da família ajuda as crianças a ter uma sensação de pertencimento, histórias coletivas criam uma identidade para a comunidade. E histórias que enfatizam valores como igualdade são decisivas na busca pela justiça.

Histórias compartilhadas são muitas vezes criadas ao reescrever velhas narrativas e ao confrontar estereótipos injustos. Nos Estados Unidos e no mundo todo, é comum esperar que meninas sejam piores que meninos em matemática. Quando alunos universitários foram lembrados de seu gênero antes de fazer uma prova, elas tiveram um desempenho 43% pior do que o deles.[12] Quando se deu ao mesmo papel o nome de "teste de resolução de problemas", em vez de "prova de matemática", a diferença de desempenho entre os gêneros desapareceu. Em outro experimento, estudantes negros tiveram notas piores do que as dos estudantes brancos depois de lhes dizerem que a prova avaliaria a capacidade verbal deles. Quando não se mencionou essa capacidade, a diferença étnica de desempenho sumiu.[13]

Os psicólogos chamam isso de "ameaça do estereótipo":[14] o medo de ser reduzido a um estereótipo negativo. Esse medo se torna uma profecia autorrealizável quando a ansiedade perturba nosso raciocínio e nos leva a ter um comportamento compatível com o estereótipo. Esse efeito afeta pessoas de diferentes etnias, religiões, gêneros, orientações sexuais e origens, e é neste ponto que a Fundação Posse reescreve a narrativa. Quando os alunos chegam à faculdade juntos, eles criam uma imagem diferente no campus. Nas palavras de um bolsista: "O que se comenta pelos corredores é que somos legais e inteligentes".[15] Em vez de ser ameaçados pelos estereótipos negativos, eles são elevados por estereótipos positivos.

Passei a valorizar mais a formação de comunidades para mudar narrativas anos antes, quando estava escrevendo *Faça acontecer*. Quando comecei a falar com mulheres sobre ir atrás de suas ambições, uma reação comum era: "Quero fazer acontecer... mas *como*?". As mulheres têm menos acesso a mentoria e a apadrinhamento, que são a chave para o sucesso no trabalho, mas o apoio entre elas pode ter um grande impacto.[16] Eu me uni a três mulheres apaixonadas por mentoria entre pares — Rachel Thomas, Gina Bianchini e Debi Hemmeter — para lançar os Lean In Circles, pequenos grupos de pares que se encontravam regularmente para apoiar e incentivar umas às outras. Hoje há 32 mil círculos em 150 países. Mais da metade dos membros afirma que isso ajudou a passar por períodos difíceis, e dois terços dizem ter mais probabilidade de enfrentar um novo desafio depois de entrar para o grupo. Hoje, percebo que parte do motivo que leva os círculos a ajudar mulheres a atingir suas metas pessoais é o fato de desenvolverem resiliência coletiva.

O Millennial Latinas Circle em East Palo Alto conecta mulheres mais velhas e adolescentes, com o objetivo de ajudar as mais jovens — muitas das quais são mães — a entrar na faculdade e se formar. O círculo foi fundado por Guadalupe Valencia, forçada a se transferir para outra escola depois de ter engravidado aos dezesseis anos. Muitas das outras adultas do grupo também têm histórias pessoais e familiares de gravidez na adolescência e, por terem visto os efeitos disso, estão determinadas a escrever uma nova história para a próxima geração. "Todas sabemos o que é viver em uma casa onde 'faculdade' é uma palavra que nem chega a ser mencionada", Guadalupe disse. "Mas, para as integrantes do Millennial Latinas, deixamos claro que ir para a faculdade não é uma opção. É uma necessidade." Guadalupe se tornou um modelo para as integrantes do grupo: além de trabalhar em tempo integral, ela seguiu seu próprio lema e terminou seu curso.

É comum que as pessoas que combatem a injustiça sejam elas mesmas vítimas de injustiça. Elas precisam encontrar esperança e forças para superar a adversidade que enfrentam hoje para trabalhar em busca de melhorias amanhã. Do fim do apartheid até o desenvolvimento de vacinas, algumas das maiores conquistas do mundo tiveram raízes em tragédias pessoais. Ao ajudar as pessoas a lidar com circunstâncias difíceis e a adotar medidas para mudá-las, a resiliência coletiva pode proporcionar mudanças sociais reais.[17]

Algumas dificuldades são resultado de séculos de discriminação — o acúmulo regular de injustiças que ameaça destruir mesmo o mais resiliente de nós. Outras nos atingem de maneira inesperada. Quando a violência repentina ataca, pode abalar nossa fé na humanidade. Nesses momentos, é difícil manter a esperança. Em vez disso, e de maneira justificável, ficamos cheios de raiva, frustração e medo. Foi por isso que fiquei fascinada ao ler um post escrito pelo jornalista Antoine Leiris, cuja esposa Hélène foi morta em um ataque terrorista em Paris em 2015. Apenas dois dias depois ele escreveu: "Na noite de sexta, você roubou a vida de um ser excepcional, o amor da minha vida, a mãe do meu filho, mas não vai ter o meu ódio [...] Não vou dar a você esse prazer".[18] Ele fez uma promessa de vencer o sentimento ao não permitir que afetasse seu filho de um ano e cinco meses. "Vamos brincar como fazemos todos os dias, e durante toda a sua vida este menininho vai desafiar você sendo feliz e livre. Porque você tampouco vai ter o ódio dele."

Quando comecei a ler o texto de Antoine no Facebook, senti muita pena. Mas, quando terminei, fui tomada por um formigamento no peito e um aperto na garganta. Adam me disse que existe um termo para isso (psicólogos nomeiam tudo). "Elevação moral"[19] descreve o sentimento de ser transformado por um ato de bondade incomum. Isso faz surgir o que Abraham Lincoln chamou de "melhores anjos de nossa natureza".[20] Mesmo em face da atrocidade, a elevação nos leva a observar nossas semelhanças em vez de nossas diferenças.[21] Vemos o potencial dos outros para o bem e passamos a ter esperança de que podemos sobreviver e reconstruir. Ficamos inspirados a expressar piedade e a combater a injustiça. Como disse Martin Luther King Jr.: "Não deixe que homem algum rebaixe você a ponto de fazer com que o odeie".[22]

No mês seguinte à morte de Dave, um supremacista branco atirou em um pastor e em oito membros de sua paróquia durante o estudo bíblico que eles faziam às quartas-feiras na Igreja Episcopal Metodista Africana Emanuel em Charleston,[23] na Carolina do Sul. Eu estava lutando com minha própria perda, e ver uma violência sem sentido como aquela me fez mergulhar no mais profundo desespero.

Então fiquei sabendo da resposta da congregação. Naquela semana, parentes das vítimas foram ao tribunal para falar com o atirador que havia matado as pessoas que amavam. Um a um eles rejeitaram seu ódio. "Você me tirou algo muito precioso", disse Nadine Collier, cuja mãe fora assassinada. "Nunca mais vou falar com ela. Nunca mais vou poder abraçá-la, mas perdoo você, tenho piedade pela sua alma [...] Você me feriu. Feriu muita gente. Se Deus perdoa você, eu também perdoo." Em vez de ser consumidos pelo ódio, eles optaram pelo perdão, o que permitiu que se reunissem e se opusessem ao racismo e à violência. Quatro dias depois do tiroteio, as portas da igreja se abriram para o culto dominical regular. Cinco dias depois, o presidente Barack

Obama falou no funeral do reverendo Clementa C. Pinckney e liderou a congregação no canto de "Amazing Grace".[24]

"Mãe Emanuel", como a igreja é conhecida, é a mais antiga igreja episcopal metodista africana no sul dos Estados Unidos. Suas congregações resistiram a leis que proibiam a adoração por parte dos negros, a uma turba branca queimando a igreja e a um terremoto. Depois de cada tragédia, eles se reuniram para reconstruí-la, às vezes literalmente, às vezes emocionalmente. Como disse o reverendo Joseph Darby, decano de um distrito vizinho: "O fato de oferecerem sua misericórdia tem raízes em um mecanismo duradouro de lidar com o mundo transmitido por pessoas que em muitas situações tinham como única opção perdoar e seguir em frente, deixando ao mesmo tempo a porta aberta para que se fizesse justiça. Isso faz com que você não pense na vingança pura e simples. O perdão liberta sua mente para que você vá atrás da justiça".

No domingo seguinte ao massacre de 2015, os sinos das igrejas de toda a cidade tocaram às dez da manhã por nove minutos — um minuto para cada vítima. "O que nos une é mais forte do que aquilo que nos divide",[25] afirmou Jermaine Watkins, pastor de uma igreja local. "Ao ódio dizemos: 'De jeito nenhum, hoje não'. À reconciliação dizemos sim. À perda da esperança, dizemos: 'De jeito nenhum, hoje não'. A uma guerra racial, dizemos: 'De jeito nenhum, hoje não' [...] Charleston, unidos, dizemos: 'De jeito nenhum, hoje não'." À medida que a comunidade começou a se reerguer, igrejas locais passaram a promover conferências sobre como prevenir a violência. Depois de o FBI ter chegado à conclusão de que uma falha no sistema havia permitido que o atirador comprasse a arma, famílias que tinham sido afetadas pela violência armada somaram forças com igrejas e líderes políticos para defender uma verificação mais rigorosa dos antecedentes de quem compra armas.

Ativismo social não era algo novo em Charleston. Anos antes do massacre, líderes religiosos criaram o Ministério da Justiça da Região de Charleston[26] — uma rede de 27 congregações de base religiosa, incluindo igrejas, sinagogas e uma mesquita. "Charleston não tinha uma tradição de instituições religiosas trabalharem juntas", refletiu o reverendo Darby. "Mas o acaso nos favoreceu. Todas as pessoas que normalmente diriam 'Isso não vai dar certo' se sentaram à mesa." Desde então, todos os anos o ministério escolhe um problema para tratar, propõe soluções e fala sobre isso em uma grande assembleia em que milhares de cidadãos se unem a líderes políticos e religiosos. Uma das primeiras conquistas do Ministério da Justiça foi convencer a Secretaria de Educação a ampliar o número de vagas nos primeiros anos da educação infantil. Depois fez pressão, com sucesso, para reduzir o encarceramento juvenil e as suspensões escolares. Ele já ajudava comunidades de baixa renda, mas, depois do massacre, seu foco passou a ser a discriminação racial. "Antes, não se falava sobre raça", o reverendo Darby disse. "Mas, depois da tragédia, foi como se uma lâmpada tivesse se acendido na cabeça deles. Todos perceberam que era necessário enfrentar a questão, fundamental para os desafios que a comunidade estava enfrentando."

Podemos trabalhar para prevenir a violência e o racismo, mas muitas formas de adversidade não podem ser evitadas. Perda. Ferimentos acidentais. Desastres naturais. Somente em 2010, houve cerca de quatrocentos desastres naturais no mundo que mataram cerca de 300 mil pessoas e afetaram milhões.[27] Algumas das reações a esses desastres nos mostram que esperança, experiências e narrativas compartilhadas podem ser a fagulha que faz surgir a resiliência coletiva. Mas para que o fogo seja duradouro precisamos de poder compartilhado, ou seja, dos recursos e da autoridade para moldar nosso próprio destino.

Comunidades resilientes têm laços sociais fortes[28] — vínculos interpessoais, pontes entre grupos, ligações com líderes locais. Observei a importância disso quando trabalhei para o Banco Mundial, na erradicação da hanseníase na Índia, há décadas. Em função do estigma histórico, é comum que pessoas que sofrem com a doença não busquem tratamento, o que permite que ela progrida e contamine outros. Ao visitar aldeias para identificar contaminados, os agentes de saúde eram repelidos; os moradores não confiavam em forasteiros, e as mulheres especialmente ficavam relutantes em mostrar marcas na pele para desconhecidos. Os agentes de saúde precisavam encontrar outra abordagem. Eles convenceram os líderes das aldeias a gerir por conta própria programas de detecção precoce da doença. Esses líderes faziam reuniões com a comunidade e recrutavam ONGs e cidadãos para montar peças de teatro em que se mostrava que quem tivesse sintomas iniciais receberia tratamento e atenção, em vez de ser banido.

Esse trabalho me tornou muito consciente de que mesmo os mais heroicos exemplos de resiliência individual podem ser inadequados diante da pobreza e de doenças. Quando as pessoas com hanseníase eram expulsas de suas aldeias, não havia resiliência individual o suficiente que pudesse ajudá-las. Foi só depois de a comunidade passar a tratá-las que elas puderam se recuperar e sobreviver.

Dar poder às comunidades aumenta a resiliência coletiva. Depois do genocídio de 1994 que matou centenas de milhares de civis em Ruanda, psicólogos foram a campos de refugiados na Tanzânia para oferecer tratamento de saúde mental.[29] Eles descobriram que isso era menos eficaz do que fortalecer a capacidade da comunidade de apoiar grupos vulneráveis. Os campos com maior resiliência foram organizados como aldeias, com conselhos e espaços para que as pessoas se encontrassem, como campos de futebol, áreas de entretenimento e locais de adoração.[30] Em vez de ter pessoas de fora como autoridade, eles governavam de acordo com suas tradições culturais. A auto-organização ajudou a criar ordem e a aumentar o poder compartilhado.

Outras vezes, a resiliência coletiva é necessária para combater tradições culturais injustas. Na China, mulheres solteiras com mais de 27 anos são estigmatizadas como *sheng nu*, ou "sobras".[31] Elas enfrentam uma grande pressão das famílias para casar, originada da crença disseminada de que, independentemente da educação e das conquistas profissionais, não são "absolutamente nada até casar".[32] Uma professora de economia de 36 anos foi rejeitada por quinze homens por ter educação superior; o pai dela proibiu a irmã mais nova de ir para a faculdade. Mais de 80 mil mulheres entraram para Lean In Circles na China, e elas estão trabalhando juntas para construir poder compartilhado.[33] Um dos círculos criou *Os monólogos das sobras*, uma peça em que quinze mulheres e três homens rejeitam o termo e protestam contra a homofobia e estupros ocorridos durante o namoro.

Poucos meses depois de Dave morrer, eu me encontrei com vinte membros de círculos em várias partes da China. Em um esforço para participar da maior quantidade possível de compromissos, viajei para

Beijing para falar na aula inaugural da faculdade de Administração da Universidade Tsinghua, e levei meus pais e meus filhos comigo. Era a primeira vez que falava em público desde a viuvez e ainda estava confusa. Mas passar algum tempo com aquelas mulheres corajosas pouco antes da palestra melhorou meu ânimo. Eu tinha encontrado o mesmo grupo dois anos antes e estava ansiosa para saber que progressos tinha feito. As mulheres falaram sobre a compaixão que sentiam umas pelas outras e por si mesmas. Falaram sobre mudanças de carreira e o modo como insistiam com seus pais que iam encontrar um companheiro na hora que elas mesmas determinassem. E falaram sobre as medidas que estavam tomando juntas e que jamais teriam ousado tomar sozinhas. Senti aquele formigamento no peito e o aperto na garganta. Era o melhor lembrete possível de que ser parte de uma comunidade pode nos dar a força que às vezes não conseguimos reunir sozinhos.

Encontramos nossa própria humanidade — nosso desejo de viver e nossa capacidade de amar — em nossas conexões com os outros. Assim como indivíduos podem descobrir formas de crescer e de se tornar mais fortes depois de traumas, o mesmo pode acontecer com grupos. Você nunca sabe quando sua comunidade vai precisar usar essa força, mas pode ter certeza de que vai acontecer.

Quando o avião caiu nos Andes, os jogadores de rúgbi já tinham construído solidariedade e confiança. Desde o início procuraram o capitão do time em busca de orientações. Quando ele morreu, mantiveram a confiança uns nos outros. "Todos temos nossos Andes", Nando Parrado escreveu muito tempo depois da expedição que levou ao seu resgate. Roberto Canessa acrescentou: "Uma das coisas que foram destruídas quando o avião caiu foi nossa ligação com a sociedade. Mas nossos laços com os outros membros do grupo ficaram mais fortes a cada dia".

# 9. Errar e aprender no trabalho

Em um ano desesperador, um dos raros pontos altos para mim foi ver um bando de homens-feitos chorar. Mulheres choraram também, mas com isso eu estava mais acostumada.

Em abril de 2016, eu estava perto de cruzar a linha de chegada do Ano das Primeiras Vezes com três terríveis marcos ainda pela frente. O primeiro aniversário do meu filho sem o pai. Meu primeiro aniversário de casamento sem meu marido. E uma nova data nada bem-vinda: o primeiro aniversário da morte de Dave.

Houve tantas "primeiras vezes" deprimentes que eu queria encontrar uma "primeira vez" positiva para meus filhos, por isso os levei para Los Angeles para visitar a sede da SpaceX. Depois de fracassar em quatro tentativas anteriores, a SpaceX estava tentando pousar um foguete no mar. O convite para que fôssemos até lá veio de Elon Musk, o CEO da empresa. Na primeira vez que meu caminho cruzou com o dele depois que Dave morreu, ele me disse o quanto lamentava e acrescentou: "Sei como é difícil". Em 2002, o primeiro filho de Elon morreu de repente aos dois meses e meio. Não dissemos muito mais e ficamos sentados juntos, unidos pela dor.

No dia do lançamento, meus filhos e eu estávamos de pé com uma multidão de funcionários da SpaceX no saguão da empresa. A contagem regressiva começou em uma grande tela à nossa frente, e o foguete decolou na hora programada. Todos vibraram. As asas se abriram como planejado. Mais vibração. Toda vez que havia um êxito visível, os funcionários da SpaceX cumprimentavam a equipe que tinha trabalhado naquele componente e todos comemoravam.

À medida que o foguete se aproximava do navio não tripulado para a tentativa de pouso no oceano, a tensão na sala aumentava. A vibração cessou e a multidão ficou muito quieta. Meu coração estava acelerado e meus filhos apertaram minha mão, nervosos. Minha filha sussurrou para mim: "Espero que não exploda". Fiz que sim com a cabeça, quase sem conseguir falar. Enquanto o foguete descia, três das pernas entraram em posição, mas uma ficou presa, causando um desvio na rota. A sala inteira se inclinou para um lado como se tentando corrigir a posição. Então o foguete se inclinou para trás e pousou em segurança. A sala entrou em erupção, como num show de rock. A equipe de apoio, os técnicos e os engenheiros gritavam, se abraçavam e choravam. Meus filhos e eu choramos também. Me arrepio só de lembrar.

Há poucos anos, dois pesquisadores de gestão ficaram curiosos sobre quais fatores previam se um voo espacial teria êxito.[1] Voltando a 1957 e ao Sputnik I, eles estudaram todos os lançamentos feitos ao redor do planeta por quase cinco décadas em trinta organizações — a maioria governamentais, mas também de algumas empresas privadas. Você pode achar que as melhores chances de êxito vêm depois de sucessos, mas os dados de mais de mil lançamentos mostram o exato oposto. Quanto mais vezes um governo ou uma empresa tinham fracassado, maior era a probabilidade de que colocassem um foguete em órbita na próxima tentativa. Além disso, as chances de êxito aumentavam mais depois de um foguete explodir do que depois de um fracasso de menores proporções. Não só aprendemos mais com o fracasso do que com o sucesso como aprendemos mais com grandes fracassos, porque os analisamos mais de perto.

Muito antes do pouso na água, na primeira vez em que a SpaceX tentou um lançamento, o motor se incendiou 33 segundos depois da ignição e o foguete foi destruído. Elon perguntou quais eram os dez maiores riscos antes do lançamento, e o problema que causou o fracasso era o de número onze. *Dica: sempre pergunte quais são os onze maiores riscos*. O segundo lançamento fracassou por um motivo relativamente menor. O terceiro teria sido bem-sucedido se não fosse um pequeno problema de software. "Basicamente presumi que teríamos dinheiro para três tentativas", Elon refletiu. "Depois do terceiro fracasso, fiquei arrasado." Quando meus filhos e eu testemunhamos o sucesso do pouso na água, o momento foi ainda mais significativo porque o triunfo viera depois de tantas decepções.

Assim como as pessoas precisam de resiliência, o mesmo acontece com as organizações.[2] Vemos isso naquelas que seguiram em frente depois de perder centenas de funcionários no Onze de Setembro.[3] Vemos isso naquelas que se recuperam depois de crises financeiras e nas organizações sem fins lucrativos que se reergueram depois de perder doadores. Vi isso na empresa que Dave comandava, a SurveyMonkey, quando os funcionários, em meio ao luto, se reagruparam em torno da hashtag #makedaveproud [#deixedaveorgulhoso]. Quando fracassos, erros e tragédias acontecem, as organizações fazem escolhas que afetam a velocidade e a força de sua recuperação — e muitas vezes determinam se entram em colapso ou se dão a volta por cima.

Para sermos resilientes depois de fracassos, precisamos aprender com eles. Na maior parte do tempo, sabemos disso, mas não fazemos. Somos inseguros demais para admitir erros para nós mesmos ou orgulhosos demais para admiti-los para os outros. Em vez de nos abrirmos, ficamos na defensiva e nos fechamos. Uma organização resiliente ajuda as pessoas a superar essas reações criando uma cultura que incentiva a reconhecer os erros e os arrependimentos.

Recentemente, um quadro-negro foi colocado no meio da cidade de Nova York, e pedia aos transeuntes que escrevessem seus maiores arrependimentos.[4]

Das centenas de respostas, a maior parte tinha algo em comum: a maioria dos arrependimentos era relacionada à ausência de uma ação, e não a uma ação que fracassara. Psicólogos descobriram que ao longo do tempo normalmente nos arrependemos das chances que deixamos de aproveitar, e não dos riscos que corremos.[5] Como minha mãe sempre dizia quando eu era mais nova: "Você se arrepende das coisas que deixou de fazer, não das que fez".

*Escreva seu maior arrependimento. Entre as respostas: Não manter contato/ Não ter feito faculdade/ Não ter sido um amigo melhor/ Não ter ido para Montana/ Ter transado com meu melhor amigo/ Não confiar nos meus instintos.*

No Facebook, reconhecemos que para incentivar as pessoas a assumir riscos precisamos compreender os erros e aprender com eles. Quando entrei para a empresa, tínhamos pôsteres nas paredes que diziam "Ande rápido e quebre as coisas", e era isso mesmo que queríamos dizer. Em 2008, um estagiário chamado Ben Maurer estava tentando impedir que nosso site entrasse em colapso. Esperando resolver o problema, ele isolou a falha por conta própria e derrubou o Facebook por trinta minutos. Uma interrupção é um dos maiores desastres que uma empresa pode enfrentar no Vale do Silício, mas, em vez de criticar Ben, nosso principal engenheiro anunciou que devíamos isolar falhas com maior frequência — embora de preferência sem derrubar o site. Ele batizou a prática de "Teste do Ben" e o contratou para trabalhar em período integral.

O Facebook é uma empresa relativamente jovem, então todos os anos nossa equipe de gestão visita uma organização de sucesso duradouro. Fomos à Pixar, à Samsung, à Procter & Gamble, ao Walmart e à base dos Fuzileiros Navais em Quantico. Nesta última, passamos por treinamento básico. Para ter uma amostra da experiência, corremos à noite com nosso equipamento enquanto oficiais gritavam conosco. Os gritos continuaram enquanto desempenhávamos tarefas menores, como arrumar a cama e abrir e fechar uma torneira com precisão militar. No dia seguinte, em equipes de quatro, tivemos que passar sacos pesados por cima de um muro sem deixar que caíssem. Isso foi difícil para o pessoal da área de tecnologia, mais acostumado a carregar documentos digitais do que peso; bem poucas equipes completaram as tarefas. Não fiquei surpresa em fracassar nos desafios físicos. O que não esperava era fracassar em *fechar uma torneira*.

Antes de Quantico, eu nunca tinha feito uma avaliação completa depois de um desempenho obviamente desastroso. Quando as coisas iam mal no trabalho, era importante para mim que as pessoas responsáveis pelo erro admitissem seu envolvimento. Mas, depois de terem feito isso, continuar sentados juntos para discutir em detalhes excruciantes como e por que o erro tinha sido cometido parecia uma insistência cruel na crítica. Também me preocupava que esse nível de escrutínio pudesse desencorajar as pessoas a correr riscos. Fiquei surpresa ao saber que depois de cada missão — e até mesmo depois de cada sessão de treinamento — os fuzileiros navais fazem avaliações formais. Eles registram as lições aprendidas em um repositório para que todos possam acessá-las.

Eles me ensinaram a importância de criar uma cultura em que o erro é visto como uma oportunidade de aprendizado. Quando realizadas de maneira insensível, as avaliações se assemelham a um flagelo público, mas, quando são esperadas e solicitadas, deixam de parecer pessoais. Em hospitais, onde decisões implicam vida e morte, profissionais de saúde fazem conferências de morbidade e mortalidade.[6] O objetivo é revisar casos de pacientes em que algo deu muito errado e entender como prevenir problemas semelhantes no futuro. Os erros podem variar de uma complicação durante uma cirurgia a uma dose incorreta de um remédio ou um diagnóstico errado. As discussões são confidenciais e há indícios de que isso pode levar a uma melhoria no tratamento dos pacientes.

Quando é seguro falar sobre erros, as pessoas têm uma propensão maior de relatá-los e uma probabilidade menor de cometê-los.[7] No entanto, a cultura típica no trabalho é exibir sucessos e esconder fracassos. Veja qualquer currículo: nunca vi um com uma seção chamada "coisas que faço mal". A cientista Melanie Stefan escreveu um artigo desafiando seus colegas a ser mais honestos em seus currículos.[8] O professor Johannes Haushofer de Princeton aceitou o desafio e postou seu currículo de fracassos — uma lista de duas páginas que relatava as vezes em que foi rejeitado em cursos, em entrevistas de emprego, revistas acadêmicas, programas e bolsas. Mais tarde ele disse: "Esse maldito currículo de fracassos recebeu mais atenção do que todo o meu trabalho acadêmico somado".

Não é fácil convencer as pessoas a ser mais abertas sobre seus fracassos. Kim Malone Scott, que trabalhou comigo no Google, costumava levar um macaco de pelúcia chamado Whoops às reuniões semanais com sua equipe. Ela pedia aos colegas que contassem os erros da semana e eles votavam na maior mancada. O "vencedor" ficava com o macaco de pelúcia na mesa, onde todos podiam vê-lo até a semana seguinte, quando outra pessoa recebia a honraria. Nada poderia funcionar melhor como um lembrete para se esforçar e discutir abertamente os erros. É provável que o único membro da equipe que não se sentisse bem com o exercício fosse o Whoops, que nunca deixava de ser o símbolo da imperfeição.

Trabalhar com empresas pequenas no Facebook me mostrou que resiliência é algo necessário em organizações de todos os tamanhos. Damon Redd criou a loja de roupas para atividades ao ar livre Kind Design[9] no porão de sua casa no Colorado. Quando uma enchente a inundou, ele perdeu os moldes, computadores e milhares de peças. Damon não estava em uma área de risco de enchentes, por isso não tinha seguro. Em um esforço criativo para salvar as luvas danificadas, ele as lavou com jatos de alta pressão, esperou que secasse e vendeu como "luvas de enchente". Ele escreveu nas redes sociais sobre como as luvas e outros produtos como chapéus, camisetas e moletons com capuz que tinham sobrevivido simbolizavam a durabilidade das pessoas do Colorado e de sua marca. Seus posts viralizaram e ele fez vendas nos cinquenta estados americanos, salvando a empresa.

Equipes que focam em aprender com o erro têm desempenho melhor do que as outras, mas nem todo mundo trabalha em uma organização que pensa no longo prazo.[10] Quando esse não é o caso, podemos tentar encontrar nossos próprios modos de aprender. Na faculdade, Adam morria de medo de falar em público. Depois da primeira entrevista para uma vaga de professor, disseram que ele nunca poderia entrar numa sala de aula porque não conseguiria exigir respeito dos alunos mais difíceis. Não há como ensinar um professor a lecionar, por isso Adam se voluntariou para dar palestras para praticar e melhorar seu desempenho. Eram plateias difíceis: em vez de ter um semestre inteiro para construir relacionamentos, ele tinha apenas uma hora para conquistar os alunos. Ao fim de cada uma, Adam entregava formulários de avaliação de desempenho, perguntando como poderia conseguir maior participação e ser mais eficiente. Os comentários não eram divertidos de ler. Alguns alunos relatavam que Adam parecia nervoso a ponto de fazer com que *eles* tremessem em suas cadeiras.

Depois dessas palestras em que ficava encharcado de suor, Adam começou a dar suas próprias aulas. Poucas semanas depois do início do curso, pediu aos alunos que fizessem uma avaliação anônima. Então tomou uma atitude que vários colegas consideraram insana: mandou todos os comentários para a turma toda. Outro professor avisou que fazer aquilo era botar mais lenha na fogueira. Mas uma colega de Adam, Sue Ashford, tinha ensinado a ele que receber avaliações e agir a partir delas era o melhor modo de atingir todo o seu potencial. Os estudos de Sue mostravam que, embora pedir elogios faça mal à sua reputação, pedir críticas sinaliza que você se preocupa em melhorar.[11]

Adam começou a aula seguinte com uma análise dos principais temas dos comentários. A seguir, mostrou como ia reagir à avaliação, por exemplo contando mais histórias pessoais para dar vida aos conceitos. Os alunos puderam moldar seu próprio aprendizado e a cultura da classe mudou, de modo que agora era Adam quem estava aprendendo com eles. Poucos anos depois, Adam se tornou o professor mais bem avaliado de Wharton.[12] Ele continua pedindo que os alunos o avaliem todo semestre, depois divulga seus comentários e faz mudanças no modo como dá aulas.

Todos temos pontos cegos — fraquezas que os outros veem, mas que nós mesmos não percebemos. Às vezes estamos em negação. Outras vezes simplesmente não sabemos o que estamos fazendo de errado. As pessoas que mais me ensinaram em minha carreira são as que apontaram o que eu não via. No Google, minha colega Joan Braddi explicou que eu não era convincente como podia ser nas reuniões porque começava a falar cedo demais. Ela disse que, se eu fosse mais paciente e deixasse os outros expressarem seu ponto de vista antes, podia tornar meus argumentos melhores ao falar sobre aquilo que os preocupava. David Fischer, que gerencia nossas equipes globais no Facebook, muitas vezes me lembra de que preciso diminuir o ritmo e ouvir mais.

Às vezes é difícil receber feedback. Cerca de quatro meses depois de perder Dave, Chamath Palihapitiya, companheiro dele de pôquer que trabalhou comigo no Facebook, me ligou. Chamath disse que ia passar em casa para me levar para passear. Coloquei minha coleira e fiquei andando de um lado para o outro em frente à porta. (Tá, não foi bem assim, mas o convite me deixou animada.) Eu esperava que Chamath tivesse ido até lá para saber como estávamos indo, mas ele me surpreendeu dizendo que queria ter certeza de que eu continuava dando o melhor de mim no trabalho. Fiquei chocada e visivelmente com um pouco de raiva. "Você quer que eu faça mais? Está brincando?" Expliquei que aquilo era tudo o que eu conseguia fazer para viver um dia depois do outro sem fazer muita bobagem. Chamath disse que eu podia gritar quanto eu quisesse, mas que sempre ia estar lá para me lembrar de estabelecer metas ambiciosas. Ele me aconselhou, como só Chamath podia fazer, "a entrar na p**** dos eixos de novo". Desafiar alguém desse jeito é um tiro que pode facilmente sair pela culatra, mas ele me conhecia bem o suficiente para saber que o incentivo ríspido ia servir como um voto de confiança e me lembrar de que eu podia fracassar por não tentar. Chamath também me inspirou a escrever o único parágrafo deste livro que tem um palavrão.

Um dos melhores jeitos de nos ver com clareza é pedir que os outros segurem um espelho diante de nós. "Atletas de ponta e cantores têm técnicos",[13] reflete o cirurgião e escritor Atul Gawande. "Será que você deveria ter um?" No basquete, Gregg Popovich levou o San Antonio Spurs a cinco títulos da NBA. Depois de perder nas finais um ano, ele sentou com o time para rever cada jogada das partidas anteriores e descobrir o que tinham feito de errado. "A medida de quem somos é o modo como reagimos a algo que não sai do nosso jeito",[14] ele disse. "Sempre existem coisas que você pode fazer melhor. É um jogo de erros."

Times estão reconhecendo a importância de buscar jogadores que consigam aprender com o erro. Em 2016, os Chicago Cubs venceram a World Series depois de 108 anos. O gerente-geral Theo Epstein explicou o motivo: "Sempre passamos mais da metade do tempo falando mais da pessoa do que do jogador [...] Pedíamos aos nossos olheiros que dessem três exemplos detalhados de como esses jovens enfrentavam a adversidade em campo e como reagiam a ela, e três exemplos de como reagiam à adversidade na vida. Porque o beisebol se constrói em cima de falhas. É comum dizer que mesmo o melhor rebatedor erra sete vezes em cada dez".[15]

Nos esportes, aceitar sugestões de um técnico é o que dá sentido ao treinamento. Adam diz que a origem de sua abertura à avaliação tem raízes na época em que foi membro da equipe júnior de mergulho dos Estados Unidos. A crítica é o único meio de melhorar. Quando chegou a hora de entrar em sala de aula, ele deixou a sunga de lado, mas manteve a estratégia, transformando os alunos em técnicos.

É mais fácil aceitar o feedback quando você não o transforma em algo pessoal. Estar aberto a críticas significa que vai receber ainda mais feedback, o que faz você melhorar. Um modo de diminuir o incômodo é avaliar como você lida com os comentários. "Depois de cada contagem baixa que recebe", aconselham os professores de direito Doug Stone e Sheila Heen, você deve se dar "a si mesmo uma 'segunda contagem' baseada em como você lidou com a primeira contagem. [...] Mesmo que você leve um zero pela situação, ainda pode ganhar um dez pela maneira como lida com ela."[16]

A capacidade de receber feedback é um sinal de resiliência, e algumas pessoas que fazem isso melhor adquiriram essa capacidade da maneira mais difícil possível. Conheci Byron Auguste quando trabalhei para a McKinsey e fomos designados para trabalhar no mesmo projeto. Primeiro diretor afro-americano da história da empresa, Byron tinha uma calma que permitia que ele visse o feedback como "puramente antropológico", nas palavras dele. Mais tarde, Byron me disse que a atitude vem em parte de um trauma que sofreu na adolescência. Quando tinha quinze anos, estava indo a pé jantar com seu primo, o irmão menor e o pai perto da casa deles em Phoenix. Do nada, um motorista bêbado acertou o grupo, quebrando suas duas pernas. Quando ele acordou no hospital, a mãe contou que seu pai estava em coma e que o irmão de dez anos tinha morrido.

Depois disso, Byron prometeu nunca ser um problema para os pais em luto. Ele sempre se destacou nos estudos e concluiu um doutorado em economia. O principal fator que o ajudou a ter resiliência foi aprender a não deixar que uma coisa contaminasse as outras. "Compartimentar de modo extremo pode ser meu maior superpoder", ele disse, rindo. Se um projeto não sai do jeito que queria, Byron lembra que as coisas podiam ser bem piores. "Digo para mim mesmo e para os outros o tempo todo: 'Alguém vai morrer?'. Isso é o pior. Então não tenho medo de errar."

Byron me mostrou que construir equipes e organizações resilientes exige comunicação franca e honesta. Quando uma empresa fracassa, normalmente é por motivos que todo mundo sabe, mas ninguém expressou. Quando alguém não está tomando boas decisões, poucas pessoas têm a coragem de dizer isso para essa pessoa, especialmente quando se trata do chefe.

Um dos meus pôsteres favoritos nas paredes do nosso escritório diz: "Nada no Facebook é problema de outra pessoa". Em uma reunião com toda a empresa, pedi a quem tivesse dificuldade de trabalhar com um colega — o que, claro, queria dizer todo mundo — que falasse de maneira mais honesta com a pessoa. Criei uma meta de que todos teríamos pelo menos uma conversa difícil por mês. Para ajudar, lembrei a todos que o feedback deve sempre ser uma via de mão dupla. Falei sobre como uma única frase pode tornar as pessoas mais abertas a um retorno negativo.[17] "Estou fazendo esses comentários porque tenho expectativas muito altas e sei que podem atingi-las."

Agora, quando visito nossas sedes ao redor do mundo, pergunto a cada equipe quem teve pelo menos uma conversa difícil no mês anterior. No início, pouquíssima gente erguia a mão. (E convenhamos: quando estou diante dos meus colegas, a tendência é mais de exagerar esses casos do que de diminuir seu número.) À medida que persisti, vi cada vez mais mãos se erguerem e nossos líderes adotaram medidas corajosas para fazer com que a abertura ao feedback seja parte de nossa cultura. Carolyn Everson, que comanda nossa equipe de vendas global, divulga suas avaliações de desempenho em um grupo interno do Facebook que conta com 2,4 mil membros. Ela quer que toda a sua equipe veja como está trabalhando para melhorar.

Com meu Ano das Primeiras Vezes chegando ao fim, comecei a pensar em mais uma conversa difícil — e bem importante. Todos os anos, organizo um dia de liderança feminina no Facebook. No ano anterior, eu tinha contado histórias sobre meus medos e fracassos, tanto profissionais quanto pessoais. Havia falado sobre os momentos da minha vida em que me sentira realmente insegura de quem eu era. Admitira ter tomado muitas decisões ruins, incluindo me casar e divorciar quando tinha vinte e poucos anos e depois sair com alguns homens errados. Depois falara sobre como acabara tendo uma parceria verdadeira com Dave. Naquele ano, minha conclusão tinha sido: "Acreditar que tudo vai dar certo ajuda a fazer com que tudo dê certo".

Agora eu estava em uma situação bem diferente. Também tinha ficado mais consciente de que havia outras pessoas na sala enfrentando dificuldades. A mãe de uma colega tinha uma doença terminal. Outra pessoa estava passando por um divórcio difícil. E aqueles eram apenas os dois casos que eu conhecia. Tinha certeza de que muitas sofriam em silêncio, como tantas vezes fazemos no trabalho. Decidi me abrir na esperança de que pudesse ajudar outras mulheres com as dificuldades na vida pessoal. Falei sobre os três Ps e sobre como era ter uma tristeza tão profunda. Admiti que não tinha entendido como era difícil ser mãe sem um companheiro ou continuar focada no trabalho quando se tinha dificuldades em casa. Tive receio de não conseguir chegar ao fim do discurso sem chorar... e de fato não consegui. Mesmo assim, no final, tive uma sensação de alívio. Nas semanas seguintes, outras pessoas no trabalho começaram a se abrir. Juntas, mandamos vários elefantes que estavam na sala para fora do prédio.

Uma das mulheres que estavam presente naquele dia era Caryn Marooney. Eu sabia que ela precisava tomar uma decisão importante, já que tínhamos oferecido a ela uma promoção para gerir nossa equipe global de comunicações. Só que seu médico tinha acabado de dizer que ela podia ter câncer de mama. Caryn estava esperando os resultados dos exames, mas já tinha decidido que, se o diagnóstico fosse positivo, não ia aceitar a promoção. "A combinação do medo de fracassar em um novo cargo e da descoberta do câncer seria pesada demais", ela me disse. Caryn não se sentia à vontade para discutir seus problemas médicos no trabalho; ela não queria ser um peso para ninguém ou parecer fraca. Mas, depois que eu me abri sobre meus problemas em frente a milhares de colegas, vislumbrou uma possibilidade.

Na semana seguinte, o médico confirmou que Caryn tinha câncer e que precisaria passar por cirurgia e por um tratamento. Perguntei o que ela queria fazer em relação ao trabalho e garanti que teria nosso total apoio independente da decisão que tomasse. Caryn me disse que conhecer outros pacientes fez com que percebesse a sorte que tinha de ter descoberto a doença num estágio inicial e de trabalhar em uma empresa que oferecia tanta flexibilidade. Ela estava assustada, mas não pretendia abrir mão de um cargo para o qual estava se preparando havia tantos anos. Juntas, traçamos um plano para que ela o aceitasse.

"Tive que abandonar a ideia de ser uma 'líder destemida'", Caryn disse. Na primeira vez em que conversou com as duzentas pessoas de nossa equipe global de comunicações, ela falou abertamente sobre seu diagnóstico. Caryn estava enfrentando radioterapia diária, o que era fisicamente esgotante e fazia com que esquecesse algumas coisas. "Se fosse para imaginar aquele momento, fantasiar como queria que fosse, eu seria forte, inteligente e inspiraria confiança", ela me disse. "Queria ser um exemplo perfeito, agregador. Em vez disso, disse que estava com câncer e que ia precisar do apoio *deles*."

A resposta da equipe a deixou impressionada. Seus colegas se uniram para ajudar — e começaram a contar mais sobre seus próprios desafios pessoais e profissionais. Caryn acredita que essa franqueza os tornou mais eficientes. "Alguém pode achar que falar dos problemas atrapalha o trabalho, mas esconder as coisas consome tempo e energia", ela disse. Ser mais francas em assuntos pessoais levou as pessoas a serem mais francas profissionalmente. A equipe de Caryn costumava debater "lições aprendidas" em duplas, mas a maioria das pessoas não se sentia confortável discutindo erros em grupos maiores. Por fim, todos acabaram aderindo à ideia. "Antes, a gente falava sobre o que tinha dado certo", Caryn disse. "Agora, também falamos sobre o que deu errado."

Ela manteve a força durante o seu Ano das Primeiras Vezes. Liderou a equipe global de comunicações *e* passou pela radioterapia. No primeiro dia de tratamento, dei a ela um colar com as letras "vvc". Caryn ficou confusa, porque suas iniciais são "clm". Expliquei que era um símbolo da minha fé nela e que as letras significavam "Você vai conseguir".

"Agora digo 'vvc' para minha equipe o tempo todo", Caryn comentou. "E eles dizem uns para os outros. vvc. Significa muito."

## 10. Voltar a amar e a rir

Na época do nosso casamento, em 2004, Dave estava trabalhando no Yahoo e eu no Google. Achamos que podíamos lidar com a rivalidade entre as empresas — e entre alguns dos convidados — na brincadeira. Cada um teria um boné, mostrando se estava do lado da noiva ou do noivo. Encomendei os bonés do Google com antecedência e estava gostando bastante deles até que Dave levou um para o escritório do Yahoo e disse: "Façam os nossos serem mais legais". Para deleite da equipe do Yahoo, muitos convidados do Google usaram os bonés deles durante todo o fim de semana.

Amor e risos sempre estiveram ligados para nós, e queríamos que nosso casamento refletisse isso. No almoço com minhas convidadas, dei a elas um boneco chamado Mr. Wonderful. Quando você apertava sua mão, ele falava coisas como "Vamos só ficar abraçadinhos hoje?" ou "Que pena, sua mãe não pode ficar mais uma semana?". Minha frase favorita era: "Você fica com o controle remoto. Desde que esteja comigo, não me importa o que a gente vai ver". No jantar, meu cunhado Marc levou o humor a um patamar totalmente novo, narrando uma apresentação de slides sobre mim e meus namorados anteriores. E sim, a frase "um sujeito com um piercing no mamilo" foi citada.

Nosso casamento aconteceu em um dia bonito e extremamente alegre no Arizona. Pouco antes da cerimônia, Dave e eu nos reunimos em uma sala pequena com nossas famílias e nossos amigos mais próximos para assinar os votos que tínhamos escrito como parte de nosso *ketubá*, o contrato de casamento judaico. Assinei primeiro e depois Dave acrescentou sua assinatura vigorosa e confusa. Saímos para o ar livre, onde tinha sido colocado um tapete em um gramado. A procissão começou, e assim que comecei a andar ouvi Marc à minha frente provocando o garoto de três anos que carregava as alianças: "Ei, Jasper, ouvi dizer que calças são opcionais neste casamento". Minha irmã interrompeu: "Jasper, para de cuspir!". Comecei a andar, ainda rindo daquela conversa, quando uma rajada de vento levantou tanto meu véu que quase caí. Eu me estabilizei, me juntei a Dave, e o rabino começou.

Tradicionalmente, a noiva judia dá sete voltas em torno do noivo. Dave e eu demos sete voltas em torno um do outro, olhos nos olhos. Nossos amigos disseram que a impressão era de que estávamos dançando. Depois, cercados por nossos pais e irmãos, ficamos frente a frente e recitamos os votos que tínhamos escrito juntos:

*Eu te aceito para me pertencer no amor. Prometo te amar deliberadamente todos os dias, sentir sua alegria e sua tristeza como se fossem minhas. Juntos, vamos construir um lar cheio de honra e honestidade, bem-estar e compaixão, aprendizado e amor.*

*Eu te aceito para me pertencer na amizade. Prometo celebrar tudo o que você é e te ajudar a se tornar a pessoa que você deseja ser. Deste dia em diante, seus sonhos são meus sonhos e vou me dedicar a ajudar você a cumprir a promessa da sua vida.*

*Eu te aceito para me pertencer na fé. Acredito que nosso compromisso vai durar a vida inteira e que com você minha alma está completa.*

*Sabendo quem eu sou e quem quero ser, no dia do nosso casamento, eu te dou meu coração para estar eternamente unido ao seu.*

Passamos onze anos vivendo esses votos, circulando um em volta do outro com amor e amizade. Então, de repente, o "eternamente" de Dave acabou. Toda noite, a dolorosa hora de ir para cama incluía ver nossos votos quando eu passava diante do *ketubá* pendurado no quarto perto do armário de Dave. A visão das duas coisas me causava dor, especialmente as roupas dele, que estavam penduradas lá parecendo à espera de que voltasse para casa — assim como eu parecia.

Depois de vários meses, eu continuava prendendo a respiração quando passava por ali e percebi que precisava fazer algo. Não suportaria tirar nosso *ketubá* de lá — ele continua pendurado no mesmo lugar —, então decidi esvaziar o guarda-roupa de Dave. É impossível descrever como detestei a tarefa. Nada prepara alguém para isso. Carole Geithner me aconselhou a pedir ajuda dos meus filhos, e nós três começamos a fazer isso juntos. Rimos — o que me deixou chocada — da pilha de blusas e camisetas cinza quase idênticas de conferências a que Dave e eu tínhamos ido décadas antes. Choramos quando tiramos o moletom dos Vikings que ele adorava. As crianças escolheram as coisas com que queriam ficar, e, quando minha filha abraçou uma das blusas dele, disse o que todos nós estávamos pensando: "As roupas têm o cheiro do papai".

Mais tarde, a mãe de Dave, Paula, e o irmão dele, Rob, me ajudaram a terminar o serviço. Eles tinham feito a mesma coisa com o guarda-roupa do pai de Dave dezesseis anos antes. Nunca haviam imaginado que precisariam fazer o mesmo com ele, e a sensação totalmente surreal nos dominou por completo. Paula mostrou a blusa cinza puída que Dave mais usava e eu desmoronei completamente. Virei para ela e disse: "Não consigo acreditar que você está passando por isso *de novo*. Como consegue ficar bem? Como é que *pode* estar bem?". Ela disse: "Eu não morri. Mel morreu e Dave morreu, mas eu estou viva. E vou viver". Paula me abraçou e disse: "E você também vai viver". Então ela me deixou completamente atônita ao acrescentar: "E não apenas vai viver, como vai se casar de novo um dia, e eu vou estar lá para celebrar com você".

Até então, eu não tinha pensado em encontrar o amor de novo. Meses antes, mencionara para Rob que pretendia tirar a fotografia de uma praia à noite que ficava no meu quarto. Dave e eu a tínhamos escolhido juntos e agora aquela imagem escura parecia muito deprimente. Eu disse que queria colocar uma foto nossa com Dave no lugar. Rob balançou a cabeça. "Este é seu quarto", ele disse. "Nada de fotos do Dave. Você vai seguir em frente com a sua vida."

É fácil dizer que você vai seguir em frente com a sua vida, mas fazer isso não é tão simples. Eu não suportava tirar a aliança, mas toda vez que a via na minha mão esquerda tinha a impressão de estar vivendo em negação. Passei-a para a mão direita para continuar me sentindo ligada a Dave, mas sem fingir que era casada. Se eu não conseguia resolver meus sentimentos nem mesmo por um objeto inanimado, realmente não tinha como pensar na possibilidade de namoro, quanto mais falar sobre o assunto. Parecia uma falta de lealdade, e só me fazia lembrar do quanto queria Dave de volta. Por isso, quando Rob insinuou que um dia poderia haver outra pessoa na minha vida, mudei rápido de assunto.

Por outro lado, nunca quis ficar sozinha. O casamento dos meus pais era muito feliz, e desde a infância quis ter o mesmo. Acho que foi o que me levou a casar muito cedo da primeira vez. Sei que uma sensação mais forte de independência e a confiança de que eu tinha como cuidar de mim mesma teriam ajudado minha vida romântica. Depois do divórcio, tinha um sonho desagradável em que eu acordava procurando alguém que devia estar dormindo ao meu lado, via a cama vazia e percebia que estava sozinha. Continuei sonhando isso quando casei com Dave, mas então eu acordava e o via ao meu lado — ou, o que era mais comum, ouvia o ronco dele — e sentia aquele alívio de "Ah, era só um sonho".

Agora era real. Eu estava sozinha na minha cama. Sozinha quando meus filhos iam brincar com os amigos. Ficar uma hora que fosse em casa sem eles me fazia imaginar o futuro, quando iriam para a faculdade e me deixariam para trás. Eu ia ficar sozinha pelo resto da vida?

Marne me lembrou de que ficar sozinha pode ser uma escolha empoderadora. Em um estudo seminal de quinze anos sobre mudanças no estado civil de mais de 24 mil pessoas, as que se casaram tiveram um aumento médio de felicidade muito pequeno;[1] pessoas solteiras que estavam em 6,7 em uma escala de felicidade que ia de zero a dez podiam subir para 6,8 depois de casar. Essa pequena elevação acontecia perto da época do casamento e normalmente desaparecia depois de um ano. Se um dos participantes perdia o cônjuge e não voltava a se casar, oito anos mais tarde em média a felicidade dele era de 6,55. O que se viu foi que as pessoas que escolhem ficar solteiras ficam muito satisfeitas com sua vida.² "Solteiros são estereotipados, estigmatizados e ignorados", acredita a psicóloga Bella DePaulo, "e mesmo assim vivem felizes para sempre."³ Ela pede que imaginemos um mundo em que as pessoas casadas fossem tratadas como as solteiras são: "Quando você dissesse que é casada, elas inclinariam a cabeça e diriam coisas como 'Puxa' ou 'Não se preocupe, querida, sua vez de se divorciar vai chegar'... No trabalho, os solteiros simplesmente presumiriam que você pode trocar de escala com eles nos feriados e em todos os eventos fora de horário".

Como todo casal, Dave e eu tínhamos momentos em que não estávamos na mesma sintonia, mas sempre tentamos enfrentar a situação com franqueza. Uma coisa que nunca tínhamos discutido era a situação em que eu me encontrava agora. Eu tinha dito para Dave que, caso morresse, queria que ele voltasse a encontrar o amor — desde que não se casasse com uma mulher que fosse virar uma madrasta má e forçar nossos filhos a usar casacos feitos com pele de dálmatas. Dave disse que aquela era uma conversa horrível e nunca mencionou seu desejo. Hoje incentivo meus amigos e parentes a falar sobre seus medos e desejos com seus parceiros.

O amor é o terceiro trilho da dor — um tema carregado de eletricidade a ponto de não se poder tocá-lo. Depois de perder um parceiro, a única coisa mais tensa do que voltar a ser feliz é voltar a amar. A mera ideia de sair com outra pessoa deixa você triste e logo em seguida culpada. Se só o fato de dançar com um amigo de infância pode levar você às lágrimas...

Até quando é cedo demais para voltar a namorar? Ouvi falar de uma mulher na Inglaterra que perdeu o marido e começou a sair com o melhor amigo dele quatro semanas depois. As pessoas ficaram chocadas com a rapidez do início do novo romance. A sogra deixou de falar com ela e muitos amigos fizeram o mesmo. "Podem me culpar se quiserem", ela disse, "mas cada pessoa sente a dor de um jeito, e eu não me arrependo."⁴ Quando você enviúva, as pessoas ficam com pena e querem que sua tristeza acabe. Mas, se começa a namorar, às vezes elas julgam você e pensam que talvez a dor tenha acabado um tantinho antes do que deveria. Um amigo de infância que hoje é rabino me disse que, na religião judaica, o luto pelos pais, por um filho ou irmão é de um ano, mas o luto pelo cônjuge é de apenas trinta dias. "Os rabinos querem que as pessoas sigam com sua vida", ele disse.

Cerca de quatro meses depois de eu ficar viúva, meu irmão David disse que queria conversar comigo sobre algo. "Não sei se tem problema falar disso", ele começou, soando muito mais hesitante do que de costume, "mas acho que você devia começar a pensar em namorar." Como Rob, ele me garantiu que Dave nunca ia querer que eu ficasse sozinha. David acreditava que aquilo ia me distrair e fazer com que eu me sentisse melhor quanto a meu futuro. Ele também disse que, se eu fosse homem, já estaria saindo.

Sem dúvida, depois da morte de um parceiro, homens têm maior probabilidade de voltar a namorar do que mulheres, e fazem isso mais rápido.[5] Entre adultos de meia-idade que perderam um cônjuge, 54% dos homens estavam em um relacionamento romântico um ano depois, contra apenas 7% das mulheres. No Brasil, de cada mil pessoas divorciadas ou viúvas, aproximadamente 32 homens se casam novamente, enquanto apenas 10 mulheres fazem o mesmo.[6] Homens que começam novos relacionamentos são julgados com menos rigor. Espera-se que as mulheres sejam as responsáveis por manter aceso o fogo do amor e, quando a chama se extingue, que elas fiquem de luto por mais tempo. A viúva que chora atende às nossas expectativas. A viúva que dança e namora, não. Essas diferenças refletem uma situação de dois pesos e duas medidas que tem origem em uma série de questões que vão desde as mulheres sentirem mais culpa e ansiedade em relação a novos romances a uma maior aceitação cultural de homens que se casam com mulheres mais jovens e a realidade demográfica de que as mulheres vivem mais tempo do que homens.

Uma questão prática que recai mais sobre as mulheres é a responsabilidade de cuidar dos filhos e dos pais idosos. Uma colega me contou que na família dela há quatro mães solo e nenhuma delas jamais namorou, quanto mais voltou a casar. "Tenho certeza de que há muitos motivos", ela disse. "Mas o que todas elas diriam é que não tinham tempo ou dinheiro para namorar enquanto criavam os filhos." A maior parte delas precisava ter vários empregos para sustentar a família, já que não recebiam pensão. As mulheres certamente queriam voltar a encontrar o amor, mas usavam todas as forças para que os filhos tivessem um teto sobre a cabeça. Elas não tinham como pagar babás e moravam longe da família e dos amigos que podiam ter ajudado. Namorar era um luxo que não podiam bancar.

Viúvas continuam sendo vítimas de um tratamento cruel mundo afora. Em algumas partes da Índia, as viúvas são expulsas pelas próprias famílias e precisam mendigar para sobreviver.[7] Em algumas aldeias da Nigéria, as viúvas são deixadas nuas e forçadas a beber água que foi usada para dar banho nos maridos mortos.[8] A discriminação contra viúvas foi observada por 54% das pessoas na China, 70% na Turquia e 81% na Coreia do Sul.[9] Em muitos países, as viúvas têm dificuldade de obter direito a propriedade.[10]

Como há poucas coisas que me motivam mais do que me dizer que algo é machista, depois que meu irmão falou com franqueza comecei a pensar em namorar. Enquanto ruminava aquilo, um turbilhão de perguntas surgia. Será que iniciar uma nova fase só pioraria as coisas? Será que namorar seria tão apavorante como antes? Comecei a escrever ocasionalmente sobre isso nos meus diários. Quando eu compartilhava os textos com meus amigos mais próximos e com a família — algo que fazia quando isso era mais fácil do que falar sobre meus sentimentos —, cortava essas partes. Sentia-me culpada até mesmo por pensar no assunto e ficava preocupada com a reação deles.

Muitos meses depois, contei para Phil que estava trocando e-mails com um amigo e que aquilo estava começando a parecer um flerte. A reação inicial de Phil confirmou meus temores: "Sou seu amigo", ele disse, "mas era mais próximo de Dave. Não estou pronto para isso". A tia dele, que tinha perdido o marido um ano antes, estava conosco. Mais tarde naquele dia, quando ficaram a sós, Phil disse a ela que achava que tinha "lidado muito bem com uma situação constrangedora". Ela respondeu: "Você foi péssimo".

Phil foi pego de surpresa. No início, defendeu sua posição, explicando para ela: "Eu estava seguindo o código masculino. Estava tentando respeitar Dave, não julgar Sheryl". Mas a tia disse que, mesmo sem intenção de ofender, a resposta dele não fora solidária. Phil voltou à minha casa e pediu desculpas. Também disse que esperava que pudéssemos falar sobre qualquer coisa, inclusive namoro. Nós nos abraçamos e ele disse melancólico: "Acho que nós dois precisamos seguir em frente".

Outras pessoas foram menos tolerantes. Quando a imprensa noticiou que eu estava saindo com alguém, um homem postou que eu era uma "vagabunda horrorosa". Outro ironizou dizendo que eu evidentemente era "uma mulher de classe", porque o amor da minha vida tinha morrido e eu já estava "trocando fluidos com outro cara".

Por sorte, também é possível encontrar compreensão na internet. Li o blog de Abel Keogh sobre sua tentativa de voltar a namorar depois que sua esposa cometeu suicídio.[11] Ele escreveu: "Da primeira vez que fui jantar com outra mulher, a impressão que tive era de que eu estava traindo minha esposa [...] Fiquei cheio de sentimentos de culpa e traição". Depois de seis meses, ele conheceu uma mulher na igreja. No primeiro encontro, contou que era viúvo; ela ficou chateada e não quis sair com ele de novo. O pai dela a incentivou a dar uma segunda chance a Abel. Menos de um ano depois, eles casaram. Agora eles têm sete filhos e Abel escreveu guias de namoro para viúvos. "Sempre vai haver alguém que não entende por que você resolveu voltar a namorar", lamentou. "Eles podem aborrecer você com sua ideia tola de que viúvos não deveriam se apaixonar de novo. Mas essas opiniões não importam. Só importa se você está pronto para voltar a namorar ou não. Você não precisa justificar seus atos."

Pessoas que perderam o cônjuge já sentem bastante tristeza e culpa sem precisar da ajuda de ninguém. O julgamento só torna esses sentimentos ainda piores. É mais bondoso ver o namoro não como uma traição, mas como uma tentativa de acabar com a tristeza e encontrar novamente alguma alegria. Sempre vou ser grata a Paula, Rob e David por terem tocado no assunto. Eles falaram sobre o elefante na sala e depois o acompanharam educadamente até que ele saísse.

No entanto, namorar não apaga minha dor. Todos os que fazem parte do nosso clube entendem isso. Você pode sentir saudades do seu cônjuge e estar com outra pessoa, especialmente se ela for suficientemente segura para deixar que você passe pelo luto e esteja disposta a ajudar no processo. Tomei café da manhã com um amigo três meses depois de ele ter perdido a esposa e disse que ele devia começar a namorar quando achasse que estava pronto, na esperança de dar a ele o mesmo tipo de incentivo gentil que a família de Dave tinha me dado. Quando ele foi a seu primeiro encontro, me mandou um e-mail: "Foi esquisito. E no outro dia eu continuava triste do mesmo jeito. Mas, mesmo tendo sido constrangedor em alguns momentos, pareceu ser um dos primeiros passos adiante que eu dei. Me senti vivo de novo".

Conheci Tracy Robinson no verão passado, quando nossos filhos foram ao mesmo acampamento. Como eu, ela era uma viúva com duas crianças. Por anos, Tracy se sentiu tremendamente solitária sem o marido. Ela se agarrou aos amigos, aproximando-se de uns ao mesmo tempo que outros a decepcionavam. Tracy não estava pensando em namorar, então conheceu Michelle. "Ela é muito bondosa," disse. "Meu amor por ela é muito diferente do amor que sentia por Dan." As duas se casaram no verão passado, cinco anos depois da morte de Dan. Tracy ainda sente a falta dele e diz que casar de novo não mudou isso, mas realmente acha que é preciso aproveitar as oportunidades, porque ela pode acabar num piscar de olhos. "Quase odeio dizer isso, mas nunca fui tão feliz em minha vida", ela disse. "Às vezes você precisa passar por uma coisa terrível para perceber a beleza que existe no mundo."

Imagens dos cérebros de pessoas apaixonadas revelam um estado intoxicante de energia e euforia.[12] Quando nos apaixonamos, ficamos mais confiantes, ganhamos autoestima e expandimos nossa identidade.[13] É comum que adquiramos algumas das qualidades do novo parceiro; apaixonar-se por alguém que é curioso ou calmo pode fazer com que você também se veja um pouco mais dessa maneira.

Namorar trouxe o humor de volta para minha vida. O homem que mencionei para Phil começou a mandar e-mails — primeiro de maneira intermitente e depois com mais frequência —, e em meses e meses de correspondência nunca deixou de me fazer rir. Ele se autodenominava "rei da distração", e realmente era. Ele me ajudou a me concentrar mais no presente e no futuro e a encontrar momentos de alegria.

Se o amor é o terceiro trilho da dor, o riso é algo igualmente carregado de eletricidade. Diante da morte, parece tremendamente inadequado brincar com o que quer que seja. Pior ainda é brincar com a própria morte. Mas frequentemente eu fazia isso — e nesses momentos ficava horrorizada, como se tivesse sido pega colocando *a mão e o braço* em um pote proibido de doces. A primeira piada que me lembro de ter feito foi quando um ex-namorado foi à minha casa depois do funeral. Ele me abraçou e disse o quanto lamentava. "É tudo culpa sua", respondi. "Se você fosse hétero, a gente ia ter casado e nada disso teria acontecido." Nós dois rimos. Depois eu solucei, horrorizada comigo mesma por ter feito a brincadeira.

Poucas semanas depois, minha cunhada Amy e eu estávamos no meu quarto chorando juntas. Então virei os olhos e disse: "Bom, pelo menos não vou mais ter que ver os filmes horríveis de que ele gostava". Ficamos as duas atônitas e em silêncio. Depois começamos a gargalhar, porque Dave realmente tinha um péssimo gosto para filmes — quase tão ruim quanto meu gosto para programas de televisão. Eu ainda fico constrangida quando penso nessas piadas, mas elas afastavam a melancolia opressiva daquele momento. Mais tarde, Rob fez a mesma coisa, dizendo que nunca ia perdoar o irmão por deixá-lo com uma mãe, uma mulher e uma cunhada que ligavam vinte vezes por dia para ele. Era engraçado porque era verdade. E, infelizmente para Rob, ignorei a indireta e continuei ligando tanto quanto antes.

Agora não soluço mais e consigo fazer piadas com Dave com bastante tranquilidade, desde que sejam do mesmo tipo que fazíamos enquanto ele estava vivo. Piadas sobre *a morte dele*, porém, continuam sendo chocantes, mas ajudam a aliviar a tensão. Um dia um amigo que sabia que Dave queria que nosso filho frequentasse uma escola particular ficou surpreso ao saber que está em uma escola pública. Eu disse: "Se Dave queria tanto que nossos filhos fossem para uma escola particular, ele devia ter ficado por aqui para garantir que isso acontecesse". Ele congelou por um instante, mas relaxou quando percebeu que eu estava brincando. Depois tivemos nossa primeira conversa de verdade desde a morte de Dave.

O humor pode nos tornar mais resilientes. Pacientes de cirurgia que assistem a comédias precisam de 25% menos analgésicos.[14] Soldados que fazem piadas lidam melhor com o estresse.[15] Pessoas que riem naturalmente seis meses depois de perder o cônjuge lidam melhor com a situação.[16] Casais que riem juntos têm maior probabilidade de continuar juntos.[17] No nível fisiológico, o humor diminui o ritmo da pulsação e relaxa os músculos.[18] No nível evolutivo, significa que a situação é segura. Rir alivia a tensão ao tornar situações estressantes menos ameaçadoras.

O humor também pode ser uma ferramenta moral para corrigir erros. Quando você pega uma situação péssima e faz graça com ela, pelo menos por um momento mudou o equilíbrio de poder: o desamparado se torna vitorioso e o oprimido tem a última palavra. Mel Brooks disse que tira sarro de Hitler e dos nazistas porque "se você pode ridicularizá-los já está muito à frente deles".[19] Por séculos, os bobos da corte foram as únicas pessoas que podiam falar a verdade para os poderosos e que tinham permissão para desafiar um rei ou uma rainha. Hoje, nos Estados Unidos, são os comediantes dos programas de fim de noite que desempenham esse papel.

Piadas são comuns em funerais porque o humor negro nos ajuda a vencer a tristeza.[20] Antes de escrever *Faça acontecer* comigo, Nell Scovell era roteirista de programas de humor. Ela tem quatro irmãos, e, quando a mãe deles morreu, começou seu discurso no funeral segurando um envelope e dizendo: "Tenho aqui o nome do filho favorito da mamãe". Ao enviuvar, uma das amigas de Nell começou a escrever um diário em que falava dos sentimentos que tinha pelo marido morto e escreveu: "Você é um ouvinte muito melhor que ele". O marido da comediante Janice Messitte morreu subitamente duas semanas depois de casarem. Quando perguntaram como ela o tinha perdido, Janice respondeu: "Eu não o perdi. Eu tenho um ótimo senso de localização. Ele morreu".[21] O humor pode trazer alívio, mesmo que seja por uma fração de segundo.

Tentando seguir em frente, levei o rei da distração ao casamento do meu primo. Foi ótimo ter alguém com quem dançar de novo, mas estar em um casamento da família sem Dave continuava sendo difícil. Fiz cara de indiferente quando a música começou. Uma mulher se aproximou e disse: "Ouvi dizer que está saindo com alguém! Que bom que você está bem!". Outra mulher apertou a mão dele e depois exclamou para mim: "Que bom ver que superou a morte do Dave!". Sei que a intenção delas era boa e que só querem que eu seja feliz, mas não, eu não "superei" a morte do Dave. Nunca vou superar.

Quando casamos, prometemos amar "até que a morte nos separe". Nossas imagens de amor são ativas — amamos estando à disposição de um amigo, cuidando de uma criança, acordando ao lado de alguém —, o que depende das pessoas estarem *vivas*. Uma das coisas mais importantes que aprendi é quão profundamente você pode amar alguém depois que ela morre. Você pode não ter como abraçá-la nem ter como falar com ela, e pode até namorar outra pessoa, mas pode continuar sentindo exatamente o mesmo de antes. O dramaturgo Robert Woodruff Anderson capturou isso com perfeição: "A morte é o fim da vida, mas não de um relacionamento".[22]

No verão passado, jantei com três casais, todos amigos próximos meus que não se conhecem bem entre si. Eles ficaram à mesa contando as histórias de como se conheceram, o marido e a mulher intercalando os apartes engraçados de um número bem ensaiado. Quando a conversa começou, senti um frio na barriga. À medida que a conversa avançava, essa sensação foi ficando cada vez maior. *Elefante, nunca achei que fosse sentir sua falta.* De início, achei que estava triste porque era insensível da parte dos meus amigos contar suas histórias românticas comigo sentada ali ao lado deles. Tinham se passado quinze meses e três dias desde a morte de Dave, e aquilo já não era algo que estava em primeiro plano na cabeça da maior parte das pessoas. O mundo tinha ido em frente. Fui para casa cedo aquela noite, dizendo que não estava me sentindo bem.

Na manhã seguinte, acordei ainda mais chateada — não com meus amigos, que não queriam me magoar, mas com a percepção de que ninguém ia mais me perguntar como Dave e eu tínhamos nos conhecido. Os casais foram contando suas histórias à mesa, mas me pularam. Agora que Dave não estava mais ali, nossa história fofinha não era mais fofinha. Perguntar a alguém como tinha conhecido o marido morto parece cruel, por isso ninguém toca no assunto. Mas para a viúva ou para o viúvo não perguntar significa não poder mais lembrar aqueles primeiros dias de romance. Telefonei para Tracy Robinson e concordamos que dali em diante íamos perguntar aos membros do nosso clube como eles tinham conhecido o marido ou a mulher e dar a eles uma chance de lembrar a empolgação do primeiro encontro.

Enquanto Adam e eu estudávamos a resiliência em casa e no trabalho, pensamos em como aplicar essas lições a relacionamentos. Todos queremos criar vínculos capazes de resistir ao estresse, de tornar as pessoas mais fortes e de nos ajudar a passar pelos altos e baixos da vida. Em um novo romance, isso normalmente parece fácil. Psicólogos dizem que, quando as pessoas estão se apaixonando, até as discussões fazem com que a atração aumente.[23] *Já ouviu falar em fazer as pazes na cama?* Quando as pessoas saem da fase da lua de mel, o simples fato de lidar com os aborrecimentos da vida pode criar tensão. Às vezes, a adversidade chega sem aviso — o parceiro fica doente, é demitido ou entra em depressão. Outras vezes a adversidade é um erro ou vem do que parece ter sido uma má escolha — alguém trai, mente ou passa a ser grosseiro ou abusivo. Por mais que a gente tente, às vezes os relacionamentos não duram ou não deveriam durar.

Para desenvolver resiliência em um relacionamento amoroso de longo prazo, precisamos prestar atenção às interações cotidianas com nosso parceiro. Em um estudo bastante conhecido, 130 recém-casados foram convidados a passar o dia no "Laboratório do Amor", que parecia uma pousada.[24] Os psicólogos observaram os casais interagindo "na natureza" e fizeram previsões sobre quais casamentos iam durar. Eles conseguiram prever os divórcios que ocorreriam nos seis anos seguintes com 83% de acertos. Um ponto-chave eram as conversas do casal, que normalmente começam com pedidos de atenção, afeto, apoio ou riso. Estamos fazendo um pedido sempre que dizemos coisas como "Ei, olhe aquele passarinho!" ou "Acabou a manteiga?". Quando alguém faz um pedido, o parceiro tem duas escolhas: ir em outra direção ou ir na direção da pessoa. Ir em outra direção significa negligenciar ou ignorar o pedido. "Pare de falar de passarinhos, estou vendo tevê." Ir na direção da pessoa significa participar. "Sim, vou comprar. E pipoca pra acompanhar." Os recém-casados que ficaram juntos pelos seis anos seguintes iam na direção um do outro em 86% das vezes, enquanto os casais que se divorciaram iam na direção um do outro apenas 33% das vezes. A maior parte das brigas não tinha relação com dinheiro ou sexo, e sim com "pedidos de conexão não atendidos".

Jane Dutton, colega de Adam, define um relacionamento resiliente como sendo aquele que tem a capacidade de transmitir emoções intensas e de superar tensões.[25] É mais do que dois indivíduos resilientes se conectando — a resiliência se torna um traço da própria conexão. Minha falecida amiga Harriet Braiker era uma psicoterapeuta que publicou muitos livros sobre amor. Ela costumava dizer que havia três partes em um relacionamento: você, a outra pessoa e o relacionamento em si. O relacionamento é uma entidade que precisa ser protegida e alimentada.

Em parte, proteger e alimentar um vínculo é fazer pequenas coisas juntos. Depois de se apaixonar, é comum que os casais descubram que o ardor diminuiu, e uma maneira de reacender a chama é tentar atividades novas e empolgantes.[26] Lembro de ir a um casamento em outra cidade com Dave e de passar a maior parte do fim de semana jogando *Scrabble*. Um amigo que tinha acabado de se divorciar viu a gente e falou que ele e a ex-mulher nunca faziam nada juntos — e que seu novo objetivo era encontrar alguém para jogar *Scrabble* com ele. Aparentemente era a ideia que ele tinha de uma experiência empolgante. É a minha também.

Para que um relacionamento dure, os parceiros precisam ser capazes de lidar com o conflito. Quando pediram a recém-casados para falar por quinze minutos sobre uma discordância atual do relacionamento, a quantidade de raiva expressa por um marido ou pela esposa não tinha relação com a possibilidade de se divorciarem nos seis anos seguintes. O padrão mais comum para casais que se separam era: a mulher falava de uma questão e o marido ficava beligerante ou na defensiva, depois a mulher reagia com tristeza, aversão ou se negando a continuar a conversa. Nos casais cujo casamento durou, em vez de mergulhar na negatividade, os dois parceiros demonstravam humor e afeto.[27] Eles assumiam a responsabilidade pelos seus problemas e descobriam modos de chegar a um acordo. Assim, davam sinais de que, embora estivessem brigando, em um nível mais profundo estavam bem.

Quando discutimos com nossos parceiros, é fácil ficarmos presos a nosso próprio ponto de vista. Adotar uma perspectiva mais ampla ajuda a resolver conflitos. Em um estudo, casais foram instruídos a escrever sobre sua maior discordância como se fossem pessoas alheias à história vendo a briga de fora. Apenas três entradas de diário de sete minutos cada uma foram suficientes para ajudá-los a manter um casamento amoroso ao longo do ano seguinte.[28]

Claro, um relacionamento forte não resolve todos os problemas. Minha amiga Jennifer Joffe e o marido se amam e têm dois filhos ótimos. Ela é uma das pessoas mais gentis que conheço, mas durante 35 anos não foi gentil consigo mesma. "Eu tinha tanta aversão por mim mesma, realmente me odiava, não tinha consideração pelo meu corpo", ela disse. O pai de Jennifer morreu quando ela tinha a idade da minha filha e aquela tristeza profunda foi o estopim para décadas de compulsão alimentar. "Eu usava a comida como remédio contra a dor da perda", ela disse. "À medida que fiquei mais velha, passei a usar a comida como camada protetora entre mim e o mundo."

Depois, há alguns anos, a filha de Jennifer estava andando de bicicleta na volta da escola e foi atropelada por um carro. Ela teve alta do hospital no mesmo dia, mas a proximidade da catástrofe abalou o modo como Jennifer via as coisas. "Quando meu maior medo quase se transformou em realidade, percebi que não estava realmente vivendo minha vida", ela disse. Jennifer conseguiu controlar a compulsão alimentar por um tempo, mas na primavera estava exagerando de novo. Então Dave morreu e ela foi imediatamente nos consolar. Em uma bela reviravolta, o fato de nos ajudar acabou a ajudando também. "Só de ver tudo aquilo de novo foi como ver um fantasma do Natal passado", ela me disse. "Olhei para sua filha e quis que ela soubesse que seu mundo tinha mudado para sempre e aquilo era injusto, mas não era culpa dela. Não era culpa de ninguém. Era só a vida. Queria que ela se amasse. E queria que minha filha se amasse. Mas como eu podia esperar que ela — e meu filho — conseguisse isso quando eu não conseguia?"

Por fim, Jennifer passou a tratar de si mesma com a bondade e a atenção que dedicava aos outros. O momento da virada veio quando ela percebeu que "você não tem como fugir de um vício. Precisa se curar, e isso exige um tipo de amor que ninguém mais tem como dar a você". Depois de encontrar a autopiedade e a autoaceitação, Jennifer conseguiu controlar seu vício e hoje ajuda outras mulheres que lutam contra a compulsão alimentar de fundo emocional. Ela é um exemplo para mim e um lembrete de que o amor de que precisamos para levar uma vida realizada não pode vir apenas dos outros: precisa vir de dentro de nós também.

Como tantas outras coisas na vida, encontrar alguém para amar não é algo que podemos controlar. À medida que minha colega do Facebook Nina Choudhuri envelhecia, ela tinha que lidar com o desejo que sempre alimentara de casar e ter filhos. Seus pais haviam tido um casamento arranjado e se apaixonado profundamente, mas seu pai morreu quando ela tinha três anos. "A única realidade que eu tinha conhecido era crescer com uma mãe solteira que não tinha escolhido aquela situação. Era o Plano B dela", Nina diz. Ela sonhava em se casar e começar uma família. Sua mãe a incentivou a procurar o parceiro certo e casar por amor. Nina começou a busca pelo homem perfeito. Quando tinha vinte e poucos anos, ia a um encontro e imediatamente se perguntava: "Eu poderia casar com ele?". Ela era otimista, mas, à medida que mais e mais namoros iniciados na internet e encontros às cegas terminavam mal, começou a se perguntar se seu sonho podia não se concretizar.

Ao chegar perto dos quarenta anos, percebeu que não tinha como controlar se ia se apaixonar, mas podia escolher ter um filho. Ela estava preocupada com os riscos da gravidez, por isso começou a pensar em adoção. "Aos 43 anos, tive um momento de aceitação e de percepção de que o importante na vida não é a imagem, é a realização", ela disse. Nina decidiu adotar um bebê sozinha. Quando contou ao irmão, ele vibrou e a abraçou. A mãe também ficou em êxtase e disse que um filho é um presente de Deus. "Todo esse apoio ajuda a validar minha sensação de 'Sim, eu consigo fazer isso!'. Tenho sorte de estar cercada de tanto amor e atenção", Nina disse. "Quem falou que uma família é um homem, uma mulher e dois filhos e uma cerca branca? No meu Plano B, o B significa 'bebê'. Vamos criar juntos nosso Plano A."

O processo exigiu perseverança. Nina foi escolhida por uma gestante, mas o bebê nasceu com um defeito cardíaco congênito e sobreviveu apenas por uma semana. Ela me disse na época que não se arrependia. Amou o bebê por "sete lindos dias" e comentou que, embora tenha sido uma experiência brutal, só reafirmou sua decisão de adotar. Então, pouco antes do Dia dos Namorados, Nina me mandou um e-mail com o assunto "Apresentando...". Meu coração começou a bater mais rápido quando vi uma foto dela segurando um recém-nascido poucas horas depois do parto. Na foto não dá para ver os olhos de Nina, porque eles estão grudados na filha. O e-mail continha essa simples mensagem: "Estou tão apaixonada! Mal consigo acreditar!".

A resiliência no amor significa encontrar forças internas que você possa compartilhar com outros. Encontrar um modo de fazer o amor durar quando passamos por altos e baixos. Encontrar nosso próprio modo de amar quando a vida não funciona conforme o planejado. Encontrar a esperança para voltar a amar e a rir quando o amor é tirado cruelmente de nós. E encontrar um modo de seguir amando mesmo quando a pessoa que você ama não está mais aqui.

Escrevo isto quase dois anos depois daquele dia inimaginável no México. Dois anos depois de meus filhos terem perdido o pai. Dois anos depois de eu ter perdido o amor da minha vida.

Anna Quindlen me disse que confundimos resiliência com a colocação de um ponto final em algo. Ela perdeu a mãe há quarenta anos. "É mais fácil hoje do que na época? Sim", Anna disse enquanto tomávamos café. "Continuo sentindo saudade dela o tempo todo? Sim. Continuo pegando o telefone para ligar para ela? Sim."

O tempo seguiu seu curso e de algum modo eu também. Mas, em certos sentidos, isso não é verdade. Hoje acredito no que Davis Guggenheim me disse naquele primeiro mês: a dor precisa se mostrar. Escrever este livro e tentar descobrir um sentido não substituiu minha tristeza. Às vezes ela me atinge como uma onda, quebrando em minha consciência até eu não conseguir sentir mais nada. Ela ataca em eventos previsíveis, como nosso aniversário de casamento, e nos momentos menos importantes, como quando chega correspondência para Dave. Às vezes estou trabalhando na mesa da cozinha e meu coração dispara quando penso por um breve instante que ele está abrindo a porta e vindo para casa.

Mas, assim como a tristeza nos atinge como uma onda, ela também recua como a maré. Não apenas ficamos de pé, mas de alguma maneira nos tornamos mais fortes. O Plano B continua nos dando alternativas. Ainda podemos amar... ainda podemos ter alegrias.

Hoje sei que é possível não apenas se reerguer como crescer. Eu trocaria isso pela volta de Dave? *Claro.* Ninguém escolhe crescer desse modo. Mas acontece, e nós crescemos. Como Allen Rucker escreveu sobre sua paraplegia: "Não vou dizer que isso é 'uma bênção disfarçada'. Não é uma bênção e não há disfarce. Mas há coisas a ganhar e coisas a perder. E, em certos dias, não tenho certeza de que os ganhos não são tão grandes quanto as perdas inevitáveis, ou até maiores".[29]

A tragédia não precisa ser pessoal, permeável ou permanente, mas a resiliência pode ser assim. Podemos construí-la e carregá-la conosco ao longo de nossa vida. Se Malala consegue sentir gratidão, se Catherine Hoke tem uma segunda chance de ajudar outras pessoas a ter sua segunda chance, se "sobras" podem se unir para combater o estigma social, se os fiéis da Mãe Emanuel conseguem se elevar acima do ódio, se Allen Rucker consegue manter seu senso de humor, se Wafaa consegue fugir para um país desconhecido e redescobrir a alegria, se Joe Kasper consegue moldar um codestino com seu filho, todos nós podemos encontrar forças dentro de nós mesmos e aumentar nossa força juntos. Existe uma luz dentro de cada um que jamais vai se extinguir.

No funeral de Dave, eu disse que teria casado com ele mesmo se soubesse que só teríamos onze anos juntos. Onze anos sendo a mulher de Dave e dez anos sendo mãe ao lado dele talvez seja uma quantidade maior de sorte e de felicidade do que eu jamais havia imaginado. Sou grata por todos os minutos que tivemos. Concluí meu discurso com estas palavras:

*Dave, vou fazer algumas promessas hoje.*

*Prometo criar seus filhos como torcedores dos Vikings apesar de não entender nada de futebol americano e ter quase certeza de que esse time nunca vai ganhar.*

*Prometo levar os dois aos jogos dos Warriors e prestar atenção suficiente para comemorar apenas quando eles marcarem.*

*Prometo deixar nosso filho continuar jogando pôquer on-line apesar de você ter deixado que ele começasse aos oito anos e de que a maior parte dos pais teria discutido com a mãe se era adequado para uma criança tão nova. E para nossa filha: quando você fizer oito anos — mas nem um minuto antes —, também vai poder jogar pôquer on-line.*

*Prometo criar nossos filhos de modo que eles saibam quem você foi — e todo mundo aqui pode ajudar compartilhando conosco suas histórias. Vou criar as crianças de modo que saibam o que você queria para elas e que as amava mais do que qualquer outra coisa no mundo.*

*Prometo viver uma vida que deixaria você orgulhoso, fazendo meu melhor e sendo tão amiga dos nossos amigos quanto você era. Prometo seguir seu exemplo e tentar fazer do mundo um lugar melhor, e sempre — sempre mesmo — protegendo sua memória e amando nossa família.*

*Hoje vamos dar descanso ao amor da minha vida, mas vamos enterrar apenas seu corpo. Seu espírito, sua alma, sua capacidade impressionante de doação continuam com todos nós. Percebo isso nas histórias que as pessoas contam sobre como ele tocou a vida delas, nos olhos de nossa família e de nossos amigos, e, acima de tudo, no espírito e na resiliência dos nossos filhos. As coisas nunca mais vão ser as mesmas, mas o mundo é um lugar melhor pelos anos em que Dave Goldberg viveu nele.*

Sim, o mundo é um lugar melhor pelos anos em que Dave Goldberg viveu nele. Eu sou melhor pelos anos em que passamos juntos e pelo que meu marido me ensinou — tanto na vida quanto na morte.

# Desenvolvendo a resiliência juntos

Convidamos você a visitar <optionb.org> (em inglês) para se conectar com outras pessoas que estão lidando com os mesmos desafios. Você pode ler histórias de indivíduos que desenvolveram resiliência ao sofrer com perdas, doenças, abusos e outras adversidades, e encontrar informações que ajudarão você e aqueles que ama.

Também esperamos que participe da comunidade Plano B em <facebook.com/OptionBOrg> (em inglês) para receber incentivo permanentemente.

Unindo-nos e apoiando uns aos outros podemos seguir adiante e reencontrar a alegria.

# Agradecimentos

Quando se está escrevendo um livro sobre resiliência, as pessoas naturalmente começam a falar com franqueza sobre as dificuldades que elas ou aqueles que amam enfrentaram. Muitos de nós já trabalhamos juntos, mas todos nos aproximamos durante este projeto. Agradecemos a todos os incluídos aqui pelo seu conhecimento e por suas contribuições, e mais ainda por sua franqueza e pela confiança.

Nell Scovell editou este livro com persistência heroica. Ela pensou com atenção em cada frase e cada parágrafo com incansável dedicação para que tudo funcionasse. Nell tem um conjunto impressionante de habilidades, e este livro reflete todas elas. Como jornalista, é mestre em moldar e refinar histórias. Como autora de discursos, tem uma profunda compreensão de como capturar a voz de alguém. Como comediante, ela forneceu o humor de que tanto precisávamos, nas páginas e fora delas. Admiramos sua atenção aos detalhes, sua capacidade de chegar ao cerne da questão e os sacrifícios que fez por este projeto por lealdade e amor. Sua competência transparece em cada página, e não teríamos como escrever este livro sem ela.

A jornalista Stacey Kalish conduziu mais de quarenta entrevistas, fazendo perguntas difíceis com empatia. As análises perspicazes da socióloga Marianne Cooper, de Stanford, deram foco ao nosso pensamento, e o profundo conhecimento que ela tem sobre desigualdades econômicas e sociais resultou em conclusões valiosas.

Nossa editora na Knopf, Robin Desser, compreendeu a necessidade de equilibrar emoção e pesquisa, e a maneira de integrar ambas. O entusiasmo que demonstrou desde a largada nos ajudou a ir até a linha de chegada. O editor-chefe da Knopf, Sonny Mehta, e o presidente Tony Chirico sempre foram nosso Plano A e somos gratos pelo apoio que recebemos deles. Agradecemos também o CEO Markus Dohle, por defender nosso trabalho como um todo na Penguin Random House. Nossos agentes Jennifer Walsh e Richard Pine foram conselheiros e amigos excepcionais em todas as fases do processo.

David Dreyer e Eric London são virtuoses da comunicação e conselheiros confiáveis cuja sensatez e firmeza foram sempre um farol para nós. Liz Bourgeois e Anne Kornblut não podiam ter sido mais generosas na doação de seu tempo nem mais brilhantes nas suas observações sobre pessoas, tom e emoção. Lachlan Mackenzie contribuiu com sua compaixão e seu dom único de uso de imagens para ilustrar conceitos difíceis. Gene Sperling nos ajudou várias vezes com sua capacidade de aparecer com soluções para problemas que nem sabíamos que tínhamos. Merrill Markoe foi uma luz na escuridão e nos fez rir.

Como presidente da Sheryl Sandberg & Dave Goldberg Family Foundation, Rachel Thomas encabeçou os esforços da LeanIn.Org para apoiar mulheres de todo o mundo na busca por suas ambições. Agora ela está ampliando o foco para lançar a OptionB.Org. Não há ninguém melhor no que ela faz. Um imenso agradecimento para toda a equipe pela paixão e criatividade que levam ao trabalho todos os dias. Um elogio especial para Jenna Bott, por seu talento como designer, Ashley Finch, por sua liderança e execução, Katie Miserany e Sarah Maisel, por ajudar as pessoas a contar suas histórias, Raena Saddler e Michael Linares, por criarem o site Option B, Megan Rooney e Brigit Helgen, por sempre saberem o que dizer, Bobbi Thomason, por encontrar cada edição, e Clarice Cho e especialmente Abby Speight, pelo apoio à comunidade Option B. Nossos sinceros agradecimentos a Norman Jean Roy, por dedicar seu imenso talento a capturar em fotos o espírito da resiliência, e a Dyllan McGee e à equipe dela na McGee Media, por dar voz a nossos heróis em seus filmes.

Tivemos sorte de contar com os conselhos e com as ideias de amigos brilhantes. Carole Geithner nos deu ideias de como ajudar crianças a lidar com o luto. Maxine Williams contribuiu com seu profundo conhecimento sobre viés e diversidade. Marc Bodnick nos levou a encontrar os exemplos certos para ilustrar os três Ps. Amy Schefler nos ensinou como os hospitais previnem erros. Andrea Saul compartilhou suas habilidades comunicativas e políticas. O rabino Jay Moses, o reverendo Scotty McLennan, Cory Muscara, Reza Aslan e Krista Tippett contribuíram com suas perspectivas religiosas únicas. Anna Quindlen nos incitou a falar sobre o isolamento que o luto traz. Reb Rebele destacou novos avanços na pesquisa sobre resiliência. Arianna Huffington nos lembrou de que as pessoas leem não só para aprender, mas também para ter esperança. Craig e Kirsten Nevill-Manning apareceram como sempre fazem e debateram questões fundamentais sobre tom. Scott Tierney enfatizou o poder do investimento em comunidades antes que a adversidade surja. Nola Barackman e Tessa Lyons-Laing encontraram os elefantes no livro. Lauren Bohn entrevistou Wafaa por meio de um intérprete maravilhoso, Mohammed. Dan Levy e Grace Song nos ensinaram sobre pequenas empresas resilientes. Kara Swisher e Mellody Hobson nos ajudaram a melhorar frases fundamentais. Ricki Seidman se prontificou a trabalhar a coesão e a clareza. Michael Lynton nos incentivou a refletir sobre como este livro se conectava a nossos textos anteriores. Colin Summers respondeu pacientemente a perguntas diárias sobre estilo e conteúdo. E damos nossos mais sinceros agradecimentos a Allison Grant, que não apenas dividiu conosco seu conhecimento sobre saúde mental como também nos deu amor e apoio durante todo o processo de escrita.

A equipe da Knopf aderiu ao projeto desde o começo com um entusiasmo que beirou a empolgação (Paul Bogaards, estamos falando de você). Este livro se beneficiou tremendamente do trabalho diligente e apaixonado de Peter Andersen, Lydia Buechler, Janet Cooke, Anna Dobben, Chris Gillespie, Erinn Hartman, Katherine Hourigan, Andy Hughes, James Kimball, Stephanie Kloss, Jennifer Kurdyla, Nicholas Latimer, Beth Meister, Lisa Montebello, Jennifer Olsen, Austin O'Malley, Cassandra Pappas, Lara Phan, Danielle Plafsky, Anne-Lise Spitzer, Anke Steinecke, Danielle Toth e Amelia Zalcman. Ellen Feldman ultrapassou as expectativas ao guiar nosso manuscrito até a impressão. Agradecemos imensamente o trabalho da extraordinária Amy Ryan, cuja meticulosidade só é menor do que sua paciência para aturar e-mails infinitos sobre o uso estilístico de vírgulas.

O design da capa foi um trabalho de amor de todos os envolvidos. Agradecemos a Keith Hayes, por sua criatividade, e ao talentoso time da Knopf, que criou a melhor versão possível: Kelly Blair, Carol Carson, Janet Hansen, Chip Kidd, Peter Mendelsund e Oliver Munday. Agradecemos também à inestimável contribuição de John Ball, Holly Houk, Lauren Lamb e Shawn Ritzenthaler MiresBall.

Tivemos a felicidade de contar com o apoio permanente das equipes da WME e da InkWell, especialmente Eric Zohn, Eliza Rothstein, Nathaniel Jacks e Alexis Hurley. Imensos agradecimentos a Tracy Fisher, pelo conhecimento e pela dedicação que colocou à disposição para que este livro estivesse presente no mundo todo.

Muitos amigos e colegas leram esboços e fizeram avaliações honestas. Agradecemos pelo seu tempo e pelas sugestões: Joy Bauer, Amanda Bennett, Jessica Bennett, David Bradley, Jon Cohen, Joanna Coles, Margaret Ewen, Anna Fieler, Stephanie Flanders, Adam Freed, Susan Gonzales, Don Graham, Nicole Granet, Joel Kaplan, Rousseau Kazi, Mike Lewis, Sara Luchian, Schuyler Milender, Dan Rosensweig, Jim Santucci, Karen Kehela Sherwood, Anna Thompson, Clia Tierney e Caroline Weber. Um aceno especial para Larry Summers por fazer deste o primeiro livro que leu no telefone em sua vida.

Nós nos baseamos fortemente em pesquisas realizadas por destacados cientistas sociais, cujas obras moldaram nosso modo de pensar e desempenham um papel central neste livro — especialmente sobre os três Ps (Marty Seligman), assistência social (Peggy Thoits), autopiedade (Kristin Neff e Mark Leary), expressão por escrito (Jamie Pennebaker e Cindy Chung), desemprego (Rick Price e Amiram Vinokur), crescimento e significado pós-trauma (Richard Tedeschi, Lawrence Calhoun e Amy Wrzesniewski), felicidade e emoções (Jennifer Aaker, Mihaly Csikszentmihalyi, Dan Gilbert, Jonathan Haidt, Laura King, Brian Little, Richard Lucas, Sonja Lyubomirsky, C. R. Snyder e Timothy Wilson), crianças resilientes (Marshall Duke, Carol Dweck, Gregory Elliott, Nicole Stephens e David Yeager), resiliência coletiva (Daniel Aldrich, Dan Gruber, Stevan Hobfoll, Michèle Lamont e Michelle Meyer), erros e aprendizado no trabalho (Sue Ashford, Amy Edmondson e Sabine Sonnentag), perda e luto (George Bonanno, Deborah Carr, Darrin Lehman e Camille Wortman), e amor e relacionamentos (Arthur e Elaine Aron, Jane Dutton, e John e Julie Gottman).

Nossa mais profunda admiração vai para aqueles que contaram suas histórias neste livro e em <optionb.org>. A maior parte é de membros de clubes a que não queriam pertencer, e somos muito gratos por terem nos oferecido sua sabedoria. Fomos inspirados por sua resiliência e por sua busca para encontrar sentido e alegria. Nos dias em que a solidão aperta o cerco podemos encontrar força nos exemplos dessas pessoas.

# Notas

INTRODUÇÃO [PP. 9-18]

1. C. S. Lewis, *A Grief Observed*. Nova York: Harper & Row, 1961.
2. Ver, por exemplo, Timothy J. Blibarz e Greg Gottainer, "Family Structure and Children's Success: A Comparison of Widowed and Divorced Single-Mother Families", *Journal of Marriage and Family*, n. 62, 2000, pp. 533-48; Kenneth S. Kendler, Michael C. Neale, Ronald C. Kessler et al., "Childhood Parental Loss and Adult Psychopathology in Women: A Twin Study Perspective", *Archives of General Psychiatry*, n. 49, 1992, pp. 109-16; Jane D. McLeod, "Childhood Parental Loss and Adult Depression", *Journal of Health and Social Behavior*, n. 32, 1991, pp. 205-20.
3. George A. Bonanno, Camille B. Wortman, Darrin R. Lehman et al., "Resilience to Loss and Chronic Grief: A Prospective Study from Preloss to 18-Months Postloss", *Journal of Personality and Social Psychology*, n. 83, 2002, pp. 1150-64. Para evidência adicional, ver George A, Bonanno, *The Other Side of Sadness: What the New Science of Bereavement Tells Us About Life After Loss*. Nova York: Basic Books, 2010.
4. Ver Geoff DeVerteuil e Oleg Golubchikov, "Can Resilience Be Redeemed?", *City: Analysis of Urban Trends, Culture, Theory, Policy, Action*, n. 20, 2016, pp. 143-51; Markus Keck e Patrick Sakdapolrak, "What Is Social Resilience? Lessons Learned and Ways Forward", *Erdkunde*, n. 67, 2013, pp. 5-19.

I. RESPIRAR DE NOVO [PP. 19-32]

1. Samuel Beckett, *O inominável*. Trad. de Ana Helena Souza. São Paulo: Globo, 2009.

2. Ver Steven F. Maier e Martin E. P. Seligman, "Learned Helplessness at fifty: Insights from Neuroscience", *Psychological Review*, n. 123, 2016, pp. 349-67; Martin E. P. Seligman, *Learned Optimism: How to Change Your Mind and Your Life*. Nova York: Pocket Books, 1991.
3. Ver Tracy R. G. Gladstone e Nadine J. Kaslow, "Depression and Attributions in Children and Adolescents: A Meta-Analytic Review", *Journal of Abnormal Child Psychology*, n. 23, 1995, pp. 597-606.
4. Angela Lee Duckworth, Patrick D. Quinn e Martin E. P. Seligman, "Positive Predictors of Teacher Effectiveness", *The Journal of Positive Psychology*, n. 4, 2009, pp. 540-7.
5. Martin E. P. Seligman, Susan Nolen-Hoeksema, Nort Thornton e Karen Moe Thornton, "Explanatory Style as a Mechanism of Disappointing Athletic Performance", *Psychological Science*, v. 1, 1990, pp. 143-6.
6. Martin E. P. Seligman e Peter Schulman, "Explanatory Style as a Predictor of Productivity and Quitting Among Life Insurance Sales Agents", *Journal of Personality and Social Psychology*, n. 50, 1986, pp. 832-8.
7. Matt J. Gray, Jennifer E. Pumphrey e Thomas W. Lombardo, "The Relationship Between Dispositional Pessimistic Attributional Style Versus Trauma-Specific Attributions and PTSD Symptoms", *Journal of Anxiety Disorders*, n. 17, 2003, pp. 289-303; Ronnie Janoff-Bulman, "Characterological Versus Behavioral Self-Blame: Inquiries into Depression and Rape", *Journal of Personality and Social Psychology*, n. 37, 1979, pp. 1798-809.
8. A mulheres tendem a se desculpar mais que os homens. Ver Karina Schumann e Michael Ross, "Why Women Apologize More than Men: Gender Differences in Thresholds for Perceiving Offensive Behavior", *Psychological Science*, n. 21, 2010, pp. 1649-55; Jarrett T. Lewis, Gilbert R. Parra e Robert Cohen, "Apologies in Close Relationships: Review of Theory and Research", *Journal of Family Theory and Review*, v. 7, 2015, pp. 47-61.
9. Robert W. Van Giezen, "Paid Leave in Private Industry over the Past 20 Years", U.S. Bureau of Labor Statistics, *Beyond the Numbers*, n. 2, 2013. É inaceitável que nos Estados Unidos os pais tenham doze semanas de licença quando uma criança nasce, mas apenas três dias quando uma criança morre, e que quase 30% das mães que trabalham não tenham acesso a licença remunerada. Para uma definição de licença remunerada, ver Kristin Smith e Andrew Schaefer, "Who Cares for the Sick Kids? Parents' Access to Paid time to Care for a Sick Child", *Carsey Institute Issue Brief*, n. 51, 2012. Disponível em: <http://scholars.unh.edu/cgi/viewcontent.cgi?article=1170&context=carsey> [Todos os acessos mencionados neste livro foram verificados em 5 abr. 2017].
10. Jane E. Dutton, Kristina M. Workman e Ashley E. Hardin, "Compassion at Work", *Annual Review of Organizational Psychology and Organizational Behavior*, n. 1, 2014, pp. 277-304.

11. Ver Darlene Gavron Stevens, "The Cost of Grief", *Chicago Tribune*, 20 ago. 2003. Disponível em: <http://articles.chicagotribune.com/2003-08-20/business/ 0308200089 _1_pet-loss-grif-emotions>.
12. James H. Dulebohn, Janice C. Molloy, Shaun M. Pichler e Brian Murray, "Employee Benefits: Literature Review and Emerging Issues", *Human Resource Management Review*, n. 19, 2009, pp. 86-103. Ver também Alex Edemans, "The Link Between Job Satisfaction and Firm Value, with Implications for Corporate Social Responsibility", *Academy of Management Perspectives*, n. 26, 2012, pp. 1-19; James K. Harter, Frank L. Schmidt e Theodore L. Hayes, "Business-Unit-Level Relationship Between Employee Satisfaction, Employee Engagement, and Business Outcomes: A Meta-Analysis", *Journal of Applied Psychology*, n. 87, 2002, pp. 268-79.
13. Daniel T. Gilbert, Elizabeth C. Pinel, Timothy D. Wilson e Stephen J. Blumberg, "Immune Neglect: A Source of Durability Bias in Affective Forecasting", *Journal of Personality and Social Psychology*, n. 75, 1998, pp. 617-38.
14. Timothy D. Wilson e Daniel T. Gilbert, "Affective Forecasting: Knowing What to Want", *Current Directions in Psychological Science*, n. 14, 2005, pp. 131-4; Daniel T. Gilbert, *Stumbling on Happiness*. Nova York: Knopf, 2006.
15. Gibert et al., "Immune Neglect".
16. Elizabeth W. Dunn, Timothy D. Wilson e Daniel T. Gilbert, "Location, Location, Location: The Misprediction of Satisfaction in Housing Lotteries", *Personality and social Psychology Bulletin*, n. 29, 2003, pp. 1421-32.
17. Ver o site do Beck Institute for Cognitive Behavioral Therapy: <www.beckinstitute.org>.
18. C. S. Lewis, *A Grief Observed*.
19. Pema Chödrön, *When Things Fall Apart: Heart Advice for Difficult Times*. Boston: Shambhala, 1997.
20. Alex M. Wood, Jeffrey J. Froh e Adam W. A. Geraghty, "Gratitude and Well-Being: A Review and Theoretical Integration", *Clinical Psychology Review*, n. 30, 2010, pp. 890-905; Laura J. Kray, Katie A. Liljenquist, Adam D. Galinsky et al., "From What *Might* Have Been to What *Must* Have Been: Counterfactual Thinking Creates Meaning", *Journal of Personality and Social Psychology*, n. 98, 2010, pp. 106-18; Karl Halvor Teigen, "Luck, Envy and Gratitude: It Could Have Been Different", *Scandinavian Journal of Psychology*, n. 38, 1997, pp. 313-23; Minkyung Koo, Sara B. Algoe, Timothy D. Wilson e Daniel T. Gibert, "It's a Wonderful Life: Mentally Subtracting Positive Events Improves People's Affective States, Contrary to Their Affective Forecasts", *Journal of Personality and Social Psychology*, n. 95, 2008, pp. 1217-24.
21. Robert A. Emmons e Michael E. McCullough, "Counting Blessings Versus Burdens: An Experimental Investigation of Gratitude and subjective Well-Being in Daily Life", *Journal of Personality and Social Psychology*, n. 84, 2003, pp. 377-89.

22. Emily C. Bianchi, "The Bright Side of Bad Times: The Affective Advantages of Entering the Workforce in a Recession", *Administrative Science Quarterly*, n. 58, 2013, pp. 587-623.
23. World Bank Group, "Brazil Systematic Country Diagnostic: Retaking the Path to Inclusion, Growth and Sustainability," 6 maio 2016. Disponível em: <http://documents.worldbank.org/curated/en/180351467995438283/pdf/101431-REVISED-SCD-Brazil-SCD-Final-version-May-6-2016.pdf>. Acesso em: 10 maio 2017.
24. "Americans' Financial Security: Perception and Reality", The Pew Charitable Trusts. Disponível em: <www.pewtrusts.org/en/research-and-analysis/issue-briefs/2015/02/americans-financial-security-perceptions-and-reality>.
25. Mariko Lin Chang, *Shortchanged: Why Women Have Less Wealth and What Can Be Done About It*. Nova York: Oxford University Press, 2010.
26. Alicia H. Munnell e Nadia S. Karamcheva, "Why Are Widows So Poor?", Center of Retirement Research at Boston College Brief, IB#7-9. Disponível em: <http://crr.bc.edu/briefs/why-are-widows-so-poor>.

## 2. TIRAR O ELEFANTE DA SALA [PP. 33-45]

1. Tim Urban, "10 Types of Odd Friendships You're Probably Part Of", *Wait but Why*, dez. 2014. Disponível em: <http://waitbutwhy.com/2014/12/10-types-odd-friendships-youre-probably-part.html>. Para evidência de gostam mais de quem faz perguntas, ver Karen Huang, Mike Yeomans, Alison Wood Brooks et al., "It Doesn't Hurt to Ask: Question-Asking Encourages Self-Disclosure and Increases Liking", *Journal of Personality and Social Psychology* (no prelo).
2. Mitch Carmody, citado em Linton Weeks, "Now We Are Alone: Living On Without Sons", *All Things Considered*, NPR, n. 3, set. 2010. Disponível em: <www.npr.org/templates/story/story.php?storyId=128977776>.
3. Sidney Rosen e Abraham Tesser, "On Reluctance to Communicate Undesirable Information: The MUM Effect", *Sociometry*, n. 33, 1970, pp. 253-63.
4. Joshua D. Margolis e Andrew Molinsky, "Navigating the Bind of Necessary Evils: Psychological Engagement and the Production of Interpersonally Sensitive Behavior", *Academy of Management Journal*, n. 51, 2008, pp. 847-72; Jayson L. Dibble, "Breaking Bad News in the Provider — Recipient Context: Understanding the Hesitation to Share Bad News from the Sender's Perspective". In: Benjamin Bates e Rukhsana Ahmed, *Medical Communication in Clinical Contexts*. Dubuque, IA: Kendall Hunt, 2012. Ver também Walter F. Baile, Robert Buckman, Renato Lenzi et al.,

"Spikes — A Six-Step Protocol for Delivering Bad News: Application to the Patient with Cancer", *The Oncologist*, n. 5, 2000, pp. 302-11.
5. Timothy D. Wilson, David A. Reinhard, Erin C. Westgate et al., "Just Think: The Challenges of the Disengaged Mind", *Science*, n. 345, 2014, pp. 75-7.
6. Lynn C. Miller, John H. Berg e Richard L. Archer, "Openers: Individuals Who Elicit Intimate Self-Disclosure", *Journal of Personality and Social Psychology*, n. 44, 1983, pp. 1234-44.
7. Daniel Lima e David DeSteno, "Suffering and Compassion: The Links Among Adverse Life Experiences, Empathy, Compassion, and Prosocial Behavior", *Emotion*, n. 16, 2016, pp. 175-82. Notar que pessoas que conseguiram superar um acontecimento aflitivo podem ter menos compaixão quando veem outras fracassando. Rachel L. Ruttan, Mary-Hunter McDonnell e Loran F. Nordgren, "Having 'Been There' Doesn't Mean I Care: Whem Prior Experience Reduces Compassion for Emotional Distress", *Journal of Personality and Social Psychology*, n. 108, 2015, pp. 610-22.
8. Annaa Quindlen, "Public and Private: Life After Death", *The New York Times*, 4 maio 1994. Disponível em: <www.nytimes.com/1994/05/04/opinion/public-private-life-after-death.html>.
9. Darrin R. Lehman, John H. Ellard e Camille B. Wortman, "Social Support for the Bereaved: Recipients' and Providers' Perspectives on What Is Helpful", *Journal of Consulting and Clinical Psychology*, n. 54, 1986, pp. 438-46.
10. Jeanne L. Tsai, "Ideal Affect: Cultural Causes and Behavioral Consequences", *Perspectives on Psychological Science*, n. 2, 2007, pp. 242-59.
11. David Caruso, citado em Julie Beck, "How to Get Better at Expressing Emotions", *The Atlantic*, 18 nov. 2015. Disponível em: <www.theatlantic.com/health/archive/2015/11/how-to-get-better-at-expressing-emotions/416493>.
12. Quindlen, "Public and Private".
13. Sheryl Sandberg, post no Facebook, 3 jun. 2015. Disponível em: <www.facebook.com/sheryl/posts/10155617891025177:o>.
14. Para uma análise, ver James W. Pennebaker e Joshua M. Smyth, *Opening Up by Writing Improves Health and Eases Emotional Pain*. Nova York: Guilford, 2016. Para mais detalhes, ver cap. 4.
15. Anthony C. Ocampo, "The Gay Second Generation: Sexual Identity and the Family Relations of Filipino and Latino Gay Men", *Journal of Ethnic and Migration Studies*, n. 40, 2014, pp. 155-73; Anthony C. Ocampo, "Making Masculinity: Negotiations of Gender Presentation Among Latino Gay Men", *Latino Studies*, n. 10, 2012, pp. 448-72.
16. Emily McDowell, citada em Kristin Hohendal, "A Cancer Survivor Designs the Cards She Wishes She'd Receveid from Friends and Family", *The Eye*, 6 maio 2015.

Disponível em: <www.slate.com/blogs/the_eye/2015/05/06/empathy_cards_by_emily_mcdowell_are_greeting_cards_designed_for_cancer_patients.html>.
17. Disponível em: <http://emilymcdowell.com>. Ver também Kelsey Crowe e Emily McDowell, *There Is No Good Card for This: What to Say and Do When Life Is Scary, Awful, and Unfair to People You Love*. Nova York: HarperOne, 2017.
18. Tim Lawrence, "8 Simple Words to Say When Someone You Love Is Grieving", *Upworthy*, 17 dez. 2015. Disponível em: <www.upworthy.com/8-simple-words-to-say-when-when-someone-you-love-is-grieving>.

## 3. A REGRA DE PLATINA DA AMIZADE [PP. 46-56]

1. David C. Glass e Jerome Singer, "Behavioral Consequences of Adaptation to Controllable and Uncontrollable Noise", *Journal of Experimental Social Psychology*, n. 7, 1971, pp. 244-57; David C. Glass e Jerome E. Singer, "Experimental Studies of Uncontrollable and Unpredictable Noise", *Representative Research in Social Psychology*, n. 4, 1973, pp. 165-83.
2. Brian R. Little, *Me, Myself and Us: The Science of Personality and the Art of Well-Being*. Nova York: Public Affairs, 2014.
3. C. Daniel Batson, Jim Fultz e Patricia A. Schoenrade, "Distress and Empathy: Two Qualitatively Distinct Vicarious Emotions with Different Motivational Consequences", *Journal of Personality*, n. 55, 1987, pp. 19-39.
4. Allen Rucker, *The Best Seat in the House: How I Woke Up One Tuesday and Was Paralyzed for Life*. Nova York: HarperCollins, 2007.
5. Loran F. Nordgren, Mary-Hunter McDonnell e George Loewenstein, "What Constitutes Torture? Psychological Impediments to an Objective Evaluation of Enhanced Interrogation Tactics", *Psychological Science*, n. 22, 2011, pp. 689-94.
6. Este é um termo que tem sido atribuído a muitas fontes. Uma das melhores descrições provém do texto de Karl Popper. "A regra de ouro é um bom padrão que talvez possa ser melhorado fazendo aos outros, sempre que possível, o que *eles* gostariam que se fizesse." Karl Popper, *A sociedade aberta e seus* inimigos, v. 2. São Paulo: Itatiaia, 1987.
7. Bruce Feiler, "How to Be a Friend in Deed", *The New York Times*, 6 fev. 2015. Disponível em: <www.nytimes.com/2015/02/08/style/how-to-be-a-friend-in-deed.html>.
8. Megan Devine, Refuge in Grief: Emotionally Intelligent Grief Support. Disponível em: <www.refugeingrief.com>.
9. Jessica P. Lougheed, Peter Koval e Tom Hollenstein, "Sharing the Burden: The Interpersonal Regulation of Emotional Arousal in Mother-Daughter Dyads", *Emotion*, n. 16, 2016, pp. 83-93.

10. Susan Silk e Barry Goldman, "How Not to Say the Wrong Things", *Los Angeles Times*, 7 abr. 2013. Disponível em: <http://articles.latimes.com/2013/apr/07/opinion/la-oe-0407-silk-ring-theory-20130407>.
11. Elisabeth Kübler-Ross, *Sobre a morte e o morrer*. São Paulo: Martins Fontes, 1969.
12. Holly G. Prigerson e Paul. K. Maciejewski, "Grief and Acceptance as Opposite Sides of the Same Coin: Setting a Research Agenda to Study Peaceful Acceptance of Loss", *The British Journal of Psychiatry*, n. 193, 2008, pp. 435-37. Ver também Margaret Stroebe e Henk Schut, "The Dual Process Model of Coping with Bereavement: Rationale and Description", *Death Studies*, n. 23, 1999, pp. 197-224. Conforme nos explicou a assistente social Carole Geithner, modelos que incluem estágios "também minimizam a individualidade e a diversidade de como as pessoas sofrem com a perda. Há diferentes estilos e estratégias para lidar com o luto. Modelos com estágios criam problemas quando se tornam prescritivos. Modelos mais atuais enfatizam a individualidade. Existe um compreensível desejo por modelos porque queremos uma garantia de que existe um ponto final, um plano, alguma previsibilidade, mas há uma desvantagem: esses modelos não são fieis à realidade do luto. O conforto que oferecem é ilusório. A perda de cada pessoa é diferente".
13. Laura L. Carstensen, Derek M. Isaacowitz e Susan T. Charles, "Taking Time Seriously: A Theory of Socio-emotional Selectivity", *American Psychologist*, n. 54, 1999, pp. 165-81.
14. Cheryl L. Carmichael, Harry T. Reis e Paul R. Duberstein, "In Your 20s It's Quantity, in Your 30s It's Quality: The Prognostic Value of Social Activity Across 30 Years of Adulthood", *Psychology and Aging*, n. 30, 2015, pp. 95-105.
15. Poema alegórico publicado em várias versões. Disponível, por exemplo, em: <http://www.footprints-inthe-sand.com/index.php?page=Main.php>.

## 4. AUTOCOMPAIXÃO E AUTOCONFIANÇA [PP. 57-73]

1. Matthew Friedman, "Just Facts: As Many Americans Have Criminal Records as College Diplomas", Brennan Center for Justice, 17 nov. 2015. Disponível em: <www.brennancenter.org/blog/just-facts-many-americans-have-criminal-records-college-diplomas>; Thomas P. Bonczar e Allen J. Beck, "Lifetime Likehood of Going to State or Federal Prison", Bureau of Justice Statistics, relatório especial, NCJ160092, 6 mar. 1997. Disponível em: <www.nij.gov/topics/corrections/reentry/Pages/employment.aspx>.
2. Somente 40% dos empregadores "decididamente" ou "provavelmente" contratariam candidatos com ficha criminal. Num experimento usando currículos iguais com

exceção desse fato, os candidatos a emprego com ficha criminal tinham metade da probabilidade de obter retorno. Ver John Schmidt e Kris Warner, "Ex-Offenders and the Labor Market", *The Journal of Labor and Society*, n. 14, 2011, pp. 87-109; Steven Raphael, *The New Scarlett Letter? Negotiating the U.S. Labor Market with Criminal Record*. Kalamazoo, MI: Upjohn Institute Press, 2014.
3. Disponível em: <www.legis.state.tx.us/tlodocs/81R/billtext/html/HR00175I.htm> e <www.kbtx.com/home/headlines/7695432.html?site=full>. Além de nossas entrevistas com Catherine Hoke, detalhes e citações são tirados de Kris Frieswick, "Ex-Cons Relaunching Lives as Entrepreneurs", *Inc.*, 29 maio 2012. Disponível em: <www.inc.com/magazine/201206/kris-frieswick/catherine-rohr-defy-ventures-story-of-redemption.html>; Leonardo Blair, "Christian Venture Capitalist Defies Sex Scandal with God's Calling", *The Christian Post*, 31 out. 2015. Disponível em: <www.christianpost.com/news/christian-venture-capitalis-defies-sex-scandal-with-gods-calling-148873>; Ryan Young, "CCU's Moglia Teaching 'Life After Football'", *Myrtle Beach Online*, 22 ago. 2015. Disponível em: <www.myrtlebeachonline.com/sports/college/sun-belt/coastal-carolina-university/article31924596.html>; Jessica Weisberg, "Shooting Straight", *The New Yorker*, 10 fev. 2014. Disponível em: <www.newyorker.com/magazine/2014/02/10/shooting-straight>.
4. Kristin D. Neff, "The Development and Validation of a Scale to Measure Self-Compassion", *Self and Identity*, n. 2, 2003, pp. 223-50. Ver também Kristin Neff, *Self-Compassion: The Proven Power of Being Kind to Yourself*. Nova York: William Morrow, 2011.
5. David A. Sbarra, Hillary L. Smith e Matthias R. Mehl, "When Leaving Your Ex, Love Yourself: Observational Ratings of Self-Compassion Predict the Course of Emotional Recovery Following Marital Separation", *Psychological Science*, n. 23, 2012, pp. 261-9.
6. Regina Hiraoka, Eric C. Meyer, Nathan A. Kimbrel et al., "Self-Compassion as a Prospective Predictor of PTSD Symptom Severity Among Trauma-Exposed U.S. Iraq and Afghanistan War Veterans", *Journal of Traumatic Stress*, n. 28, 2015, pp. 127-33.
7. Kristin D. Neff, "Self-Compassion, Self-Esteem and Well-Being", *Social and Personality Psychology Compass*, n. 5, 2011, pp. 1-12; Angus Macbeth e Andrew Gumley, "Exploring Compassion: A Meta-Analysis of the Association Between Self-Compassion and Psychopathology", *Clinical Psychology Review*, n. 32, 2012, pp. 545-52; Nicholas T. Van Dam, Sean C. Sheppard, John P. Forsyth e Mitch Earlywine, "Self-Compassion Is a Better Predictor than Mindfulness of Symptom Severity and Quality of Life in Mixed Anxiety and Depression", *Journal of Anxiety Disorders*, n. 25, 2011, pp. 123-30; Michelle E. Neely, Diane L. Schallert, Sarojanni S. Mohammed et al., "Self-Kindness When Facing Stress: The Role of Self-Compassion, Goal Regulation, and Support in College Students' Well-Being", *Motivation and Emotion*, n. 33, 2009, pp. 88-97.

8. Lisa M. Yarnell, Rose E. Stafford, Kristin D. Neff et al., "Meta-Analysis of Gender Differences in Self-Compassion", *Self and Identity*, n. 14, 2015, pp. 499-520; Levi R. Baker e James K. McNulty, "Self-compassion and Relationship Maintenance: The Moderating Roles of Conscientiousness and Gender", *Journal of Personality and Social Psychology*, n. 100, 2011, pp. 853-73. É importante mencionar que a autocompaixão não ajuda relacionamentos — e pode até prejudicá-los — se as pessoas não estiverem motivadas a melhorar a partir dos seus erros.
9. Mark Leary, "Don't Beat Yourself Up", *Acon*, 20 jun. 2016. Disponível em: <https://aeon.co/essays/learning-to-be-kind-to-yourself-has-remarkable-benefits>. Ver também Meredith L. Terry e Mark Leary, "Self-Compassion, Self-Regulation, and Health", *Self and Identity*, n. 10, 2011, pp. 352-62.
10. Paula M. Niedenthal, June Price Tangney e Igor Gavanski, "'If Only I Weren't' Versus 'If Only I Hadn't': Distinguishing Shame and Guilt in Counterfactual Thinking", *Journal of Personality and Social Psychology*, n. 67, 1994, pp. 585-95.
11. Ronnie Janoff-Bulman, "Charcteriological Versus Behavioral Self-Blame: Inquiries into Depression and Rape", *Journal of Personality and Social Psychology*, n. 37, 1979, pp. 1798-809.
12. Erma Bombeck, *Motherhood: The Second Oldest Profession*. Nova York: McGraw-Hill, 1983.
13. June Price Tangney e Ronda L. Dearing, *Shame and Guilt*. Nova York: Guilford, 2002.
14. Ronda L. Dearing, Jeffrey Stuewig e June Price Tangney, "On the Importance of Distinguishing Shame from Guilt: Relations to Problematic Alcohol and Drugs Use", *Addictive Behaviors*, n. 30, 2005, pp. 1392-404.
15. Daniela Hosser, Michal Windzio e Werner Greve, "Guilt and Shame as Predictors of Recidivism: A Longitudinal Study with Young Prisoners", *Criminal Justice and Behavior*, n. 35, 2008, pp. 138-52. Ver também June P. Tangney, Jeffrey Stuewig e Andres G. Martinez, "Two Faces of Shame: The Roles of Shame and Guilt in Predicting Recidivism", *Psychological Science*, n. 25, 2014, pp. 799-805.
16. June Price Tangney, Patricia E. Wagner, Deborah Hill-Barlow et al., "Relation of Shame and Guilt to Constructive Versus Destructive Responses to Anger Across the Lifespan", *Journal of Personality and social Psychology*, n. 70, 1996, pp. 797-809.
17. Bryan Stevenson, *Just Mercy: A Story of Justice and Redemption*. Nova York: Spiegel & Grau, 2014.
18. Mark R. Leary, Eleanor B. Tate, Claire E. Adams et al., "Self-Compassion and Reactions to Unpleasant Self-Relevant Events: The Implications of Treating Oneself Kindly", *Journal of Personality and Social Psychology*, n. 92, 2007, pp. 887-904.
19. Para análises, ver James W. Pennebaker e Joshua M. Smyth, *Opening Up by Writing It Down: How Expressive Writing Improves Health and Eases Emotional Pain*. Nova York:

Guilford, 2016; Joanne Frattaroli, "Experimental Disclosure and Its Moderators: A Meta-Analysis", *Psychological Bulletin*, n. 132, 2006, pp. 823-65; Joshua M. Smyth, "Written emotional Expression: Effect Sizes, Outcome Types, and Moderating Variables", *Journal of Consulting and Clinical Psychology*, n. 66, 1998, pp. 174-84. Para evidência de que fica pior antes de melhorar, ver Antonio Pacual-Leone, Nikita Yeryomenko, Orrin-Porter Morrison et al., "Does Feeling Bad Lead to Feeling Good? Arousal Patterns During Expressive Writing", *Review of General Psychology*, n. 20, 2016, pp. 336-47. Esse corpo de pesquisa também sugere que manter um diário funciona melhor quando escrevemos só para nós mesmos e descrevemos fatos e sentimentos; que homens tendem a se beneficiar um pouco mais que as mulheres, já que têm mais propensão a guardar seus sentimentos; e que as pessoas com mais problemas de saúde e histórico de trauma ou estresse recolhem os maiores benefícios. E o mais importante: há uma grande diferença entre organizar seus pensamentos e sentimentos sobre uma experiência que o deixou aborrecido e ruminar acerca dela — tentar dar sentido às coisas parece ajudar, ao passo que mergulhar nelas não. "Muitas pessoas descobrem com frequência que estão pensando ou falando sobre, ou sonhando com, um acontecimento desagradável em demasia. Elas também percebem que os outros não querem ouvir a respeito", disse o psicólogo Darrin Lehman. "São essas pessoas que poderiam tentar se expressar por escrito. Não se trata de uma panaceia, é algo livre, e os efeitos são modestos. Se não parecer ajudar, é melhor parar e buscar outro tratamento."

20. Matthew D. Lieberman, Naomi I. Eisenberger, Molly J. Crockett et al., "Putting Feelings into Words", *Psychological Science*, n. 18, 2007, pp. 421-28; Lisa Feldman Barrett, "Are You in Despair? That's Good", *The New York Times*, 3 jun. 2016. Disponível em: <www.nytimes.com/2016/06/05/opinion/sunday/are-you-in-despair-thats-good.html>.
21. Katharina Kircanski, Matthew D. Liberman e Michelle G. Craske, "Feelings into Words: Contributions of Language to Exposure Therapy", *Psychological Science*, n. 23, 2012, pp. 1086-91.
22. Junto com *Opening Up by Writing It Down* de Pennebaker e Smyth, ver a literatura sobre relatos de incidentes críticos de estresse: Timothy D. Wilson, *Redirect: The Surprising New Science of Psychological Change*. Nova York: Little, Brown, 2011; Jonathan I. Bisson, Peter L. Jenkins, Julie Alexander e Carol Banniester, "Randomised Controlled Trial of Psychological Debriefing for Victims of Acute Burn Trauma", *The British Journal of Psychiatry*, n. 171, 1997, pp. 78-81; Benedict Carey, "Sept. 11 Revealed Psychology's Limits, Review Finds", *The New York Times*, 28 jul. 2011. Disponível em: <www.nytimes.com/2011/07/29/health/research/29psych.html>.
23. Karolijne van der Howen, Henk Schut, Jan van den Bout et al., "The Efficacy of a Brief Internet-Based Self-Help Intervention for the Bereaved", *Behaviour Research and Therapy*, n. 48, 2010, pp. 359-67.

24. James W. Pennebaker e Janel D. Seagal, "Forming a Story: The Health Benefits of Narrative", *Journal of Clinical Psychology*, n. 55, 1999, pp. 1243-54.
25. Alexander D. Stajkovic, "Development of a Core Confidence-Higher Order Construct", *Journal of Applied Psychology*, n. 91, 2006, pp. 1208-24; Timothy A. Judge e Joyce E. Bono, "Relationship of Core Self-Evaluation Traits — Self-Esteem, Generalized Self-Efficacy, Locus of Control, and Emotional Stability with Job Satisfaction and Job Performance: A Meta-Analysis", *Journal of Applied Psychology*, n. 86, 2001, pp. 80-92.
26. Mark R. Leary, Katharine M. Patton, Amy E. Orlando e Wendy Wagoner Funk, "The Impostor Phenomenon: Self-Perceptions, Reflected Appraisals, and Interpersonal Strategies", *Journal of Personality*, n. 68, 2000, pp. 725-56.
27. Sheryl Sandberg, "Why We Have Too Few Women Leaders", TED Women, dez. 2010. Disponível em: <www.ted.com/talks/sheryl_sandberg_why_we_have_too_few_women_leaders>.
28. Edna B. Foa e Elizabeth A. Meadows, "Psychosocial Treatments for Posttraumatic Stress Disorder: A Critical Review", *Annual Review of Psychology*, n. 48, 1997, pp. 449-80. Ver também Patricia A. Resick e Monica K. Schnicke, "Cognitive Processing Therapy for Sexual Assault Victims", *Journal of Consulting and Clinical Psychology*, n. 60, 1992, pp. 748-56.
29. Søren Kierkegaard, *Papers and Journals: A Selection*. Nova York: Penguin, 1996; Daniel W. Conway e K. E. Gover, *Søren Kierkegaard*, v. 1. Nova York: Taylor & Francis, 2002.
30. Karl E. Weick, "Small Wins: Redefining the Scale of Social Problems", *American Psychologist*, n. 39, 1984, pp. 40-9; Teresa Amabile e Steven Kramer, *The Progress Principle: Using Small Wins to Ignite Joy, Engagement, and Creativity at Work*. Boston: Harvard Business Review Press, 2011.
31. Martin E. P. Seligman, Tracy A. Steen, Nansook Park e Christopher Peterson, "Positive Psychology Progress: Empirical Validation of Interventions", *American Psychologist*, n. 60, 2005, pp. 410-21.
32. Joyce E. Bono, Theresa M. Glomb, Winny Shen et al., "Building Positive Resources: Effects of Positive Events and Positive Reflection on Work Stress and Health", *Academy of Management Journal*, n. 56, 2013, pp. 1601-27.
33. Adam M. Grant e Jane E. Dutton, "Beneficiary or Benefactor: Are People More Prosocial When They Reflect on Receiving or Giving?", *Psychological Science*, n. 23, 2012, pp. 1033-9. Quando responsáveis por arrecadar fundos para uma universidade mantiveram um diário por alguns dias detalhando como haviam sido úteis para colegas, seu esforço por hora aumentou em 29% durante as duas semanas seguintes.
34. Larry R. Martinez, Craig D. White, Jenessa R. Shapiro e Michelle R. Hebl, "Selection Bias: Stereotypes and Discrimination Related to Having a History of Cancer", *Journal of Applied Psychology*, n. 101, 2016, pp. 122-8.

35. Instituto Brasileiro de Geografia e Estatística, "Continuous PNAD: Unemployment Rate Goes to 13.7% in Quarter Ending in March 2017," 28 abr. 2017. Disponível em: <http://saladeimprensa.ibge.gov.br/en/noticias.html?view=noticia&id=1&idnoticia=3420&busca=1&t=continuous-pnad-unemployment-rate-goes-to-13-7-in-quarter-ending-march>. Acesso em: 11 maio 2017.

36. Richard H. Price, Jin Nam Choi e Amiram D. Vinokur, "Links in the Chain of Adversity Following Job Loss: How Financial Strain and Loss of Personal Control Lead do Depression, Impaired Functioning, and Poor Health", *Journal of Occupational Health Psychology*, v. 7, 2002, pp. 302-12.

37. Eileen Y. Chou, Bidhan L. Parmar e Adam D. Galinsky, "Economic Insecurity Increases Physical Pain", *Psychological Science*, n. 27, 2016, pp. 443-54.

38. Amiram D. Vinokur, Richard H. Price e Robert D. Caplan, "Hard Times and Hurtful Partners: How Financial Strain Affects Depression and Relationship Satisfaction of Unemployed Persons and Their Spouses", *Journal of Personality and Social Psychology*, n. 71, 1996, pp. 166-79.

39. Amiram D. Vinokur, Michelle van Ryn, Edward M. Gramlich e Richard H. Price, "Long-Term Follow-Up and Benefit-Cost Analysis of Three Jobs Program: A Preventive Intervention for the Unemployed", *Journal of Applied Psychology*, n. 76, 1991, pp. 213-9; "The Jobs Project for the Unemployed: Update", Michigan Prevention Research Center. Disponível em: <www.isr.umich.edu/src/seh/mprc/jobsupdt.html>.

40. Songqi Liu, Jason L. Huang e Mo Wang, "Effectiveness of Job Search Interventions: A Meta-Analytic Review", *Psychological Bulletin*, n. 150, 2014, pp. 1009-41.

41. Sarah Jane Glynn, "Breadwinning Mothers, Then and Now", Center for American Progress, 20 jun. 2014. Disponível em: <www.americanprogress.org/issues/labor/report/2014/06/20/92355/breadwinning-mothers-then-and-now>.

42. Instituto Brasileiro de Geografia e Estatística, "Last Stage of Publication of the 2000 Census Presents the Definitive Results, with Information About the 5,507 Brazilian Municipalities. Disponível em: <www.ibge.gov.br/english/presidencia/noticias/20122002censo.shtm>. Acesso em: 19 maio 2017.

43. Child Care Aware of America, "Parents and the High Cost of Child Care: 2015 Report". Disponível em: <http://usa.childcareaware.org/wp-content/uploads/2016/05/Parents-and-the-High-Cost-of-Child-Care-2015-FINAL.pdf>.

44. Institute for Women's Policy Research, "Status of Women in the States", 8 abr. 2015. Disponível em: < https://statusofwomendata.org/press-releases/in-every-u-s-state-women-including-millennials-are-more-likely-than-men-to-live-in-poverty-despite-gains-in-higher-education>.

45. United States Department of Agriculture, "Key Statistics & Graphics". Disponível em: <www.ers.usda.gov/topics/food-nutrition-assistance/food-security-in-the-us/key-statistics-graphics.aspx>.
46. Após as distribuições de comida a escola vivenciou de ano para ano uma redução de absenteísmo estudantil de 32%, e as queixas mensais relativas a saúde caíram 72%. A apresentação feita por Sonya Arriola, presidente da Sacred Heart Nativity Schools, em 19 de dezembro de 2016.
47. International Labour Organization, "Maternity and Paternity at Work: Law and Practice Across the World", Genebra, 2014. Disponível em: <www.ilo.org/wcmsp5/groups/public/---dgreports/---dcomm/---publ/documents/publication/wcms_242615.pdf>. Acesso em: 11 mar. 2017.
48. Adam M. Grant, Jane E. Dutton e Brent D. Rosso, "Giving Commitment: Employee Support Programs and the Prosocial Sensemaking Process", *Academy of Management Journal*, n. 51, 2008, pp. 898-918.

## 5. AVANÇAR [PP. 74-88]

1. Albert Camus, *Lyrical and Critical Essays*. Nova York: Vintage, 1970.
2. Joseph E. Kasper, "Co-Destiny: A Conceptual Goal for Parental Bereavement and the Call for a 'Positive Turn' in the Scientific Study of the Parental Bereavement Process", tese de mestrado inédita, Universidade da Pensilvânia, 2013.
3. Viktor Frankl, *Em busca de sentido*. São Paulo: Vozes, 2008.
4. Richard G. Tedeschi e Lawrence G. Calhoun, *Helping Bereaved Parents: A Clinician's Guide*. Nova York: Routledge, 2003.
5. Para análises ver Richard G. Tedeschi e Lawrence G. Calhoun, "Posttraumatic Growth: Conceptual Foundations and Empirical Evidence", *Psychological Inquiry*, n. 15, 2004, pp. 1-18; Vicki S. Hegelson, Kerry A. Reynolds e Patricia L. Tomich, "A Meta-Analytic Review of Benefit Finding and Growth", *Journal of Consulting and Clinical Psychology*, n. 74, 2006, pp. 797-816; Gabriele Prati e Luca Pietrantoni, "Optimism, Social Support a Coping Strategies as Factors Contributing to Posttraumatic Growth: A Meta-Analysis", *Journal of Loss and Trauma*, n. 15, 2009, pp. 364-88.
6. Patricia Frazer, Ty Tashiro, Margit Berman et al., "Correlates of Levels and Patterns of Positive Life Changes Following Sexual Assault", *Journal of Consulting and Clinical Psychology*, n. 72, 2004, pp. 19-30; Amanda R. Cobb, Richard G. Tedeschi, Lawrence G. Calhoun e Arnie Cann, "Correlates of Posttraumatic Growth in Survivors of Intimate Partner Violence", *Journal of Traumatic Stress*, n. 19, 2006, pp. 895-903.

7. Steve Powell, Rita Rosner, Will Butollo et al., "Posttraumatic Growth After War: A Study with Former Refugees and Displaced People in Sarajevo", *Journal of Clinical Psychology*, n. 59, 2003, pp. 71-83; Zahava Solomon e Rachel Dekel, "Posttraumatic Disorder and Posttraumatic Growth Among Israeli Ex-POWs", *Journal of Traumatic Stress*, n. 20, 2007, pp. 303-12.
8. Tanja Zoellner, Sirko Rabe, Anke Karl e Andreas Maercker, "Posttraumatic Growth in Accident Survivors: Openness and Optimism as Predictors of Its Constructive or Illusory Sides", *Journal of Clinical Psychology*, n. 64, 2008, pp. 245-63; Cheryl H. Cryder, Ryan P. Kilmer, Richard G. Tedeschi e Lawrence G. Calhoun, "An Exploratory Study of Posttraumatic Growth in Children Following a Natural Disaster", *American Journal of Orthopsychiatry*, n. 76, 2006, pp. 65-9.
9. Sanghee Chun e Youngkhill Lee, "The Experience of Posttraumatic Growth for People with Spinal Cord Injury", *Qualitative Health Research*, n. 18, 2008, pp. 877-90; Alexandra Sawyer, Susan Ayers e Andy P. Field, "Posttraumatic Growth and Adjustment Among Individuals with Cancer or HIV/aids: A Meta-Analysis", *Clinical Psychology Review*, n. 30, 2010, pp. 436-47.
10. Richard G. Tedeschi e Lawrence G. Calhoun, "The Posttraumatic Growth Inventory: Measuring the Positive Legacy of Trauma", *Journal of Traumatic Stress*, n. 9, 1996, pp. 455-71.
11. National Center for PTSD, U.S. Department of Veteran Affairs, "How Common Is PTSD?", calculado a partir de estatísticas apresentadas no relatório. Disponível em: <www.ptsd.va.gov/public/PTSD-overview/basics/how-common-is-ptsd.asp>.
12. Friedrich Nietzsche, *Crepúsculo dos ídolos*. Trad. de Paulo César de Souza. São Paulo: Companhia das Letras, 2006.
13. Lawrence G. Calhoun e Richard G. Tedeschi, *Handbook of Posttraumatic Growth: Research and Practice*. Nova York: Routledge, 2014.
14. Camille B. Wortman, "Posttraumatic Growth: Progress and Problems", *Psychological Unquiry*, n. 15, 2004, pp. 81-90.
15. Martin E. P. Seligman, Tracy A. Steen, Nansook Park e Christopher Peterson, "Positive Psychology Progress: Empirical Validation of Interventions", *American Psychologist*, n. 60, 2005, pp. 410-21. Ver também Fabian Gander, René T. Proyer, Willibald Ruch e Tobias Wyss, "Strength-Based Positive Interventions: Further Evidence for Their Potential in Enhancing Well-Being and Alleviating Depression", *Journal of Happiness Studies*, n. 14, 2013, pp. 1241-59.
16. Patricia Frazer, Amy Conlon e Teresa Glaser, "Positive and Negative Life Changes Following Sexual Assault", *Journal of Consulting and Clinical Paychology*, n. 69, 2001, pp. 1048-55; J. Curtis McMillen, Susan Zuravin e Gregory Rideout, "Perceived Benefit from Childhood Sexual Abuse", *Journal of Consulting and Clinical Psychology*, n. 63, 1995, pp. 1037-43.

17. Darrin R. Lehman, Camille B. Wortman e Allan F. Williams, "Long-Term Effects of Losing a Spouse or Child in a Motor Vehicle Crash", *Journal of Personality and Social Psychology*, n. 52, 1987, pp. 218-31.
18. Glen H. Elder Jr. e Elizabeth Colerick Clipp, "Wartime Losses and Social Bonding: Influence Across 40 Years in Men's Lives", *Psychiatry*, n. 51, 1988, pp. 177-98; Glen H. Elder Jr. e Elizabeth Colerick Clipp, "Combat Experience and Emotional Health: Impairment and Resilience in Later Life", *Journal of Personality*, n. 57, 1989, pp. 311-41.
19. Matthew J. Cordova, Lauren L. C. Cunningham, Charles R. Carlson e Michael A. Andrykowski, "Posttraumatic Growth Following Breast Cancer: A Controlled Comparison Study", *Health Psychology*, n. 20, 2001, pp. 176-85; Sharon Manne, Jamie Ostroff, Gary Winkel et al., "Posttraumatic Growth After Breast Cancer: Patient, Partner, and Couple Perspectives", *Psychosomatic Medicine*, n. 66, 2004, pp. 442-54; Tzipi Weiss, "Posttraumatic Growth in Women with Breast Cancer and Their Husbands: An Intersubjective Validation Study", *Journal of Psychosocial Orthopsychiatry*, n. 20, 2002, pp. 65-80; Keith M. Bellizzi e Thomas O. Blank, "Predicting Posttraumatic Growth in Breast Cancer Survivors", *Health Psychology*, n. 25, 2006, pp. 47-56.
20. Frankl, *Man's Search for Meaning*.
21. Annick Shaw, Stephen Joseph e P. Alex Linley, "Religion, Spirituality, and Posttraumatic Growth: A Systematic Review", *Mental Health, Religion and Culture*, n. 8, 2005, pp. 1-11.
22. Vernon Turner, "Letter to My Younger Self", *The Players' Tribune*, 3 maio 2016. Disponível em: <www.theplayerstribune.com/vernon-turner-nfl-letter-to-my-younger-self>.
23. Paul T. P. Wong, *The Human Quest for Meaning: Theories, Research, and Applications*. Nova York: Routledge, 2013; Jochen I. Menges, Danielle V. Tussing, Andreas Wihler e Adam Grant, "When Job Performance Is All Relative: How Family Motivation Energizes Effort and Compensates for Intrinsic Motivation", *Academy of Management Journal* (no prelo). Disponível em: <http://amj.aom.org/content/early/2016/02/25/amj.2014.0898.short>.
24. Brent D. Rosso, Kathryn H. Dekas e Amy Wrzesniewski, "On the Meaning of Work: A Theoretical Integration and review", *Research in Organizational Behavior*, n. 30, 2010, pp. 91-127; Adam M. Grant, "The Significance of Task Significance: Job Performance Effects, Relational Mechanisms, and Boundary Conditions", *Journal of Applied Psychology*, n. 93, 2008, pp. 108-24; Adam M. Grant, "Relational Job Design and the Motivation to Make a Prosocial Difference", *Academy of Management Journal*, n. 32, 2007, pp. 393-437; Adam M. Grant, "Leading with Meaning: Beneficiary Contact, Prosocial Impact, and the Performance Effects of Transformational Leadership", *Academy of Management Journal*, n. 55, 2012, pp. 458-76; Yitzhak Fried e

Gerald R. Ferriss, "The Validity of the Job Characteristics Model: A review and Meta-Analysis", *Personnel Psychology*, n. 40, 1987, pp. 287-322; PayScale, "The Most and Least Meaningful Jobs". Disponível em: <www.payscale.com/data-packages/most-and-least-meaningful-jobs>.

25. Adam M. Grant e Sabine Sonnentag, "Doing Good Buffers Against Feeling Bad: Prosocial Impact Compensates for Negative Task and Self-Evaluations", *Organizational Behavior and Human Decision Processes*, n. 111, 2010, pp. 13-22; Adam M. Grant e Elizabeth M. Campbell, "Doing Good, Doing Harm, Being Well and Burning Out: The Interactions of Perceived Prosocial and Antisocial Impact in Service Work", *Journal of Occupational and Organizational Psychology*, n. 80, 2007, pp. 665-91. Ver também Thomas W. Britt, James M. Dickinson, De Wayne Moore et al., "Correlates and Consequences of Morale Versus Depression Under Stressful Conditions", *Journal of Occupational Health Psychology*, n. 12, 2007, pp. 34-47; Stephen E. Humphrey, Jennifer D. Nahrgang e Frederick P. Morgeson, "Integrating Motivational, Social, and Contextual Work Design Features: A Meta-Analytic Summary and Theoretical Extension of the Work Design Literature", *Journal of Applied Psychology*, n. 92, 2007, pp. 1332-56.

26. Sabine Sonnentag e Adam G. Grant, "Doing Good at Work Feels Good at Home, But Not Right Away: When and Why Perceived Prosocial Impact Predicts Positive Affect", *Personnel Psychology*, n. 65, 2012, pp. 495-530.

27. Abby Goodnough, "More Applicants Answer the Call for Teaching Jobs", *The New York Times*, 11 fev. 2002. Disponível em: <www.nytimes.com/learning/students/pop/20020212snaptuesday.html>.

28. Amy Wrzesniewski, "It's not Just a Job: Shifting Meanings of Work in the Wake of 9/11", *Journal of Management Inquiry*, n. 11, 2002, pp. 230-34.

29. J. Curtis McMillen, Elizabeth M. Smith e Rachel H. Fisher, "Perceived Benefit and Mental Health After Three Types of Disaster", *Journal of Consulting and Clinical Psychology*, n. 65, 1997, pp. 733-39.

30. Philip J. Cozzolino, Angela Dwan Staples, Lawrence S. Meyers e Jamie Samboceti, "Greed, Death, and Values: From Terror Management to Transcendence Management Theory", *Personality and Social Psychology Bulletin*, n. 30, 2004, pp. 278-92; Adam M. Grant e Kimberly Wade-Benzoni, "The Hot and Cool of Death Awareness at Work: Mortality Cues, Aging, and Self-Protective and Prosocial Motivations", *Academy of Management Review*, n. 34, 2009, pp. 600-22.

31. Robin K. Yabroff, "Financial Hardship Associated with Cancer in the United States: Findings from a Population-Based Sample of Adult Cancder Survivors", *Journal of Clinical Oncology*, n. 34, 2016, pp. 259-67; Echo L. Warner, Anne C. Kirchhoff, Gina E. Nam e Mark Fluchel, "Financial Burden of Pediatric Cancer Patients and Their Families", *Journal of Oncology Practice*, n. 11, 2015, pp. 12-8.

32. National Alliance for Cancer Caregiving, "Cancer Caregiving in the U.S.: An Intense, Episodic, and Challenging Care Experience", jun. 2016. Disponível em: <www.caregiving.org/wp-content/uploads/2016/06/CancerCaregivingReport_FINAL_June-17-2016.pdf>; Alison Syder, "How Cancer in the Family Reverberates Through the workplace", *The Washington Post*, 11 dez. 2016. Disponível em: <www.washingtonpost.com/national/healt-science/how-cancer-in-the-family-reverberates-through-the-workplace/2016/12/09/08311ea4-bb24-11e6-94ac-3d324840106c_story.html>.
33. David U. Himmelstein, Deborah Thorne, Elizabeth Warren e Steffie Woolhandler, "Medical Bankruptcy in the United States, 2007: Results of a National Study", *The American Journal of Medicine*, n. 11, 2009, pp. 741-46.
34. Scott Ramsey, David Blough, Anne Kirchhoff et al., "Washington State Cancer Patients Found to Be at Greatest Risk for Bankruptcy than People Without a Cancer Diagnosis", *Health Affairs*, n. 32, 2013, pp. 1143-52. Ver também Robin Yabroff, Emily C. Dowling, Gery P. Guy et al., "Financial Hardship Associated with Cancer in the United States: Findings From a Population-Based Sample of Adult Cancer Survivors", *Journal of Clinical Oncology*, n. 34, 2015, pp. 259-67.
35. Board of Governors of the Federal Reserve System, "Report on the Economic Well-Being of U.S. Households in 2015", maio 2016. Disponível em: <www.federalreserve.gov/2015-report-economic-well-being-us-households-201605.pdf>.
36. Sally Maitlis, "Who Am I Now? Sensemaking and Identity in Posttraumatic Growth". In: Laura Morgan Roberts e Jane E. Dutton (Orgs.), *Exploring Positive Identities and Organizations: Building a Theoretical and Research Foundation*. Nova York: Psychology Press, 2009.
37. Hazel Markus e Paula Nurius, "Possible Selves", *American Psychologist*, n. 41, 1986, pp. 954-69; Elizabeth A. Penland, William G. Masten, Paul Zelhart et al., "Possible Selves, Depression and Coping Skills in University Students", *Personality and Individual Differences*, n. 29, 2000, pp. 963-9; Daphna Oyserman e Hazel Rose Markus, "Possible Selves and Delinquency", *Journal of Personality and Social Psychology*, n. 59, 1990, pp. 112-25; Chris Feudner, "Hope and Prospects of Healing at the End of Life", *The Journal of Alternative and Complementary Medicine*, n. 11, 2005, pp. S-23-30.
38. Helen Keller, *We Bereaved*. Nova York: Leslie Fulenwider, 1929. Disponível em: <https://archive.org/stream/webereaved00hele#page/22/mode/2up>.
39. Trenton A. Williams e Dean A. Shepherd, "Victim Entrepreneurs Doing Well by Doing Good: Venture Creation and Well-Being in the Aftermath of a Resource Shock", *Journal of Business Venturing*, n. 31, 2016, pp. 365-87.
40. Atribuído a Lúcio Aneu Sêneca; Semisonic, "Closing Time", *Feeling Strangely Fine*, MCA, 1998.

41. Stephen Schwartz, *Wicked*, gravação do elenco original da Broadway, Decca Broadway, 2003.

## 6. RECUPERAR A ALEGRIA [PP. 89-99]

1. Margaret Shandor Miles e Alice Sterner Demi, "A Comparison of Guilt in Bereaved Parents Whose Children Died by Suicide, Accident, or Chronic Disease, *OMEGA: Journal of Death and Dying*, n. 24, 1992, pp. 203-15.
2. Joel Brockner, Jeff Greenberg, Audrey Brockner et al., "Layoffs, Equity Theory, and Work Performance: Further Evidence of the Impact of Survivor Guilt", *Academy of Management Journal*, n. 29, 1986, pp. 373-84; Barbara Kiviat, "After Layoffs, There's Survivor Guilt", *Time*, 1º fev. 2009. Disponível em: < http://content.time.com/time/business/article/0,8599,1874592,00.html>.
3. Roy F. Baumeister, Kathleen D. Vohs, Jennifer L. Aaker e Emily N. Garbinsky, "Some Key Differences Between a Happy Life and a Meaningful Life", *The Journal of Positive Psychology*, n. 8, 2013, pp. 505-16.
4. Adam G. Grant, Elizabeth M. Campbell, Grace Chen et al., "Impact ant the Art of Motivation Maintenance: The Effects of Contact with Beneficiaries on Persistence Behavior", *Organizational Behavior and Human Decision Processes*, n. 103, 2007, pp. 53-67; Adam M. Grant, "Does Intrinsic Motivation Fuel the Prosocial Fire? Motivational Synergy in Predicting Persistence, Performance, and Productivity", *Journal of Applied Psychology*, n. 93, 2008, pp. 48-58; Nicola Bellé, "Experimental Evidence on the Relationship Between Public Service Motivation and Job Performance", *Public Administration Review*, n. 73, 2013, pp. 143-53.
5. Bono, citado em Brian Boyd, "Bono: The Voice of Innocence and Experience", *The Irish Times*, 18 set. 2015. Disponível em: <www.irishtimes.com/culture/music/bono-the-voice=of-innocence-and-experience-1.2355501>; "ato de resistência" modificado para "ato definitivo de resistência" com permissão.
6. Ed Diener, Ed Sandvik e William Pavot, "Happiness Is the Frequency, Not the Inensity, of Positive Versus Negative Affect". In: Fritz Strack, Michael Argyle e Norbert Schwartz (Orgs. ), *Subjective Well-Being: An Interdisciplinary Perspective*. Nova York: Pergamon, 1991.
7. Frank J. Infurna e Suniya S. Luthar, "The Multidimensional Nature of Resilience to Spousal Loss", *Journal of Personality and Social Psychology* (no prelo). Disponível em: <http://psycnet.apa.org/psycinfo/2016-33916-001>.
8. Annie Dillard, *The Writing Life*. Nova York: Harper & Row, 1989.

9. Tim Urban, "How to Pick Your Life Partner: Part 2", *Wait But Why*, fev. 2014. Disponível em: <http://waitbutwhy.com/2014/02/pick-life-partner-part-2.html>.
10. Paul Rozin e Edward B. Royzman, "Negativity Bias, Negativity Dominance, and Contagion", *Personality and Social Psychology Review*, n. 5, 2001, pp. 296-320; Roy F. Baumeister, Ellen Bratlavsky, Catrin Finkenauer e Kathleen D. Vohs, "Bad Is Stronger than Good", *Review of General Psychology*, n. 5, 2001, pp. 323-70.
11. Anita DeLongis, James C. Coyne, Gayle Dakof et al., "Relationship of Daily Hassles, Uplifts, and Major Life Events to Health Status", *Health Psychology*, n. 1, 1982, pp. 119-36; Vivian Kraaij, Ella Arensman e Philip Spinhoven, "Negative Life Events and Depression in Elderly Persons: A Meta-Analysis", *The Journals of Gerontology Series B*, n. 57, 2002, pp. 87-94.
12. Michele M. Tugade, Barbara L. Fredrickson e Lisa Feldman Barrett, "Psychological Resilience and Positive Emotional Granularity: Examining the Benefits of Positive Emotions on Coping and Health", *Journal of Personality*, n. 72, 2004, pp. 1161-90.
13. Chad M. Burton e Laura A. King, "The Health Benefits of Writing About Intensely Positive Experiences", *Journal of Research in Personality*, n. 38, 2004, pp. 150-63; Joyce E. Bono, Theresa M. Glomb, Winny Shen et al., "Building Positive Resources: Effects of Positive Events and Positive Reflection on Work Stress and Health", *Academy of Management Journal*, n. 56, 2013, pp. 1601-27.
14. Anthony D. Ong, C. S. Bergeman, Toni L. Bisconi e Kimberly A. Wallace, "Psychological Resilience, Positive Emotions, and Successful Adaptation to Stress in Later Life", *Journal of Personality and Social Psychology*, n. 2, 2011, pp. 395-402.
15. Cassie Mogilner, Seepandar D. Kamvar e Jennifer Aaker, "The Shifting Meaning of Happiness", *Social Psychological and Personality Science*, n. 2, 2011, pp. 395-402.
16. Reverenda Veronica Goines, citada em Anne Lamott, *Plan B: Further Thoughts on Faith*. Nova York: Riverhead, 2006; Robert Lee Hill, *The Color of Sabbath: Proclamations and Prayers for New Beginnings*. Pasadena: Hope, 2007.
17. Shelly L. Gable. Harry T. Reis, Emily A. Impett e Evans R. Asher, "What Do You Do When Things Go Right? The Intrapersonal and Interpersonal Benefits of Sharing Positive Events", *Journal of Personality and Social Psychology*, n. 87, 2004, pp. 228-45.
18. Shannon Sedwick Davis, "Joy is a Discipline", *To My Boys*, 18 maio 2014. Disponível em: <www.2myboys.com/joy-discipline>.
19. Nicholas Hobbs, "The Psychologist as Administrator", *Journal of Clinical Psychology*, n. 25, 1959, pp. 237-40; John Habel, "Precipitating Myself into Just Manageable Difficulties: Constructing an Intellectual Biography of Nicholas Hobbs". In: Kathleen B. de Marrais, *Inside Stories: Qualitative Research Reflections*. Maahwah, NJ: Erlbaum, 1998.

20. Mihaly Csikszentmihalyi, *Finding Flow: The Psychology of Engagement with Everyday Life*. Nova York: Basic, 1998; Ryan W. Quinn, "Flow in Knowledge Work: High Performance Experience in the Design of National Security Technology", *Administrative Science Quarterly*, n. 50, 2005, pp. 610-41.
21. Citado em Jason Zinoman, "Patton Oswalt: I'll Never Be at 100 Percent Again", *The New York Times*, 26 out. 2016. Disponível em: <www.nytimes.com/2016/10/30/arts/patton-oswalt-ill-never-be-at-100-percent-again.html?_r=0>; citação mudada de "verdadeiro herói" para "herói musculoso" com permissão.
22. Mayo Clinic Staff, "Exercise: 7 Benefits of Regular Physical Activity", Mayo Clinic, 13 out. 2016. Disponível em: <www.mayoclinic.org/healthy-lifestyle/fitness/in-depth/exercise/art-20048389>.
23. Georgia Stahopoulou, Mark B. Powers, Angela C. Berry et al., "Exercise Interventions for Mental Health: A Quantitative and Qualitative Review", *Clinical Psychology*, n. 13, 2006, pp. 170-93.
24. James A. Blumenthal, Michael A. Babyak, Kathleen A. Moore et al., "Effects of Exercise Training on Older Patients with Major Depression", *Archives of Internal Medicine*, n. 159, 1999, pp. 2349-56.
25. UNHCR, Agência de Refugiados da ONU, "Figures at a Glance". Disponível em: <www.unhcr.org/en-us/figures-at-a-glance.html>; Scott Arbeiter, "America's Duty to Take in Refugees", *The New York Times*, 23 set. 2016. Disponível em: <www.nytimes.com/2016/09/24/opinion/americas-duty-to-take-in-refugees.html>.

## 7. CRIAR FILHOS RESILIENTES [PP. 100-19]

1. Disponível em: <www.iguanaacademy.com/timothy-chambers>.
2. Adam Grant, "The Surprising Habits of Original Thinkers", TED, abr. 2016. Disponível em: <www.ted.com/talks/adam_grant_the_surprising_habits_of_original_thinkers>.
3. UNICEF, "Country Office Portal Annual Report 2011 for Brazil, TACRO". Disponível em: <www.unicef.org/about/annualreport/files/Brazil_COAR_2011.pdf>. Acesso em: 18 maio 2017.
4. National Poverty Center, "Poverty in the United States". Disponível em: <www.npc.umich.edu/poverty>.
5. Bernadette D. Proctor, Jessica L. Semega e Melissa A. Kollar, "Income and Poverty in the United States: 2015", United States Census Bureau, set. 2016. Disponível em: <www.census.gov/content/dam/Census/library/publications/2016/demo/p60-256.pdf>.
6. Katie Reilly, "Sesame Street Reaches Out to 2.7 Million American Children with an

Incarcerated Parent", Pew Research Center, 21 jun. 2013. Disponível em: <www.pewresearch.org/fact-tank/2013/06/21/sesame-street-reaches-out-to-2-7-million--american-children-with-an-incarcerated-parent>.
7. Katie A. McLaughlin e Margaret A. Sheridan, "Beyond Cumulative Risk: A Dimensional Approach to Childhood Adversity", *Current Directions in Psychological Science*, n. 25, 2016, pp. 239-45.
8. Gregory Camilli, Sadako Vargas, Sharon Ryan e William Steven Barnett, "Meta-Anlysis of the Effects of Early Education Interventions on Cognitive and Social Development", *Teacher College Record*, n. 122, 2010, pp. 579-620.
9. Disponível em: <www.nursefamilypartnership.org>.
10. Nicholas Kristof e Sheryl WuDunn, "The Way to Beat Poverty", *The New York Times*, 12 set. 2014. Disponível em: <www.nytimes.com/2014/09/14/opinion/sunday/nicholas-kristof-the-way-to-beat-poverty.html>.
11. Lynn A. Karoly, M. Rebecca Kilburn e Jill S. Cannon, "Early childhood Interventions: Proven Results, Future Promises", RAND Labor and Population 2005. Disponível em: <www.rand.org/content/dam/rand/pubs/monographs/2005/RAND_MG341.pdf>.
12. Ann S. Masten, "Ordinary Magic: Resilience Processes in Development", *American Psychologist*, n. 56, 2001, pp. 227-38; Carolyn M. Youssef e Fred Luthans, "Positive Organizational Behavior in the Workplace: The Impact of Hope, Optimism, and Resilience", *Journal of Management*, n. 33, 2007, pp. 774-800; Salvatore R. Maddi, *Hardiness: Turning Stressful Circumstances into Resilient Growth*. Nova York: Springer Science & Business Media, 2012.
13. Brian R. Little, Katariina Salmela-Aro e Susan D. Phillips (Orgs.), *Personal Project Pursuit: Goals, Action, and Human Flourishing*. Mahwah, NJ: Erlbaum, 2006.
14. Emmy E. Werner, "High-Risk Children in Young Adulthood: A Longitudinal Study from Birth to 32 Years", *American Journal of Orthopsychiatry*, n. 59, 1989, pp. 72-91.
15. Mary Karapetian Alvord e Judy Johnson Grados, "Enhancing Resilience in Children: A Proactive Approach", *Professional Psychology: Research in Practice*, n. 36, 2005, pp. 238-45.
16. Kathy Anderson começou este programa e fez dele um Lean in Circle. Para mais informação, ver: <https://leanincircles.org/chapter/change-your-shoes>.
17. Carol S. Dweck, *Mindset: The New Psychology of Success*. Nova York: Random House, 2006.
18. Claudia M. Mueller e Carol S. Dweck, "Praise for Intelligence Can Undermine Children's Motivation and Performance", *Journal of Personality and Social Psychology*, n. 75, 1998, pp. 33-52.
19. David Paunesku, Gregory M. Walton, Carissa Romero et al., "Mind-set Interventions Are a Scalable Treatment for Academic Underachievement", *Psychological Science*, n. 26, 2015, pp. 784-93.

20. David S. Yeager, Gregory M. Walton, Shannon T. Brady et al., "Teaching a Lay Theory Before College Narrows Achievement Gaps at Scale", *Proceedings of the National Academy of Sciences*, n. 113, 2016, pp. 12111-3.
21. Kyla Haimovitz e Carol S. Dweck, "What Predicts Children's Fixed and Growth Mind-Sets? Not Their Parents' Views of Intelligence but Their Parents' Views of Failure", *Psychological Science*, n. 27, 2016, pp. 859-69.
22. Julie Lythcott-Haims, *How to Raise an Adult: Break Free of the Overparenting Trap and Prepare Your Kid for Success*. Nova York: Holt, 2015.
23. Carol Dweck, "Carol Dweck Revisits the Growth Mondset", *Education Week*, 22 set. 2015. Disponível em: <www.edweek.org/ew/articles/2015/09/23/carol-dweck-revisits-the-growth-mindset.html>.
24. Morris Rosenberg e B. Claire McCullough, "Mattering: Inferred Significance and Mental Health Among Adolescents", *Research in Community and Mental Health*, n. 2, 1981, pp. 163-82; Login S. George e Crystal L. Park, "Meaning in Life as Comprehension, Purpose, and Mattering: Toward Integration and New Research Questions", *Review of General Psychology*, n. 20, 2016, pp. 205-20.
25. Gregory C. Elliot, Melissa F. Colangelo e Richard J. Gelles, "Mattering and Suicide Ideation: Establishing and Elaboring a Relationship", *Social Psychology Quarterly*, n. 68, 2005, pp. 223-38.
26. Laura Kann, Emily O'Malley Olsen, Tim McManus et al., "Sexual Identity, Sex of Sexual Contacts, and Health-Risk Behaviors Among Students in Grades 9-12", Centers for Disease Control and Prevention, *Morbidity and Mortality Weekly Report*, 10 jun. 2011, Disponível em: <www.cdc.gov/mmwr/pdf/ss/ss60e0606.pdf>.
27. Jessica Alexander, "Teaching Kids Empathy: In Danish Schools, It's... Well, It's a Piece of Cake", *Salon*, 9 ago. 2016. Disponível em: <www.salon.com/2016/08/09/teaching-kids-empathy-in-danish-schools-its-well-its-a-piece-of-cake>; Jessica Joelle Alexander e Iben Dissing Sandahl, *Crianças dinamarquesas: O que as pessoas mais felizes do mundo sabem sobre criar filhos confiantes e capazes*. São Paulo: Fontanar, 2017.
28. Maartin L. Hoffman, *Empathy and Moral Development: Implications for Caring and Justice*. Nova York: Cambridge University Press, 2001.
29. Disponível em: <http://corstone.org/girls-first-bihar-india>.
30. Kate Leventhal, "Ritu's Story: A New Advocate for Peace and Women's Rights", CorStone, 19 nov. 2015. Disponível em: <http://corstone.org/ritus-story-peace-rights>.
31. Lee Justin e Kent D. Harber, "Teacher Expectations and Self-Fulfilling Prophecies: Knowns and Unknowns, Resolved and Unresolved Controversies", *Personality and Social Psychology Review*, n. 9, 2005, pp. 131-55; Robert Rosenthal e Lenore Jacobson, "Teachers' Expectancies: Determinants of Pupils' IQ Gains", *Psychological Re-*

*ports*, n. 19, 1966, pp. 115-8; Monica J. Harris e Robert Rosenthal, "Mediation of Interpersonal Expectancy Effects: 31 Meta-Analyses", *Psychological Bulletin*, n. 97, 1985, pp. 363-86.

32. David S. Yeager e Carol S. Dweck, "Mindsets That Promote Resilience: When Students Believe That Personal Characteristics Can Be Developed", *Educational Psychologist*, n. 47, 2012, pp. 302-14.

33. Adam S. Grant e Francesca Gino, "A Little Thanks Goes a Long Way: Explaining Why Gratitude Expressions Motivate Prosocial Behavior", *Journal of Personality and Social Psychology*, n. 98, 2010, pp. 946-55.

34. Social Security Administration, "Benefits Paid by Type of Beneficiary". Disponível em: <www.ssa.gov/oact/progdata/icp.html>.

35. "Life with Grief Research", *Comfort Zone News*. Disponível em: <www.comfortzonecamp.org/news/childhood-bereavement-study-results>.

36. Joan Stiles, "Neural Plasticity and Cognitive Development", *Developmental Neuropsychology*, n. 18, 2000, pp. 237-72. Ver também Dante Ciccheti, "Resilience Under Conditions of Extreme Stress: A Multilevel Perspective", *World Psychiatry*, n. 9, 2010, pp. 145-54.

37. Kenneth J. Doka e Joyce D. Davidson (Orgs.), *Living with Grief: Who We Are, How We Grieve*. Nova York: Routledge, 1998.

38. Christopher M. Barnes, Cristiano L. Guarana, Shazia Nauman e Dejun Tony King, "Too Tired to Inspire or Be Inspired: Sleep Deprivation and charismatic Leadership", *Journal of Applied Psychology*, n. 101, 2016, pp. 191-9; Brett Litwiller, Lori Anderson Snyder, William D. Taylor e Logan M. Steele, "The Relationship Between Sleep and Work: A Meta-Analysis", *Journal of Applied Psychology* (no prelo). Disponível em: <http://psycnet.apa.org/psycinfo/2016-57450-001>.

39. Disponível em: <https://girlsleadership.org>.

40. Robyn Fivush, Jennifer Bohanek, Rachel Robertson e Marshall Duke, "Family Narratives and the Development of Children's Emotional Well-Being". In: Michael W. Pratt e Barbara H. Fiese, *Family Stories and the Life Couse: Across Time and Generations*. Mahwah, NJ: Erlbaum, 2004; Bruce Feller, "The Stories That Bind Us", *The New York Times*, 15 mar. 2013. Disponível em: <www.nytimes.com/2013/03/17/fashion/the-family-stories-that-bind-us-this-life.html>.

41. Jennifer G. Bohanek, Kelly A. Marin, Robyn Fivush e Marshall P. Duke, "Family Narrative Interaction and Children's Sense of Self", *Family Process*, n. 45, 2006, pp. 39-54.

42. Constantine Sedikides, Tim Wildschutt, Jamie Arndt e Clay Routledge, "Nostalgia: Past, Present and Future", *Current Directions in Psychological Science*, n. 17, 2008, pp. 304-7.

43. Rachel A. Haine, Tim S. Ayers, Irwin N. Sandler e Sharlene A. Wolchik, "Evidence-Based Practices for Parentally Bereaved Children and Their Families", *Professional Psychology: Research and Practice*, n. 39, 2008, pp. 113-21. Ver também Margaret Stroebe e Henk Schut, "Family Matters in Bereavement: Toward an Integrative Intra-Interpersonal Coping Model", *Perspectives on Psychological Science*, n. 10, 2015, pp. 873-9. Mais detalhes sobre o programa estão disponíveis em <https://reachinstitute.asu.edu/programs/family-bereavement>.
44. Daniel Kahneman, *Thinking, Fast and Slow*. Nova York: Farrar, Strauss and Giroux, 2012.
45. Kristin Diehl, Gal Zauberman e Alixandra Barash, "How Taking Photos Increases Enjoyment of Experiences", *Journal of Personality and Social Psychology*, n. 111, 2016, pp. 119-40.

## 8. ENCONTRAR FORÇAS JUNTOS [PP. 120-32]

1. Martin Luther King Jr., "Letter from a Birmingham Jail", 16 abr. 1963, citado em: <www.theatlantic.com/politics/archive/2013/04/martin-luther-kings-letter-from-birmingham-jail/274668>.
2. Spencer Harrison, "The Role of Hope in Organizing: The Case of the 1972 Andes Flight Disaster", artigo de trabalho, 2016; Piers Paul Read, *Alive: The Story of the Andes Survivors*. Filadélfia: Lippincott, 1974; Nando Parrado, *Miracle in the Andes: 72 Days on the Mountain and My Long Trek Home*. Nova York: Crown, 2006; Roberto Canessa e Pablo Vierci, *I Had to Survive: How a plane Crash in the Andes Inspired My Calling to Save Lives*. Nova York: Atria Books, 2016; Michael Useem, *The Go Point: How to Get Off the Fence by Knowing What to Do and When to Do It*. Nova York: Three Rivers Press, 2006; Pablo Vierci, *A sociedade da neve: Os dezesseis sobreviventes da tragédia nos Andes contam toda a história pela primeira vez*. São Paulo: Companhia das Letras, 2010.
3. James D. Ludema, Timothy B. Wilmot e Suresh Srivastava, "Organizational Hope: Reaffirming the Constructive Task of Social and Organizational Inquiry", *Human Relations*, n. 50, 1997, pp. 1015-52.
4. C. R. Snyder, "Conceptualizing, Measuring, and Nurturing Hope", *Journal of Counseling and Development*, n. 73, 1995, pp. 355-60; C. R. Snyder, *Handbook of Hope*. San Diego: Academic Press, 2000.
5. David B. Feldman e Lee Daniel Kravetz, *Supersurvivors: The Surprising Link Between Suffering and Success*. Nova York: Harper Wave, 2014.
6. "Chile Miners Get Support from 'Alive' Crash Survivors", BBC News, 4 set. 2010. Disponível em: <www.bbc.com/news/world-latin-america-11190456>; " 'Alive' Survivors Reach Out to Trapped Chilean Miners", *Weekend Edition Sunday*, NPR, 5 set.

2010. Disponível em: <www.npr.org/templates/story/story.php?storyId=129662796>; "A Survivor's Message to Miners". Disponível em: <www.youtube.com/watch?v=kLHhTLbjtkY>.

7. Disponível em: <www.experience.camp>.
8. "Testimony of Former SHU Inmate Steven Czifra at the Joint Legislative Hearing on Solitary Confinement in California", 9 out. 2013. Disponível em: <www.whatthefolly.com/2013/10/22/transcript-testimony-of-former-shu-inmate-steven-czifra-at-the-joint-legislative-hearing-on-solitary-confinement-in-california-oct-9-2013>; "Steven Czifra on Solitary Confinement in North Berkeley, 6 nov. 2013. Disponível em: <www.youtube.com/watch?v=aodLBlt1i00>.
9. Larissa McFarquhar, "Building a Prison-to-School Pipeline", *The New Yorker*, 12 dez. 2016. Disponível em: <www.newyorker.com/magazine/2016/12/12/the-ex-con-scholars--of-berkeley>; Jessie Lau, "Incarceration to Convocation", *The Daily Californian*, 10 maio 2015. Disponível em: <www.dailycal.org/2015/05/10/incarceration-to-convocation>.
10. Disponível em: <www.possefoundation.org>.
11. Michèle Lamont, Graziella Moraes Silva, Jessica S. Welburn et al., *Getting Respect: Responding to Stigma and Discrimination in the United States, Brazil, and Israel*. Princeton: Princeton University Press, 2016.
12. Michael Johns, Toni Schmader e Andy Martens, "Knowing Is Half the Battle: Teaching Stereotype Threat as a Means of Improving Women's Math Performance", *Psychological Science*, n. 16, 2005, pp. 175-9.
13. Claude M. Steele e Joshua Aronson, "Stereotype Threat and the Intellectual Test Performance of African Americans", *Journal of Personality and Social Psychology*, n. 69, 1995, pp. 797-811. Para uma análise, ver Hannah-Hahn D. Nguyen e Ana Maria Ryan, "Does Stereotype Threat Affect Test Performance of Minorities and Women? A Meta-Analysis of Experimental Evidence", *Journal of Applied Psychology*, n. 93, 2008, pp. 1314-34.
14. Claude M. Steele, "A Threat in the Air: How Stereotypes Shape Intellectual Identity and Performance", *American Psychologist*, n. 52, 1997, pp. 613-29; Jenessa R. Shapiro e Steven L. Neuberg, "From Stereotype Threat to Stereotype Threats: Implications of a Multi-Threat Framework for Causes, Moderators, Mediators, Consequences, and Interventions", *Personality and Social Psychology Review*, n. 11, 2007, pp. 107-30.
15. Tina Rosenberg, "Beyond SATS, Finding Success in Numbers", *The New York Times*, 15 fev. 2012. Disponível em: <https://opinionator.blogs.nytimes.com/2012/02/15/beyond-sats-finding-success-in-numbers>.
16. Dan S. Chaiburu e David A. Harrison, "Do Peers Make the Palce? Conceptual Synthesis and Meta-Analysis of Coworker Effects on Perceptions, Attitudes, OCBS, and

Performance", *Journal of Applied Psychology*, n. 93, 2008, pp. 1082-103; Chockalingam Viswesvaran, Juan I. Sanchez e Jeffrey Fisher, "The Role of Social Support in the Process of Work Stress: A Meta-Analysis", *Journal of Vocational Behavior*, n. 54, 1999, pp. 314-34.

17. Geoff DeVerteuil e Oleg Golubchikov, "Can Resilience Be Redeemed?", *City: Analysis of Urban Trends, Culture, Theory, Policy, Action*, n. 20, 2016, pp. 143-51; Markus Keck e Patrick Sakdapolrak, "What Is Social Resilience? Lessons Learned and Ways Forward", *Erdkunde*, n. 67, 2013, pp. 5-19.
18. Antoinee Leiris, *You Will Not Have My Hate*. Nova York: Penguin Press, 2016.
19. Jonathan Haidt, "Elevation and the Positive Psychology of Morality". In: Corey L. M. Keyes e Jonathan Haidt (Orgs.) *Flourishing: Positive Psychology and the Life Well-Lived*. Washington, DC: American Psychological Association, 2003; Rico Pohling e Rhert Diessner, "Moral Elevation and Moral Beauty: A Review of the Empirical Literature", *Review of General Psychology*, n. 20, 2016, pp. 412-25; Sara B. Algoe e Jonathan Haidt, "Witnessing Excellence in Action: the 'Other-Praising' Emotions of Elevation, Gratitude, and Admiration", *The Journal of Positive Psychology*, n. 4, 2009, pp. 105-27; Simone Schnall, Jean Roper e Daniel M. T. Fessler, "Elevation Leads to Altruistic Behavior", *Psychological Science*, n. 21, 2010, pp. 315-20.
20. Discurso de posse de Abraham Lincoln, 4 mar. 1861. Disponível em: <http://avalon.law.yale.edu/19th_century/lincoln1.asp>.
21. Dan Freeman, Karl Aquino e Brent McFerran, "Overcoming Beneficiary Race as an Impediment to Charitable Donations: Social Dominance Orientation, the Experience of Moral Elevation, and Donation Behavior", *Personality and Social Psychology Bulletin*, n. 35, 2009, pp. 72-84; Karl Aquino, Brent McFerran e Marjorie Laven, "Moral Identity and the Experience of Moral Elevation in Response to Acts of Uncommon Goodness", *Journal of Personality and Social Psychology*, n. 100, 2011, pp. 703-18; Jane E. Dutton, Monica C. Worline, Peter J. Frost e Jacoba Lilius, "Explaining Compassion Organizing", *Administrative Science Quarterly*, n. 51, 2006, pp. 59-96.
22. Martin Luther King Jr., citado em Clayborne Carson e Peter Holloran (Orgs.), *A Knock at Midnight: Inspiration from Great Sermons of Reverend Martin Luther King, Jr.* Nova York: Grand Central, 2000.
23. Elahe Izadi, "The Poweful Words of Forgiveness Delivered to Dylann Roof by Victims' Relatives", *The Washington Post*, 19 jun. 2015. Disponível em: <www.washingtonpost.com/news/post-nation/wp/2015/06/19/hate-wont-win-the-powerful-words-delivered-to-dylann-roof-by-victims-relatives>; John Eligon e Richard Fausset, "Defiant Show of Unity in Charleston Church That Lost 9 to Racist Violence", *The New York Times*, 21 jun. 2015. Disponível em: <www.nytimes,com/2015/06/22/us/ame-church-in-charleston-reopen-as-congregation-mourns--shooting-victims.html>; Aelxis Simmons, "Families Impacted by Gun Violence

Unite at Mother Emanuel Calling for Gun Reform", *KCTV News*, 24 abr. 2016. Disponível em: <www.kctv5.com/story/31804155/families-impacted-by-gun-violence-unite-at-mother-emanuel-calling-for-gun-reform>; Michael S. Schmidt, "Background Check Flaw Let Dylann Roof Buy Gun, F.B.I. Says", *The New York Times*, 10 jul. 2015. Disponível em: <https://www.nytimes.com/2015/07/11/us/background-check-flaw-let-dylann-roof-buy-gun-fbi-says.html?mtrref=www.google.com.br&gwh=D497079860DA7BD00FA2749288EC2538&gwt=pay&assetType=nyt_now>.

24. "President Obama Sings 'Amazing Grace'". Disponível em: <www.youtube.com/watch?v=IN05jvNBs64>.
25. Richard Fausset e John Eligon, "Cahrleston Church Reopens in Moving Service as Congregation Mourns", *The Charlotte Observer*, 21 jun. 2015. Disponível em: <www.charlotteobserver.com/news/local/article25113397.html>.
26. Disponível em: <http://thedartcenter.org>.
27. Dean A. Shepherd e Treonton A. Williams, "Local Venturing as Compassion Organizing in the Aftermath of a Natural Disaster: The Role of Localness and Community in Reducing Suffering", *Journal of Management Studies*, n. 51, 2014, pp. 952-94.
28. Ver Daniel P. Aldrich e Michelle A. Meyer, "Social Capital and Community Resilience", *American Behavioral Scientist*, n. 59, 2015, pp. 254-69; Stevan E. Hobfoll, Patricia Watson, Carl C. Bell et al., "Five Essential Elements of Immediate and Mid-Term Mass Trauma Intervention: Empirical Evidence", *Psychiatry*, n. 70, 2007, pp. 283-315. Comunidades que têm mais recursos financeiros com frequência também são mais resilientes. Depois que o furacão Andrew atingiu a Flórida, em agosto de 1992, as pessoas que tinham perdido sua casa e não conseguiam obter verbas para reconstruí-la eram significativamente mais propensas a desenvolver a TEPT. Gail Ironson, Christina Wynings, Neil Schneiderman et al., "Posttraumatic Stress Symtoms, Intrusive Thoughts, Loss, and Immune Function After Hurricane Andrew", *Psychosomatic Medicine*, n. 59, 1997, pp. 128-41. Psicólogos observam que "iniciativas por parte do estado do Mississippi para fazer companhias de seguros pagar os danos seguindo a lei estadual são uma intervenção de saúde mental crítica". Hobfoll et al., "Five Essential Elements of Immediate and Mid-Term Mass Trauma Intervention".
29. J. P. De Jong, Wilma F. Scholte, Maarten Koeter e Augustinus A. M. Hart, "The Prevalence of Mental Health Problems in Rwanda and Burundese Refugee Camps", *Acta Psychiatrica*, n. 102, 2000, pp. 171-7.
30. Joop de Jong (Org.), *Trauma, War, and Violence: Public Mental Health in Socio-Cultural Context*. Nova York: Springer, 2002.
31. Brook Larmer, "The Price of Marriage in China", *The New York Times*, 9 mar. 2013. Disponível em: <http://www.nytimes.com/2013/03/10/business/in-a-changing-china-

-new-matchmaking-markets.html>; A. A., " 'Leftover' and Proud", *The Economist*, 1º ago. 2014. Disponível em: <www.economist.com/blogs/analects/2014/08/womens--voices >.

32. Clarissa Sebag-Montefiore, "Romance with Chinese Characteristics", *The New York Times*, 21 ago. 2012. Disponível em: <http://latitude.blogs.nytimes.com/2012/08/21/romance-with-chinese-characteristics/?_r=0>.
33. Jenni Risku, "Reward Actors Who Promote Diversity: Lean In China's Virginia Tan", *e27*, 19 set. 2016. Disponível em: <https://e27.co/reward-actors-who-promote-diversity-lean-in-chinas-virginia-tan-20160916>.

## 9. ERRAR E APRENDER NO TRABALHO [PP. 133-45]

1. Peter M. Madsen e Vinit Desai, "Failing to Learn? The Effects of Failure and Success on Organizational Learning in the Global Orbital Launch Vehicle Industry", *Academy of Management Journal*, n. 53, 2010, pp. 451-76.
2. Trenton A. Williams, Daniel A. Gruber, Kathleen M. Stutcliffe et al., "Organizational Response to Adversity: Fusing Crisis Management and Resilience Research Streams", *Academy of Management Annals* (no prelo).
3. Eddie Lutnick, *An Unbroken Bond: The Untold Story of How the 658 Cantor Fitzgerald Families Faced the Tragedy of 9/11 and Beyond*. Nova York: Emergence Press, 2011.
4. "We Asked People to Tell Us Their Biggest Regret — But What Theeey All Had in common Was Heartbreaking", *A Plus*, 22 jan. 2016. Disponível em: <http://aplus.com/a/clean-slate-blackboard-experiment>.
5. Thomas Gilovich e Victoria Husted Medvec, "The Experience of Regret: What, When, and Why", *Psychological Review*, n. 102, 1995, pp. 379-95.
6. Patrice François, Frédéric Prate, Gwenaëlle Vidal-Trecan et al., "Characteristics of Morbidity and Mortality Conferences Associated with the Implementation of Patient Safety Improvement Initiatives, An Observational Study", *BMC Health Services Research*, n. 16, 2015. Disponível em: <http://bmchealthservres.biomedcentral.com/articles/10.1186/s12913-016-1279-8>; Juliet Higginson, Rhiannon Walters e Naomi Fulop, "Mortality and Morbidity Meetings: An Untapped Resource for Improving the Governance of Patient Safety?", *BMJ Quality and Safety*, n. 21, 2012, pp. 1-10.
7. Amy C. Edmondson, "Learning from Mistakes Is Easier Said Than Done: Group and Organizational Influences on the Detection and Correction of Human Errors", *The Journal of Applied Behavioral Science*, n. 32, 1996, pp. 5-28.
8. Melanie Stefan, "A cv of Failures", *Nature*, n. 468, 2010, pp. 467; cv de Johannes Haushofer, disponível em: <www.princeton.edu/~joha>.

9. Jack Deming, "Native Seon Suffers Loss from Western Mountain Flooding", *The Deerfield Valley News*, 2013. Disponível em: <www.dvalnews.com/view/full_story_obits/23695561/article-Native-son-suffers-loss-from-western-mountain-flooding>.
10. Cathy van Dyck, Michael Frese, Markus Baer e Sabine Sonnentag, "Organizational Error Management Culture and Its Impact on Performance: A Two-Study Replication", *Journal of Applied Psychology*, n. 90, 2005, pp. 1228-40.
11. Susan J. Ashford, Ruth Blatt e Don VandeWalle, "Reflections on the Looking Glass: A Review of Research on Feedback-Seeking Behavior in Organizations", *Journal of Management*, n. 29, 2003, pp. 773-99. Muita gente hesita em pedir feedback, preocupada com a possibilidade de ressaltar suas fraquezas. Esses temores são infundados: pedir crítica tipicamente conduz a mais avaliações positivas por parte de supervisores, subordinados e colegas.
12. Disponível em: <https://mba-inside.wharton.upenn.edu/class-of-1984-awardees> e <https://mba-inside.wharton.upenn.edu/excellence-in-teaching-class-of-1984--awards>.
13. Atul Gawande, "The Coach in the Operating Room", *The New Yorker*, 3 out. 2011. Disponível em: <www.newyorker.com/magazine/2011/10/03/personal-best>.
14. Gregg Popovich, citado em J. A. Adande, "Spurs' Fortitude Fueled Title Run", ESPN, 19 nov. 2014. Disponível em: <www.espn.com/nba/story/_/id/11901128/spurs-2014--title-run-started-game-7-2013-finals>.
15. Theo Epstein, citado em Bill Pennington, "Cubs' Theo Epstein is Making Lightning Strike Twice", *The New York Times*, 29 set. 2016. Disponível em: <www.nytimes.com/2016/10/02/sports/baseball/theo-epstein-chicago-cubs-boston-red--sox-world-series.html>.
16. Douglas Stone e Sheila Heen, *Obrigado pelo feedback: A ciência e a arte de receber bem o retorno de chefes, colegas, familiares e amigos*. São Paulo: Companhia das Letras, 2016.
17. David S. Yeager, Valerie Purdie-Vaughns, Julio Garcia et al., "Breaking the Cycle of Mistrust: Wise Interventions to Provide Critical Feedback Across the Racial Divide". *Journal of Experimental Psychology: General*, n. 143, 2014, pp. 804-24.

## 10. VOLTAR A AMAR E A RIR [PP. 146-64]

1. Richard E. Lucas, Andrew E. Clark, Yannis Georgellis e Ed Diener, "Reexamining Adaptation and the Set Point Model of Happiness: Reactions to Changes in Marital Status", *Journal of Personality and Social Psychology*, n. 84, 2003, pp. 527-39. Entrementes, casais que acabaram se divorciando estavam menos felizes à medida que o casamento se aproximava e sua felicidade aumentou após o divórcio.

2. Richard E. Lucas e Portia S. Dyrenforth, "The Myth of Marital Bliss?", *Psychological Journal*, n. 16, 2005, pp. 111-5; Maike Luhmann, Wilhelm Hofmann, Michael Eid e Richard E. Lucas, "Subjective Well-Being and Adaptation to Life Events: A Meta-Analysis", *Journal of Personality and Social Psychology*, n. 102, 2012, pp. 592-615.
3. Bella DePaulo, *Singled Out: How Singles Are Stereotyped, Stigmatized, and Ignored, and Still Live Happily Ever After*. Nova York: St. Martin's Press, 2006.
4. Aaron Ben-Zeév, "Love After Death: The Widows' Romantic Predicaments", The Center for Behavioral Health, 12 abr. 2012. Disponível em: <www.njpsychologist.com/blog/love-after-death-the-widows-romantic-predicaments>.
5. Deborah Carr, "The Desire to Date and Remarry Among Older Widows and Widowers", *Journal of Marriage and Family*, n. 66, 2004, pp. 1051-68; Danielle S. Schneider, Paul A. Sledge, Stephen R. Schuchter e Sidney Zisook, "Dating and Remarriage Over the First Two Years of Widowhood", *Annals of Clinical Psychiatry*, n. 8, 1996, pp. 51-7; Karin Wolff e Camille B. Wortman, "Psychological Consequences of Spousal Loss Among Older Adults". In: Deborah Carr, Randolph M. Nesse e Camille B. Wortman (Orgs.), *Spousal Bereavement in Later Life*. Nova York: Springer, 2005.
6. Glaucia dos Santos Marcondes e Humberto Correa, "Divorces and Remarriage in Brazil: Revels from Vital Statistics 1986-2006", *Brasil: Population Studies Center*. Disponível em: <http://iussp2009.princeton.edu/papers/93187>. Acesso em: 18 maio 2017.
7. Nilanjana Bhowmick, "If You're an Indian Widow, Your Children Could Kick You Out and Take Everything", *Time*, 7 out. 2013. Disponível em: <http://world.time.com/2013.10/07/if-youre-an-indian-widow-your-children-could-kick-you-out-and-take-everything>.
8. Osai Ojigho, "Scrape Her Head and Lay Her Bare: Widowhood Practices and Culture", *Gender Across Borders*, 28 out. 2011. Disponível em: <www.genderacrossborders.com/2011/10/28/scrape-her-head-and-lay-her-bare-widowhood-practices-and-culture>.
9. Haider Rizvi, "Rights: Mistreatment of Widows, a Poorly Kept Secret", *IPS*, 23 jun. 2008. Disponível em: <www.ipsnews.net/2008/06/rights-mistreatment-of-widows-a-poorly-kept-secret>.
10. Mary Kimani, "Women Struggle to Secure Land Rights", *Africa Renewal*, abr. 2008. Disponível em: <www.un.org/africarenewal/magazine/special-edition-women-2012/women-struggle-secure-land-rights>; UN Women, "Empowering Widows: An Overview of Policies and Programs in India, Nepal and Sri Lanka". Disponível em: <http://asiapacific.unwomen.org/en/digital-library/publications/2015/ 09/empowering-widows>.
11. Disponível em: <www.abelkeogh.com/blog>.
12. Ver Arthur Aron, Helen Fisher, Debra J. Mashek et al., "Reward, Motivation, and Emotion Systems Associated with Early-Stage Intense Romantic Love", *Journal of*

*Neurophysiology*, n. 94, 2005, pp. 327-37; Helen Fisher, Arthur Aron e Lucy Brown, "Romantic Love: An FMRI Study of a Neural Mechanism for Mate Choice", *The Journal of Comparative Neurology*, n. 493, 2005, pp. 58-62.

13. Arthur Aron, Meg Paris e Elaine N. Aron, "Falling in Love: Prospective Studies of Self-Concept Change", *Journal of Personality and Social Psychology*, n. 69, 1995, pp. 1102-12; Elaine N. Aron e Arthur Aron, "Love and the Expansion of the Self: The State of the Model", *Personal Relationships*, n. 3, 1996, pp. 45-58.
14. James Rotton e Mark Shats, "Effects of State Humor, Expectancies, and Choice on Postsurgical Mood and Self-Medication: A Field Experiment", *Journal of Applied Social Psychology*, n. 26, 1996, pp. 1775-94. Foi o caso quando ficaram sabendo acerca dos benefícios do humor para a saúde e escolheram o filme.
15. Smadar Bizi, Giora Keinan e Benjamin Beit-Hallahmi, "Humor and Coping with Stress: A Test Under Real-Life Conditions", *Personality and Individual Differences*, n. 9, 1988, pp. 951-6.
16. Dacher Keltner e George A Bonanno, "A Study of Laughter and Dissociation: Distinct Correlates of Laughter and Smiling During Bereavement", *Journal of Personality and Social Psychology*, n. 73, 1997, pp. 687-702.
17. John Mordechai Gottman e Robert Wayne Levenson, "The Timing of Divorce: Predicting When a Couple Will Divorce Over a 14-Year Period", *Journal of Marriage and Family*, n. 62, 2000, pp. 737-45.
18. Michelle Gayle Newman e Arthur A. Stone, "Does Humor Moderate the Effects of Experimentally-Induced Stress?", *Annals of Behavioral Medicine*, n. 18, 1996, pp. 101-9.
19. Mel Brooks, citado em Forrest Wickman, "Watch the New Documentary About Mel Brooks", *Slate*, 28 maio 2013. Disponível em: <www.slate.com/blogs/browbeat/2013/05/28/_mel_brooks_make_a_noise_the_pbs_american_masters_documentary_is_now_available.html>.
20. Blake E. Ashforth e Glen E. Kreiner, "How Can You Do It? Dirty Work and the Challenge of Construction a Positive Identity", *Academy of Management Review*, n. 24, 1999, pp. 413-34.
21. "Tragicomedia with Comic Janice Messitte on Being a Newly Wedded Widow", Art for Your Sake, 20 mar. 2014. Disponível em: <http://artforyoursake.com/tragicomedia-with-comic-janice-messitte-on-being-a-newly-wedded-widow>.
22. Robert Woodruff Anderson, *I Never Sang for My Father*. Nova York: Random House, 1968.
23. Anita L. Vangelisti e Daniel Perlman (Orgs.), *The Cambridge Handbook of Personal Relationships*. Nova York: Cambridge University Press, 2006.
24. John M. Gottman, James Coan, Sybil Carrere e Catherine Swanson, "Predicting Marital Happiness and Stability from Newlywed Interactions", *Journal of Marriage*

*and Family*, n. 60, 1998, pp. 5-22; John Gottman, *The Seven Principles for Making Marriage Work*. Nova York: Three Rivers Press, 2000.

25. Jane E. Dutton e Emily Heaphy, "The Power of High-Quality Connections". In: Kim S. Cameron, Jane E. Dutton e Robert E. Quinn (Orgs.), *Positive Organizational Scholarship: Foundations of a New Discipline*. San Francisco: Berrett-Koehler, 2003.
26. Arthur Aron, Christina C. Norman, Elaine N. Aron et al., "Couples Shared Participation in Novel and Arousing Activities and Experienced Relationship Quality", *Journal of Personality and Social Psychology*, n. 78, 2000, pp. 273-84.
27. John M. Gottman, Janice Driver e Amber Tabares, "Repair During Marital Conflict in Newlyweds: How Couples Move from Attack-Defend to Collaboration", *Journal of Family Psychotherapy*, n. 26, 2015, pp. 85-108.
28. Eli J. Finkel, Erica B. Slotter, Laura B. Luchies, et. al, "A Brief Intervention to Promote Conflict Reappraisal Preserves Marital Quality Over Time", *Psychological Science*, n. 24, 2013, pp. 1595-601.
29. Allen Rucker, *The Best Seat in the House: How I Woke Up One Tuesday and Was Paralyzed for Life*. Nova York: Harper Collins, 2007.

# Índice remissivo

"abridores", 36-7
Acampamento de Experiência, 123
adolescentes, exploração de, 105
adversidade: aceitação pelo budismo da, 27; crescimento após, *ver* crescimento pós-traumático; distribuição desigual da, 17; dos outros, empatia versus incômodo como resposta à, 48-9; inevitabilidade da, 27, 130; levando a uma maior ligação com os outros, 81-2, 84; necessidade de sono e, 113-4; permanência da, *ver* permanência; permeabilidade da, *ver* permeabilidade; personalização da, *ver* personalização; sistema psicológico imune à, 24-5
afundar na negatividade, 26-7
alegres, momentos: escrever sobre, 96; felicidade e frequência de, 94; poder dos momentos ruins versus, 96
alegria, recuperação da: 17, 89-99; achar novas atividades para a, 96-7; como autocompaixão, 94; como triunfo sobre a percepção de permanência, 94; culpa do sobrevivente e, 90-1; em atividades diárias, 94; fé religiosa e, 98-9; fluxo e, 97-9; por meio da música, 97

Amigos Que Nada Perguntam, 34; se abrir com, 41
amigos, amizade: aniversários e, 79; apoio dos, *ver* apoio, grupos de; estar presente para os, 50-3, 55-6; falta de empatia e apoio dos, 48, 54-5; medo de abandono por parte dos, 55-6; ofertas genéricas de ajuda ("fazer qualquer coisa") × atos específicos de ajuda, 51-2; regra de platina da, 46-56; relações novas e mais profundas com os, 81-2, 124; restaurar equilíbrio na, 56; "teoria do círculo" (fila de choro), 52-4; ter importância para os, 108-9; via de mão dupla da, 54
amor: autocompaixão e, 60; autoconfiança e, 154; como terceiro trilho da dor, 150; imagens cerebrais e, 154; que se estende para além da morte, 157; redescobrir o, *ver* namoro e casamento após morte de companheiro; resiliência no, 162
Anderson, Kathy, 105, 193
Anderson, Robert Woodruff, 157
Andes, sobreviventes do acidente aéreo de 1972 nos, *ver* sobreviventes do acidente nos Andes

ansiedade: 26-7; ameaça do estereótipo e, 126; autocompaixão e, 59; manter um diário e, 61; namoro e, 151; perda de renda e, 69; pesquisa sobre, 47; senso de conexão e, 52; senso de controle e, 48; trauma e, 75
antecedentes criminais e dificuldade de achar emprego, 57
apoio, grupos de: 50, 55-6, 89, 115-6; dificuldade de aceitar ajuda de, 53-4
Arizona, Universidade do Estado do, 118
arrependimento, 65, 135
Asemani, Kayvon, 110-1
Ashford, Sue, 139
Auguste, Byron, 142
autocompaixão: 58-9, 68, 94; crianças e, 114; escrever e, 60-2; relações e, 160; remorso e, 59
autoconfiança: 63; comentários simpáticos mas pejorativos, 67; contribuições e, 67; escrever um diário e, 65-6; lista de "pequenos triunfos" e, 66; na vida doméstica, 69, 71-2

Banco Mundial, 78; erradicação da hanseníase na Índia e, 130
base dos Fuzileiros Navais em Quantico, "treinamento básico" do Facebook na, 137
Beckett, Samuel, 19
bem-estar, exercício e, 97
bênçãos, reconhecendo, 28, 31, 42, 66, 78; *ver também* gratidão
Bennett, Alycia, 48-9
Bianchini, Gina, 126
Bodnick, Marc, 21, 53, 117, 146-7
Bombeck, Erma, 59
Bono, 94
Bonwitt, Elise Scheck, 89
Bosworth, Andrew "Boz", 64
Braddi, Joan, 140
Braiker, Harriet, 159
Brilliant, Girija, 95
Brilliant, Jon, 95
Brilliant, Larry, 95

Brooks, Mel, 156
budismo, adversidade aceita como inevitável pelo, 27
Burnett, Carol, 94

Calhoun, Lawrence, 74, 76-7, 85
Califórnia em Berkeley, Universidade da, 124
Camus, Albert, 74
câncer: como elefante na sala, 43-4; custos financeiros do, 86; respostas bem-intencionadas que magoam, 43-4
Canessa, Roberto, 121-2, 132
Carmody, Kelly, 36
Carmody, Mitch, 36
Caruso, David, 38
Chambers, Kim, 101
Chambers, Timothy, 100, 102
Chan, Priscilla, 26, 115
Change Your Shoes, 105
Charleston, Carolina do Sul, tiroteio de 2015 em, 128-9
Charleston, Ministério da Justiça da Região de, 129
Chicago Cubs, 101, 141
Chile, resgate de mineiros aprisionados no, 122
China: 38; Lean In Circles na, 131; *sheng nu* (sobras) na, 131
Chödrön, Pema, 27
ChooseCreativity.Org, 78
Choudhuri, Nina, 161
"Closing Time" (música), 88
codestino, 87-8, 163
Collier, Nadine, 128
*Colonizadores de Catan* (jogo), 10, 91, 93
compartimentação para superar a permeabilidade, 142
Compassionate Friends, 36
comunidades, resiliência e, *ver* resiliência, construção comunitária e
confinamento solitário, crueldade do, 124
controle, senso de: 14, 16, 25, 28, 32, 52, 55, 69, 74, 101-2, 105, 109, 114-5, 117,

161; ansiedade e, 48; resiliência e, 104-6, 116
CorStone, 110
crenças libertadoras, 62
crenças limitantes, 62
crescimento pós-traumático: 74-88, 163; aprofundar relações em, 81-2; efemérides e, 79; encontrando força pessoal em, 76; maior senso de propósito por, 82-8; resiliência comunitária e, 132; ser reconhecido em, 77-80; ver novas possibilidades em, 85-6
crianças: LGBT, 108; morte como elefante na sala, 35-6; morte de um dos pais e, 102-4, 111; plasticidade neural das, 113; resiliência natural das, 15, 17, 113
crianças, construção de resiliência em: 100-19; aprender a pedir ajuda e, 115; aprender a respeitar os sentimentos de alguém e, 112; aprender com o fracasso e, 104, 106-7, 111; atividades prazerosas e, 118; autocompaixão e, 114; construção comunitária e, 123; criação de nova identidade familiar, 118; descoberta de forças pessoais nas, 104, 109-11; esperança e, 123; estrutura mental para crescimento e, 106-7, 111, 114; grupos de apoio e, 115; humor e, 101; perdão e, 114; reformular eventos dolorosos e, 101-2; "regras familiares" e, 27, 112-6; se sentir importante e, 104, 107-9, 111, 115; senso de controle nas, 104-6, 116; senso de histórico familiar nas, 116; trauma e, 111
crianças em risco: construção de resiliência em, 104-5; educação e, 103, 106; intervenção pública em, 104
criar filhos: estruturas mentais das crianças e, 106-7; grupos de apoio e, 115-6; senso de controle das crianças e, 104; senso de importância das crianças e, 107; *ver também* crianças, construção resiliência em
Csikszentmihalyi, Mihaly, 97

cuidadores, desafios financeiros para os, 86
cuidar de crianças, alto custo de, 70
culpa: do sobrevivente, 16, 49, 90-1, 93-4, 112, 123, 150-3; vergonha versus, 59
Czifra, Steven, 124-5

*Dar e receber* (Grant), 14
Davis, Shannon Sedgwick, 96
Defy Ventures, 62
Departamento de Justiça Criminal do Texas, 58
DePaulo, Bella, 150
depressão, 20-1, 47, 49, 55, 59, 62, 69, 75, 80, 82, 84, 86, 98, 108
desculpas mútuas, 114-5
desenvolvimento cognitivo, 104
Deutch, Phil, 10, 18, 55, 66, 115, 118, 152
Devine, Megan, 52
diário, escrever: 182; como exercício de construção de confiança, 65-7; como terapia, 61-2; emoções negativas e, 62; remorso e, 66; sobre alegria, 95-6; sobre gratidão, 29
diferença salarial, 29
Dillard, Annie, 94-5
diversão, resiliência e, 118
doença: como elefante na sala, 34, 43; como experiência traumática, 74-5, 86; respostas bem-intencionadas que magoam, 43-4; *ver também* câncer
dor, dificuldade em estimar a, 51
Darby, Joseph, 129-30
Dutton, Jane, 67, 159
dúvidas sobre si mesmo: 63, 65; perder o emprego e, 68-9
Dweck, Carol, 106-7, 170

educação infantil, 104
"efeito mudo", 36
elefantes na sala: aprender a confrontar os, 39-45; câncer como, 43-4; doença como, 44; encorajar diálogos sobre, 41-3, 144; homossexualidade como, 43; más notícias como, 36; medo de

reconhecer os, 34-9; namoro e casamento após morte de companheiro como, 153; no ambiente de trabalho, 39; perda de filhos como, 35-6; raça como, 36
elevação moral, 128, 132
empatia, como resposta às adversidades dos outros, 41, 45, 48, 52-3, 67, 109
empreendedores, ex-presidiários como, 57
emprego, perder o: duvidar de si mesmo e, 68-9; manter diário e, 61; medo de, 68
empresas, *ver* organizações, resiliência em e de; local de trabalho
encefalopatia traumática crônica (ETC), 47
Epstein, Theo, 141
Equal Justice Initiative, 60
erros, ação versus inação como, 136
erros, aprender com: assumir riscos e, 135-7; construir resiliência nas crianças e, 104, 106-7, 111; disposição para conversar sobre, 138; em hospitais, 137-8; em organizações, 136-9; em voos espaciais, 134-5; feedback e, 139-43; Fuzileiros Navais e, 137; impacto positivo de grandes erros em, 134; nos esportes, 141; relatórios sobre, 137-8, 145
Escola Fundamental de Palo Alto, 103
Escola Milton Hershey, 110
escolas, crianças em risco e, 103, 106
escrever: autocompaixão e, 60-2; momentos alegres e, 96; remorso e, 66; sentimentos negativos e, 62; *ver também* diário, escrever
esperança: 14, 16, 18, 20, 37, 74-5, 83, 86, 88, 110, 112; fundada, 121; resiliência coletiva e, 120-3, 127-9, 163
estereótipo, ameaça do, 126
estrutura mental de crescimento versus fixa, 106-7, 111, 114
estupro: amigos que se distanciam de vítimas de, 49; resiliência e, 19-20; vítima culpando a si mesma por, 20

eventos entre pais e filhos, 71
Everson, Carolyn, 143
exercício, 97-8
ex-presidiários: como empreendedores, 57; construção comunitária entre, 125
Ezray, Nat, 26, 27

*Faça acontecer* (Sandberg), 63, 69, 126, 156
Facebook, 23-4, 36, 38-40, 65, 84, 91, 94, 119, 128, 138, 140, 142-5; assumir riscos incentivado pelo, 136; cultura aberta do, 39; dia de liderança feminina no, 143; em Quantico, experiência de treinamento básico do, 137
família, rituais do jantar em, 28, 79
fechamento versus resiliência, 162
feedback: aprender com os erros e, 139-43; referência negativa versus positiva do, 143; resiliência e, 142
Feiler, Bruce, 51
Fieler, Steve, 85
filipinos, imigrantes, 42
finanças, adversidade e, 29, 70
Fischer, David, 140
fluxo: exercício e, 97-8; recuperar alegria e, 97-9
"For Good" (música), 88
forças, resiliência pessoal e, 104, 109-11
Frankl, Viktor, 74, 82
furacão Andrew, 199n
futebol americano, ETC e, 47

*Game of Thrones*, 91, 93
Gawande, Atul, 141
Geithner, Carole, 102, 112-3, 115, 148, 179
Geithner, Elise, 26
Girls First, 109-10
Goines, Veronica, 96
Goldberg, Dave, 9-15, 17, 23, 26-8, 30, 32-4, 39, 51-4, 65, 72, 76, 80, 84-5, 88-90, 92-3, 116-7, 135, 146-50, 157, 159; arritmia cardíaca de, 21, 28; casamento com Sheryl, 9, 146-7; como pai ativo, 69, 71-2; doença coronária de, 21;

elegia de Sheryl para, 52, 163-4; em reunião com colegas da faculdade, 33; funeral e enterro de, 12, 21, 37, 65, 73, 85, 95, 163-4; morte de, 11-2, 18, 21, 33, 63, 65, 147; perfil no Facebook de, 85; relação dos filhos com, 13; rituais de jantar em família de, 28
Goldberg, Leslye, 11, 53
Goldberg, Paula, 53, 73, 112, 148, 153
Goldberg, Rob, 10-1, 26, 53, 73, 92-3, 112, 148, 151, 153, 155
Goldman, Barry, 52
Google, 64, 82, 95, 138, 140, 146
GRAIL, 85
Grant, Adam, 14-7, 22, 28, 38, 41-2, 46-7, 53, 66, 71, 75-6, 80, 84, 90, 95, 101, 104, 110, 118, 120, 128, 139, 141, 158-9
Grant, Allison, 42, 47
gratidão, 28-9, 31-2, 53, 67, 78-80, 96, 110, 163
Greenberg, Eve, 89
Guggenheim, Davis, 13, 162

Harrison, Spencer, 120
Haushofer, Johannes, 138
Heen, Sheila, 141
Hemmeter, Debi, 126
Herman, Mat, 108
Hoke, Catherine, 57-63, 163
Hoke, Charles, 63
Holocausto, Centro de Educação e Documentação do, 35
Holocausto, sobreviventes do, 37
homossexualidade como elefante na sala, 43, 108
hospitais, conferências sobre morbidade e mortalidade nos, 137
Huber, Jeff, 85
humor: resiliência e, 43, 101-2, 124, 155; respostas fisiológicas ao, 155-6; tristeza e, 13, 155

identidade compartilhada, resiliência e *ver* resiliência, construção comunitária e

Igreja Episcopal Metodista Africana Emanuel em Charleston, 128-30, 163
impostor, síndrome do, 63
incômodo como resposta a adversidade de outros, 48-9
Índia: programa de erradicação da hanseníase na, 78, 130; programa de resiliência na, 109-10
isolamento, 36-7, 39, 43-5, 61, 78, 98, 123-5, 149, 154
Israel Thomas, Meredith, 77, 79

Jabal, Kim, 26, 30, 84
Japão, emoções ideais no, 38
Jaster, Lisa, 92
Joffe, Jennifer, 160-1

kadish, 18, 90
Kara, grupo de apoio, 123
Kasper, Joe, 74, 76, 85, 87, 163
Kasper, Ryan, 74, 76, 85, 163
Keller, Helen, 87
Keogh, Abel, 153
*ketubá*, 147
Kierkegaard, Søren, 66
Kind Design, 138
King Jr., Martin Luther, 120, 128
King, Jeff, 34-5, 41
Klassen Time, 109
Krim, Kevin, 77-8
Krim, Leo, 78
Krim, Lulu, 78
Krim, Marina, 77-8
Krim, Nessie, 77-8
Kübler-Ross, Elisabeth *ver* luto, tristeza, pesar, dor, choro

"Laboratório do Amor", 158
Lawrence, Tim, 45
Lean In Circles, 126, 131
Lean In, comunidades, 49
Leary, Mark, 59
Lehman, Darrin, 182
Leiris, Antoine, 127-8
Leiris, Hélène, 127-8

Leventhal, Steve, 110
Levine, Marne, 11, 13, 21, 66, 102, 115, 149
Levitt, Andrew, 80
Levitt, Steven, 80
Levy, Dan, 52
Levy, Mindy, 89, 102, 112
Lewis, C. S., 14, 27
LGBT, 43, 108, 154
licença-tristeza, 23, 29-30, 64, 71
Lincoln, Abraham, 128
local de trabalho: compaixão no, 64; elefantes na sala, 39; licença-maternidade e, 71; licença-tristeza e, 23, 29-30, 64, 71
Lurie, Zander, 84
luto, tristeza, pesar, dor, choro: "abridores" e, 36-7; amor, 150 (*ver também* amor); aprender a se abrir sobre, 41-2; como experiência intensamente pessoal, 16, 51, 54-5; como medo, 14; compartilhamento mútuo de experiências, 37; culpa do sobrevivente e, *ver* culpa do sobrevivente; diminuição da produtividade no trabalho e, 23; efemérides e, 13, 51, 72-3, 79-80, 89, 117, 133; grupos de apoio e, *ver* apoio, grupos de; humor e, 13, 155; incentivar diálogo sobre, 45; Kübler-Ross, estágios do, 55; livros sobre, 13, 16; modelos de, 179; raiva como estágio do, 55; remorso e, *ver* remorso; respeitar sentimentos e, 27-8; respostas bem-intencionadas que magoam, 14, 40, 43; solidão e, 36
luto, tristeza, pesar, dor, choro (agudos): como "o vazio", 12, 14-5, 40, 123; como limitado pelo tempo, 15, 17; percepção do tempo em, 12; permeabilidade de, 12-3; resiliência e, 15
Lythcott-Haims, Julie, 107

#makedaveproud, 135
Marooney, Caryn, 144-5
más notícias como elefante na sala, 36
Maurer, Ben, 136-7

McDowell, Emily, 43
McKinsey & Company, 142
McLennan, Scotty, 26
medo, tristeza como, 14
mentores, mulheres e, 126-7
Messitte, Janice, 156
Methol, Javier, 121
Michigan, Universidade de, 69
Microsoft, 64
Millennial Latinas Circle, 127
Mitic, Katie, 53, 79
Mitic, Scott, 53, 79
*monólogos das sobras, Os*, 131
Moses, Jay, 82
Mr. Wonderful, boneco, 146
mulheres: ameaça do estereótipo e, 126; autocompaixão e, 59; autoconfiança e, 63; como mães solteiras, 69-71; como viúvas, 29, 150-2; diferença salarial e, 29; em papéis de liderança, 75; força de caráter nas, 109; Lean In Circles e, 126, 131, 193; mentoria e, 126-7; na força de trabalho, 70-1; narrativas familiares de, 117; silêncio e, 36; síndrome do impostor e, 63
Murillo, Danny, 124-5
música: recuperando a alegria por meio da, 97; resiliência e, 111
Musk, Elon, 133-4

Nacy, Virginia Schimpf, 94
namoro e casamento após morte de companheiro: como o elefante na sala, 153; dois pesos e duas medidas em, 151; homens versus mulheres em, 151; julgamento dos outros em relação a, 152-3; questões dos cuidados em, 151
narrativas: compartilhadas, resiliência e, 125-6; estereotipando nas, 126; família e, 117-8; *ver também* diário, escrever
Neff, Kristin, 58
NFL (liga de futebol americano), 83
Nichols, Mike, 44
Nicolich, Gustavo, 121
Nietzsche, Friedrich, 76

nostalgia, 117
Nova York, quadro-negro em, 135
Nurse-Family Partnership, 104

Obama, Barack, 128-9
Ocampo, Anthony, 43
Onze de Setembro, 85, 135
OptionB.Org, 165, 168
organizações, resiliência em e das, 17, 135-9, 142-3
"Oseh Shalom" (música), 18
Oswalt, Patton, 97

Palihapitiya, Chamath, 93, 140
Pallot, Brooke, 77, 79
Parrado, Nando, 120-1, 132
Passer, Jami, 89
Pearson, Scott, 87
"Pegadas na areia" (poema), 56
Pelican Bay, Prisão Estadual de, 125
Pennebaker, Jamie, 61
Pensilvânia, Universidade da, 46, 76; Wharton School na, 14, 110, 140
"pequenos triunfos", 69; listas de, 66
perdão, 59, 114, 128
permanência, percepção de: 41, 82-3, 107, 115, 123, 163; como resposta à adversidade, 20, 24, 31; esperança como antídoto, 121; recuperar alegria como triunfo sobre a, 94
permeabilidade: percepção de compartimentação como resposta à, 142; atividades normais como combate à, 23; como resposta à adversidade, 20, 31; na tristeza, 12-3
personalização da adversidade, 19, 21-2, 31, 49, 59, 91, 107, 137-8, 141, 163
Pinckney, Clementa C., 129
pior dos cenários, 28
Pixar, 137
Plano B, 18, 94, 118, 161, 163; refugiados e, 98-9; *ver também* resiliência
plasticidade neural em crianças, 113
pobreza, 16, 29, 49, 70, 78, 103-4, 109, 131, 152

Popovich, Gregg, 141
Popper, Karl, 178n
Posse, Fundação, 125-6
possibilidades, novas, crescimento pós-traumático e, 34
previsão afetiva, 24
Prison Entrepreneurship Program, 57, 60
Procter & Gamble, 137
professores, 20, 27, 81, 84, 86, 104-11
propósito, senso de: crescimento pós-traumático e, 82-8; fé religiosa e, 82-3; trabalho e, 84-5

Quindlen, Anna, 37-8, 162

raiva como estágio do luto, 55
Rangers, 92
recessão, 68
Redd, Damon, 138
Redlich, Beth, 89-90
refugiados, 75, 98-9, 131
regra de ouro, 51
regra de platina, 51, 55-6, 178
relacionamentos: alimentar laços em, 159; autocompaixão e, 161; crescimento pós-traumático e aprofundamento de, 81-2; efeitos negativos de trauma sobre, 80; interações cotidianas em, 158-9; lidar com conflito em, 159-60
religião e espiritualidade: chorar e, 18, 22, 122; perdão e, 60, 129; resiliência e, 26-7, 82-3, 95, 129-30
remorso: autocompaixão e, 59; escrever e, 66
resiliência: aprender com os erros em, *ver* erros, aprender com; como Plano B, 18; como resposta à adversidade, 15, 20, 32; em organizações, 135-9, 142-3; em relacionamentos, *ver* relacionamentos; esperança como chave para, 120-2; espiritualidade e, 95 (*ver também* religião e espiritualidade); estupro e, 19-20; exercício físico comparado com, 28; fechamento versus, 162; feedback e, 142; humor e, 43,

101-2, 124, 155; limitações, 16; luto e, 15; naturais em crianças, 15, 17, 113 (*ver também* crianças, construção de resiliência em); no amor, 162; pesquisa sobre, 17; *ver também* crescimento pós-traumático

resiliência, construção comunitária e: 17, 121-32; crescimento pós-traumático e, 132; crianças em, 123; estudantes desfavorecidos e, 110, 125; experiências compartilhadas em, 122; ex-presidiários e, 124-5; na luta contra tradições culturais injustas, 131-2; narrativas compartilhadas e, 125-6; recursos financeiros e, 199; resistência a, 123-4; sobreviventes dos Andes e, 121, 132; tragédias em massa e, 131; tratamento de doença e, 130

riscos, cultura organizacional e assumir, 136-7

Robinson, Tracy, 154, 157

Rose, Brook, 90

Ruanda, genocídio de 1994 em, 131

Rucker, Allen, 48, 123, 163

Saferstein, Merle, 35, 37, 115

Samsung, 137

Sandberg, Adele (mãe), 10, 13, 22, 26, 31, 35, 50, 53, 67, 73, 78, 87, 96, 102-3, 112, 114-5, 132, 136, 147, 149

Sandberg, David, 21, 50, 53, 71, 73, 151-3

Sandberg, Joel (pai), 10, 13, 21, 53, 65, 73, 103, 112, 114, 132, 147, 149

Sandberg, Michelle, 13, 31, 50, 52-3, 73, 102-3, 112, 147

Santucci, Jim, 123

Sawyer, Diane, 44

Schefler, Amy, 21, 53, 72, 92, 155

Scott, Kim Malone, 138

Scovell, Nell, 156

*Scrabble*, 91, 93, 123, 159

Sentir-se importante, 66-7, 104, 107-9, 111, 115

Second Harvest, banco de alimentos (San Francisco), 70

Seligman, Martin, 19, 25

Sêneca, 88

sentimentos negativos: escrever e, 62; fazer acontecer, 27-8; manter diário e, 62; pressão cultural para esconder os, 38; se afundar em negatividade, 26-7; *ver também* ansiedade; arrependimento; culpa; depressão; luto, tristeza, pesar, dor, choro; remorso

sentimentos, respeito aos, 27

"September" (música), 90

Servino, Gustavo, 122

Shapiro, Jenessa, 68

*sheng nu* (sobras), 131

Shepherd, Jo, 38

Sheryl, post de 30 dias no Facebook, 40-1, 91, 94

shivá, 22

significado, *ver* propósito, senso de

Silk, Susan, 52

sistema imunológico do cérebro, 24-5

sobreviventes de câncer, amizades profundas entre, 81

sobreviventes do acidente nos Andes: esperança como chave de resiliência dos, 120-1; identidade compartilhada dos, 121; resiliência coletiva dos, 121-2, 132

sobreviventes, necessidade falar sobre sua experiência, 35

soldados, amizades profundas entre, 81

solidão, *ver* isolamento

solidariedade, cartões de, 43-4

solteiros: estereótipos relacionados a, 150; felicidade e, 149; pobreza e, 29, 70, 103

solteiros, mães ou pais, 30, 69, 70-1, 103, 144, 151

sono, necessidade de, adversidade e, 114

SpaceX: lançamentos fracassados, 134; pouso bem-sucedido de foguete na água, 133-5

Spurgeon, Devon, 117

Sputnik I, 134

Srebrenik, Pam, 89

Stand Up for Kids, 70

Stefan, Melanie, 138
Stevenson, Bryan, 60
Stone, Douglas, 141
Summers, Colin, 37
SurveyMonkey, 135

Talibã, 80
Teach for America, 86
Tedeschi, Richard, 74, 76-7, 85
"teoria do círculo", 52-4
terapia cognitivo-comportamental, 25
Thomas, Owen, 46-7
Thomas, Rachel, 126
Thompson, Stephen, 81
trabalho, senso de propósito e, 84-5
tradições culturais injustas, resiliência coletiva na luta contra, 131-2
tráfico sexual e exploração de crianças, 105
transtorno de estresse pós-traumático (TEPT), 20, 59, 75, 199
trauma: custo financeiro do, 86; depressão e, 86; relações afetadas negativamente por, 80; resiliência das crianças e, 111; se recuperar de, *ver* crescimento pós-traumático
três Ps *ver* permanência; personalização; permeabilidade

Trevor, Projeto, 108
Tsinghua, Universidade, 132
Turner, Vernon, 83

Underground Scholars Initiative, 125
Urban, Tim, 34, 95

Valencia, Guadalupe, 127
vergonha versus culpa, 60
vídeos com entes queridos, 118
viúvas: discriminação contra, 152; identidade e, 124; pobreza e, 29
voo espacial, predição de sucesso ou fracasso em, 134

Wafaa, 98-9, 163
Walmart, 137
Watkins, Jermaine, 129
*Wicked* (musical), 88
Williams, Laverne, 82
Williams, Maxine, 36
World Series (beisebol), 141

Yahoo, 146
Yousafzai, Malala, 79-80, 163
Yousafzai, Ziauddin, 79

Zuckerberg, Mark, 21, 26, 39, 64, 79, 115

# Créditos das imagens

p. 33: J. B. Handelsman, The New Yorker Collection/The Cartoon Bank.
p. 44: Cartões usados com permissão do Emily McDowell Studio.
p. 45: Leo Cullum, The New Yorker Collection/The Cartoon Bank.
p. 100: *Joshua & Cayla*, de Timothy Chambers.
p. 136: "We Asked People to Tell Their Biggest Regrets — But What They All Had in Common Was Heartbreaking", *A Plus*, 22 jan. 2016. Disponível em: <http://aplus.com/a/clean-slate-blackboard-experiment>.

TIPOGRAFIA Adriane por Marconi Lima
DIAGRAMAÇÃO Osmane Garcia Filho
PAPEL Pólen, Suzano S.A.
IMPRESSÃO Lis Gráfica, junho de 2024

A marca FSC® é a garantia de que a madeira utilizada na fabricação do papel deste livro provém de florestas que foram gerenciadas de maneira ambientalmente correta, socialmente justa e economicamente viável, além de outras fontes de origem controlada.